包容性绿色增长丛书

国有企业
定位、效率与贡献

李　钢◎主编

经济管理出版社
ECONOMY & MANAGEMENT PUBLISHING HOUSE

图书在版编目（CIP）数据

国有企业定位、效率与贡献/李钢主编 . —北京：经济管理出版社,2023. 5
ISBN 978-7-5096-9023-9

Ⅰ.①国… Ⅱ.①李… Ⅲ.①国有企业—企业管理—研究—中国 Ⅳ.①F279. 241

中国国家版本馆 CIP 数据核字（2023）第 085868 号

责任编辑：张莉琼
助理编辑：杨　娜
责任印制：许　艳
责任校对：蔡晓臻

出版发行：经济管理出版社
　　　　　（北京市海淀区北蜂窝 8 号中雅大厦 A 座 11 层　100038）
网　　　址：www. E-mp. com. cn
电　　　话：(010) 51915602
印　　　刷：唐山玺诚印务有限公司
经　　　销：新华书店
开　　　本：720mm×1000mm/16
印　　　张：15. 75
字　　　数：291 千字
版　　　次：2023 年 5 月第 1 版　　2023 年 5 月第 1 次印刷
书　　　号：ISBN 978-7-5096-9023-9
定　　　价：88. 00 元

目　录

第一章　市场经济条件下国有企业的功能定位

李　钢　王　茜　程　都

本章摘要： 国有企业在国家经济社会发展中具有举足轻重的作用，本章在已有文献基础上对西方国家国有企业和中国国有企业的功能进行了系统梳理，从市场配置与政府调控融合的视角，以三种类型市场失灵的不同特点为理论分析依据，提出并分析了国有企业具有解决各类市场失灵问题的相应功能。通过分析中国和其他国家不同国有企业应对三种类型市场失灵的案例，本章得出国有企业可以解决外部性等市场失灵问题、打破"静态比较优势"、创造平等竞争的现代市场经济秩序等对国有企业功能定位的有益启示。结合党的十八届三中全会会议内容和中国经济社会发展现状，本章从总体定位和行业侧重两个维度对中国国有企业的功能进行分析。综合以上研究内容，本章认为各国普遍存在国有企业以解决市场失灵问题，但是不同国家国有企业的功能定位不尽相同，国有企业及其功能没有放之四海而皆准的抽象理论；根据国家发展不同时期面临的市场失灵问题，可以将国有企业的功能划分为解决三种类型市场失灵的功能；从各国的历史来看，国有企业功能强弱随着经济发展水平的提高呈现先增强后减弱的抛物线规律；经济转型国家国有企业的比例高一些更加有利于经济整体的有效转型。

关键词： 国有企业；市场失灵；经济转型；比较优势

一、文献综述

（一）西方国家国有企业的功能

国内外学者研究西方国家国有企业的文献较多，对于国有企业发展进程和特点也都有较为详细的描述。多数学者认为，虽然 20 世纪 70 年代后，西方国家国有企业在发展过程中暴露出一些问题和弊端，促使西方主要资本主义国家对国有企业进行了改革和调整，但是对于国有企业在国民经济和社会发展中的作用应给予肯定。在这些文献中，学者们都给出了大量事实以论证国有企业在西方国家发展中的作用，但直接总结国有企业功能的文献较少。通过对文献中主要资本主义国家国有企业发展的进程和事例进行总结，可以将西方国家国有企业的功能归纳为以下五个方面。

1. 提供公共产品

在资本主义世界中，资本无限追逐利润的本性决定了个别资本无法按照社会发展的需要进行投入量大、周期性长、回报率低的公共产品投资。因此，为国民经济的基础建设和公共事业的发展提供服务，是西方国家国有企业需要具备的一项重要功能。

西欧及美国和日本的国有企业都为国民经济的发展提供过基础服务作用。例如，英国工党于 1945~1951 年发动的第一次国有化浪潮就是为了进行基础设施建设，推进公共服务；联邦德国的基础设施几乎全归国家所有，铁路和邮电的99%、港口设施和供水企业的 95%、电力和城市运输的 80% 均由国家投资经营；1995 年，在法国能源、交通、通信等基础设施及公用事业和国防工业中，国有或国家控股企业占 50% 以上，职工超过 500 人的大型国有企业产值占国内生产总值的 15%、投资占 21.3%、出口占 16%，职工总人口占全国总人口的 10.8%①（宗寒，1999）。二战后美国在发展基础设施的投资总额中，政府投资占 60% 左右，尤其在建立大型输变电工程中，国家的作用居于十分突出的地位，推动了美国整体经济的稳步发展（袁美娟，1998）。日本中央政府在二战后也将大量的资金投向国内交通运输业，主要包括通信、国有铁路和公路等基础设施方面的建设，1954~1957 年、1958~1961 年、1962~1965 年日本政府在基础设施方面的财政投资与财政投融资构成比例分别为 22.7%、25.2%、31.5%（常辉，2010）。这些国家的国有经济大力发展本国基础设施，均为整个国民经济的快速发展提供了保障。

此外，在西方工业发达国家，国有经济的作用还发挥在医疗、教育、就业等领域。国家有公办医院、公立学校、公房、公办职业介绍所，国家会资助电视频道、公房设计，国营机构会提供公房水电、汽车所用的汽油等（宗寒，1999）。

2. 克服垄断和外部性

私有大企业在发展的过程中逐渐吞并中小企业，形成寡头垄断或独占垄断格

---

① 萨姆·阿罗诺维奇等. 英国资本主义政治经济学［M］. 上海：上海译文出版社，1998.

局。当垄断资本控制整个行业、掌握定价权时，容易只从自身利益出发，形成垄断高价。企业在获得高额利润的同时，却造成了对社会资源的浪费、对居民福利的损害。西方国家为维护资本主义秩序，会对私有垄断企业进行有效限制或通过国有企业进行干预。

首先，国有企业在限制私有垄断集团方面发挥着重要作用。意大利的国有企业在发挥这一功能时堪称典范：二战后，为打破菲亚特集团垄断国内汽车市场的格局，意大利政府出资，由伊里国有控股公司建立阿尔法—萨达汽车制造厂与菲亚特公司展开激烈争夺，最终使意大利家庭汽车售价被操纵的情况得到了较大改观；国有控股的伊里公司和埃尼公司投资建立的水泥厂和化肥厂也打破了意大利水泥和化肥由私人垄断集团控制的局面；1971 年，意大利政府还成立了工业管理和控股公司，通过政府公共资金帮助国内的中小企业获得更大的发展，避免出现私有大集团垄断市场的局面（伍柏麟、席春迎，1997）。

其次，当垄断造成外部不经济时，西方国家也会出面对企业进行有效限制。例如，美国在 1980 年解除对国内航空工业的管制后，航空运输业集中在少数几家大型航空运输公司手中，形成了行业垄断，导致机票价格上升。此外，航空事故风险也有所增加。这种情况严重损害了居民的福利，使美国国内再次出现了对航空运输业实行管制的规定[①]（常辉，2010）。20 世纪 40 年代，英国的电力系统存在一些私有企业，约有 500 个电厂供电，仅伦敦就有 17 种直流电压和 20 种交流电压，300 万居民使用各种不同的电压电流，给英国国民的生活造成很大不便，甚至居民都不能随便购买电器以免无法使用。为此，1945～1950 年英国工党实行了电力国有化政策，把 500 个独立供电企业划归 14 个地区供电局，按最低成本建立地区供电网络，降低了供电成本，方便了居民的日常生活，维护了整个社会的利益（宗寒，1999）。

3. 克服资本主义的基本矛盾

生产社会化与资本主义生产资料私有制之间的矛盾是资本主义的基本矛盾，西方国家加强国家干预的目的即在于解决此矛盾。国有企业作为执行国家经济计划的主要工具，被赋予了增强国民经济的计划性、平抑经济周期的功能，从而为国家经济发展目标的实现发挥重要作用。

首先，国有企业能够使国民经济的发展具有计划性。例如，国家可以通过控制国有金融机构调整信贷规模，也可以通过掌握国有企业的定价权调节物价。二战后，日本的政策性金融机构曾为恢复经济而通过"倾斜投资"方式向重化工业领域提供资金保障，之后又向高技术产品领域提供金融支撑。20 世纪 80 年代，

---

① 罗伯特·赖克. 国家的作用——21 世纪资本主义的前景［M］. 上海：上海译文出版社，1994.

法国政府为抑制通货膨胀，曾冻结国有企业工资，减少对国有企业的财政补贴；为强化国家宏观金融干预，又在金融领域推出国有化计划，使国有金融机构控制的存款、放款和对外金融业务总量的比重曾一度分别达到90%、85%和97%，从而保证了国民经济的计划性（陈江生，1996；袁美娟，1998）。

其次，利用国有企业，政府可以在一定程度上平抑经济周期、抑制经济危机的发生。经济繁荣时，通过缩减国有企业投资规模，可以降低社会需求，防止经济过热；经济衰退时，通过扩大国有企业投资规模，可以激发社会需求，刺激经济回暖。20世纪30年代的大萧条时期，西方政治家和学者看到整个资本主义世界陷入极其严重的经济危机之中，特别是美国的国民收入在1929～1933年经济危机中总共下降了36%，而同一时期苏联的国有经济却显示出了巨大的生命力。为了在不将资本主义私有制替换为社会主义公有制的前提下应对经济危机，西方国家开始对私有经济实行国有化，推进国有企业的发展，将减轻危机破坏程度和减小经济周期波动幅度的任务指向了国有企业（杨皎洁，2009）。在1929年危机期间，美国政府对灌溉、供水、防洪等公共水利工程和运河、铁路、公路、港口、电信进行投资，建起了一批国有企业（肖金成，1997）。此后，许多西方国家开始借助国有企业平抑经济周期的波动。例如，在意大利1970～1972年的经济衰退时期，国内两家最大的国有控股公司即伊里公司和埃尼公司大幅度扩大投资，三年内投资增幅分别达到4214%、3317%和1618%，起到了较为明显的"反周期"作用（王晓红，2005）。

4. 克服静态比较优势

在西方国家的赶超阶段，市场本身还不发达，遵循静态比较优势难以积累资本、突破技术发展的瓶颈。为实现赶超，这些国家往往通过建立公有企业克服静态比较优势，从而获取经济利益、推动技术发展。

首先，普遍的经验表明，资本主义国家建立公有企业的目的不是为了更好地发展公有经济进而取代资本主义，而是为了启动资本主义，进而获取经济利益。历史上，国家在其发展的早期阶段都会频繁地借助于国有企业。韩国发展经济学泰斗张夏准[①]（2009）对此有过具体描述：18世纪，普鲁士在腓特烈大帝时期建立了很多公有企业来稳固经济，如纺织行业、冶炼行业、军工、瓷器、丝绸和炼糖等行业；19世纪末期，日本效仿普鲁士，建立了包括造船、钢铁、采矿、纺织以及军工五方面的国有企业，在这些企业建立后不久，日本政府就实行了私有化，但有些企业即便在私有化之后也继续获得大量的补贴，尤其是造船企业；更近期的现代化的例子是韩国的钢铁制造商浦项制铁公司，1960年初，韩国政府

---

① 后移居英国，成为英国人。

专门建立了一个国有企业来开展钢铁项目，使得没有发展钢铁行业先天优势的韩国拥有了世界上效率较高的钢铁企业。也就是说，为了避免资本主义失灵，即市场失灵，在不具备市场优势的行业发展初期，西方国家会先采用公有制的方法建立公有企业，然后将其慢慢市场化，这是获取经济利益、取得成功的必经之路。

其次，当发达国家通过非市场化的手段为其技术领先积累了一定的资本时，便会运用市场化的手段来激励技术水平的发展。目前，大多数发达国家采取的市场化激励政策是以前期的非市场化政策为基础的。大量的事实印证着这一观点：许多欧洲经济体，如第二次世界大战后的奥地利、芬兰、法国、挪威和意大利，它们的经济成功至少在1980年以前是靠大规模的国有经济取得的。尤其在芬兰和法国，国有企业始终处于技术现代化的前沿（张夏准，2009）。在芬兰，公有企业在林业、矿业、钢铁、交通设备、造纸机械和化工业等行业都引领了技术现代化。即便在私有化之后，芬兰政府也只在很少企业中放弃了控股权。在法国，许多家喻户晓的品牌过去都是国有企业，如雷诺（汽车）、阿尔卡特（电信设备）、圣戈班（玻璃及其他建筑材料）、尤西诺（并入阿赛洛，现在是阿赛洛—米塔尔的一部分，是世界上较大的钢铁企业）、泰雷兹（国防电子）、埃尔夫阿奎坦（石油和天然气）、罗纳普朗克（制药）。在1986~2004年不同时期的私有化之前，这些企业在国有的背景下领导了法国的技术现代化和工业发展。也就是说，国家的非市场化政策永远是技术水平发展的根基，而市场化政策仅是辅助工具，是促进推动技术水平发展的途径。

5. 其他功能

除以上功能之外，国有企业还具有调整产业结构、调整区域结构、加速产业集中、扩大就业水平、保障国家安全等功能（王可强，2004）。以调整区域结构为例，20世纪中期，意大利区域发展不平衡问题日渐突出，呈现"北强南弱"的特点。1957年7月，意大利政府规定国有企业在未来10年中，必须把其对新建工业企业投资的60%和总投资的40%投向南部地区，之后又将比例分别提高到80%和60%。这一举措极大地提升了南方地区的经济水平，促进了意大利区域结构的平衡（张昱，2008）[①]。在就业方面，英国国有企业所容纳的就业人口数量在20世纪70年代一直保持在7%以上的比重，1977年曾达到8.4%；意大利国有经济所容纳的就业人口占国民经济就业总人口的比例超过8%（亨利·帕里斯，1991）。在国际市场上，国有企业除了可以通过参与对外贸易和对外投资来促进国内商品的输出，从而开拓世界市场之外，还可以通过建立国有企业垄断体制有效防止外来资本的控制，避免国家经济命脉受到侵犯。例如，在20世纪80年代

---

① 20世纪70年代以来的意大利国有企业改革［J］. 中外企业文化，2006（5）：24-25.

初，法国的电子产业面临着被美国和日本企业垄断的危险，美日两国企业曾一度控制了法国近60%的数据处理产品市场和40%的办公室自动化产品市场。在此状况下，以法国社会党领袖密特朗为首的法国政府对电子产业进行了大规模的国有化，使国有企业掌控了本国电子产品生产的70%，并在5年中投入了200亿美元用于电子技术的开发，最终有效阻止了外来资本的控制（陈江生，1996）。

（二）中国国有企业的功能

中华人民共和国成立至今，我国经济发展规模不断壮大、质量不断提升，而在经济发展的不同阶段，国有企业发挥了不同的作用，其功能发生了相应变化。纵观中国国有企业多年的发展历程，可将中国国有企业的功能梳理为以下六个方面。

1. 中华人民共和国成立后经济恢复与建设的主力军

中华人民共和国成立后的第一批国有企业是通过政府对官僚资本的没收、对民族资本的接管和对私营资本的改造而建立起来的。随着社会主义建设的正式开始，国有企业成为国民经济的主体。在计划经济体制之下，当时的国有企业基本上没有自身的利润追求，很多学者将这一时期国有企业的功能定位为"国家工厂""生产车间"或"生产单位"（段素林，2007；许光伟，2008；文宗瑜，2009）。这一时期的国有企业奠定了中华人民共和国的工业基础，奠定了社会主义公有制的经济基础，完成了国有资产的原始积累，为改革开放以后的国有企业发展及中国产业竞争力提高创造了前提条件。这一时期的"国家工厂"，是与高度集中的计划经济体制相适应的一种特定历史时期的国有企业定位。

2. 国民经济的中流砥柱

改革开放以来，国有企业的经营管理模式和功能定位发生了一系列变化，但始终是国民经济的中流砥柱。

（1）放权让利阶段。

从1978年党的十一届三中全会到1992年党的十四大，以国务院1979年、1984年先后颁布的扩大和进一步扩大经营管理自主权的规定为标志，以"放权让利"为主题的国有改革序幕逐渐拉开，先后出现了厂长责任制、承包经营责任制、租赁经营制、股份制等多种改革方式（陈培军，2001；袁辉，2014）。在这一过程中，有相当一部分国有企业实行了承包、承租经营模式，国有企业成为承包者和承租者追求利润最大化的工具（国家放权让利的改革又强化了国有企业的这一功能）。同时，国家财政来源于国有企业的收入比重下降，国家财政投向国有企业的支出也有所减少，国有企业在一定程度上成为"租赁工厂"。与前一时期"国家工厂"不同的是，"租赁工厂"是与从集中走向相对分散的经济体制转型相适应的一种国有企业定位，而这种定位同样符合当时历史条件的需要，因而对当时的财政和经济发展也起到了巨大的推动作用。

（2）制度创新阶段。

从1993年党的十四届三中全会明确国有企业的现代企业制度改革方向开始，中国国有企业进入了一个以产权改革为核心的制度创新阶段。国有企业改革的目的是更加充分有效地发挥其在动员社会资源、促进资本积累方面的功能。1995年，党的十四届五中全会提出"抓大放小"功能转换思路，要求研究制定国有经济的发展战略和布局，以市场和产业政策为导向，把优化国有资产分布结构、企业结构同优化投资结构有机结合，择优扶强、优胜劣汰。1999年，党的十五届四中全会进一步明确国有经济需要控制的行业和领域主要包括涉及国家安全的行业、自然垄断的行业、提供重要公共产品和服务的行业以及支柱产业和高新技术产业中的重要骨干企业。其间，国有资本便逐渐从竞争性行业中撤出，从而为国有企业由资本积累功能转向弥补市场失灵、保障国家安全、体现国家战略等功能创造了有利条件（袁辉，2014）。

（3）国资发展阶段。

2003年，国务院国有资产监督管理委员会的成立标志着国有企业进入国资发展阶段。2006年，《关于推进国有资本调整和国有企业重组的指导意见》再次明确了国有资本应集中的重要行业和关键领域，并在实践中取得了很好的效果。截至2012年底，央企数量减少到116家，而资产总额却在2011年底达到28万亿元，是2002年的四倍左右；央企中的43家位居美国《财富》杂志2012年公布的世界500强，成为应对国际金融危机的中流砥柱，充分体现了国有企业对国民经济的控制力和影响力（赵春凌，2013）。

3. 党和国家的基层组织

除具有国有企业最基本的经济功能之外，我国国有企业还曾具有政治功能，这被部分学者称为"国有企业泛功能化现象"。例如，黄晶（2003）、杨华（2002）、肖定军（1996）指出，在我国长达几十年的计划经济体制下，企业是作为行政系统的一个组成部分而非一个经济实体而存在的，在企业改革后的很长一段时间内，这种惯性将依然存在，且政企合一的企业管理模式，使得党组织系统的存在仍有重要的作用，同时它对于企业生产功能仍产生重要的影响。段素林（2007）认为，国有企业和集体企业中党的基层组织发挥着政治核心作用，仍有必要围绕企业生产经营开展精神文明建设和思想政治等工作。

4. 企业社会责任的承担者

社会的稳定是经济发展的有力保障，中国国有企业除了担当国有经济的重要力量之外，还实现了很多不可替代的社会职能，被称为"社区功能""企业办社会"或"单位现象"。一是社会保障功能，包括就业、教育、养老等方面（程传兴，

1996)。充分就业是政府宏观经济目标之一，国有企业曾为解决就业问题吸纳过大量劳动力，但随着市场经济的发展，这一功能在逐渐弱化（杨华，2002）；国有企业是在我国从农业国向工业国转变中建立起来的，面对工业化生产的人才奇缺，教育的投入又十分有限，国有企业为实现正常生产，曾建立大批职业技术培训学校和相关学科的高等院校，培养了大量的产业工人、科技骨干和管理人才，不过随着教育体制改革的深入和教育产业化进程的发展，这项功能大部分已经从企业中剥离出来（纪玉山，2004）。二是自办企业生活设施，包括图书馆、文艺体育设施、泳池、理发店、电影院、子弟学校、托儿所等（忻文等，1994；肖定军，1996）。

5. 保障重大基础性产业正常运行

由于国家经济与社会发展中的重大基础性产业（如公路和大型桥梁建设）、先导产业（如金融业、邮电通信、民航、军工）与新兴产业（如航空、航天、精密机床）投资量大、周期性长、风险性高、收效慢，民间企业无力承担，也不愿承担，因此，国有企业便承担起兴办这些产业的职能（巫继学、晓立，1998）。从单个企业看，也许只有投入而没有相应的效益，但从整个国家看，基础产业的建设是未来发展的有力保障，对于富国强邦将产生巨大的效益。由于国有企业为其他企业和部门提供正常运行的基础性条件，还为其他企业乃至整个社会提供良好的外部环境，使社会的生产和生活得以有序进行，因此国有企业的此项功能创造了社会的宏观效益（应克复，1998）。

6. 推动技术进步、产业升级

由于我国是从计划经济体制转型而形成市场经济体制，这就在客观上形成了国有经济在技术、管理、人才、资金等方面的集聚优势，加之国有企业在技术、人才、创新能力等方面都具有较多的积累，国有企业特别是中央企业成为了所处行业的"领头羊"和"排头兵"。在国防、航天、能源、电信等领域，原始性的技术创新具有很强的正外部性和波及效应，对于整个国民经济技术进步和产业升级都具有重要的带动作用。因此，国有经济就具有了带动技术进步、产业升级和拉动国民经济增长的功能（徐传谌、刘凌波，2010）。

二、国有企业功能理论分析

（一）市场失灵的三种类型

在市场经济条件下，资源配置主要由市场机制来引导。与其他资源配置方式相比，市场配置资源在多数领域可以取得较高的效率，因此可以说，市场机制具有广泛性和有效性。然而，市场不是万能的，同样存在某些其自身难以克服的缺陷。例如，在公共事业、能源、交通等基础产业部门，由于所需投资额巨大或回报率低，依靠市场调节可能会陷入无人投资而发展滞后的境地；在另一些情况下，仅依靠市场机制的调节作用并不能自动实现市场的平衡和协调。也就是说，会出现市场失灵的现象。

根据市场失灵的适用性，我们可以将其分为三类（见表1-1）：一类市场失灵是所有市场经济国家都具有的问题；二类市场失灵是发展中国家所特有的问题；三类市场失灵是从计划经济向市场经济转型国家所特有的问题。

表1-1　三种类型的市场失灵及其特征

项目 类别	一类市场失灵	二类市场失灵	三类市场失灵
内容	所有市场经济国家都具有的问题	发展中国家所特有的问题	市场经济转型国家所特有的问题
市场失灵的主要表现	不完全竞争； 外部性； 公共产品； 信息不完全或信息不对称	一国陷入"比较优势陷阱"，不能实现动态比较优势	缺乏市场竞争主体；行业与地区间存在行政壁垒
问题的实质	市场与民众，市场与政府	国内经济与国际经济，国际竞争秩序	国内企业之间，国内竞争秩序
出现市场失灵的节点	相当长的时期	在成为世界一流强国之前	在建立良好的市场经济秩序之前
国有企业能解决的问题	弥补市场经济的不足，发挥政府的功能	促进经济的可持续发展，转变经济增长方式，充分发挥政府的作用	培育市场竞争主体，建立运行良好的市场经济秩序
国有企业的主要功能	建立现代的国家治理机制的一部分	建立现代化的经济强国，摆脱比较劣势，实现经济赶超，具体而言就是：发展重要前瞻性战略性产业、支持科技进步、保障国家安全	打破地区及行业壁垒，建立良好的市场经济秩序
国有企业分类	公共政策性企业	特定功能性企业	一般商业性企业
主要判断指标	政府的实际功能	政府的实际功能+市场利润	市场利润

1. 一类市场失灵

市场经济国家普遍面临的市场失灵问题被称为一类市场失灵,这类市场失灵是我们通常所指的市场机制在某些领域不能使社会资源的配置达到帕累托最优状态的表现。

该类市场失灵问题的提出始于 19 世纪末期的边际革命。杰文斯、门格尔、瓦尔拉斯运用一般均衡和边际效用价值论等构建出微观经济学基础,解释了市场在技术约束和资源稀缺条件下如何趋于均衡。张伯伦、罗宾逊夫人在此基础上考察了垄断和垄断竞争条件下生产者的行为,得出了市场失灵的第一个表现——垄断。之后,以庇古为代表的旧福利经济学用边际社会净产品与边际私人净产品之间经常产生的相互背离定义了外部性,并将市场失灵的范围拓展到外部性。后来,新福利经济学和萨缪尔森、巴托等现代西方经济学家又逐步将市场失灵的范围延伸到公共产品和信息不完全或信息不对称等问题上[①]。

这类市场失灵是市场经济自身难以克服的缺陷造成的,因此普遍存在于市场经济国家。正是由于市场经济无法达到最优的资源配置,因此就需要国家对市场经济进行干预,以达到优化资源配置的目的。国家或政府开办国有企业、发展国有经济是政府干预市场、弥补一类市场失灵的重要手段。

2. 二类市场失灵

发展中国家所特有的市场失灵问题被称为二类市场失灵。斯蒂格利茨等认为,在发展中国家,私人部门不成熟,自我协调能力低,市场本身也不发达,协调失败比市场失灵要普遍得多。因此,它们不仅需要解决由于市场缺乏而导致市场协调不足的问题,也要克服市场失灵引起的协调失效问题,还要解决非市场协调失效的问题,这便是二类市场失灵。

发展经济学的观点进一步表明,发展中国家在经济赶超阶段,在国际市场上往往遵循静态比较优势,其后果就是陷入“比较优势陷阱”或“低端锁定陷阱”。虽然通过这种发展模式发展中国家可以从国际贸易或国际分工中获益,但是不能从根本上解决促进经济发展的产业结构提升等重大问题,这就会产生一系列严重后果,如产品遭受国际经济波动的影响和冲击、产品受到贸易壁垒,从而在国际市场上发展的空间越来越有限等[②]。静态比较优势的弊端加上市场协调不足的问题,使发展中国家面临的二类市场失灵问题显得尤为严重。

3. 三类市场失灵

在我国现阶段或在所谓市场经济转型国家,由于市场经济体制还不够完善,

---

① 刘辉. 市场失灵理论及其发展 [J]. 当代经济研究,1999(8):39-43.

② 朱春红. 发挥我国产业静态比较优势与培育动态比较优势构想 [J]. 现代财经,2005(11):54-57.

市场机制在资源配置中的调节作用在某些方面还不能充分发挥，这种状况也被人们称为市场失灵，在此我们将这类市场失灵称为"三类市场失灵"。

简言之，三类市场失灵主要源于市场发展不充分和市场之外的原因。具体来说，市场发展不充分主要表现在以下四个方面：第一，适应社会主义市场经济体制需求的新的制度还未完善；第二，在资源配置上，市场的决定性作用和国家计划的指导作用未能很好发挥，两者尚未有机结合；第三，在计划管理上，实施计划调控的物质手段乏力，计划的法制化建设滞后；第四，在新的宏观调控体系中，计划、金融、财政等宏观调控部门之间相互配合的机制尚未形成，既影响计划制定和实施的统一性和有效性，又妨碍宏观调控整体功能的发挥①。市场不完全导致市场调节力量薄弱或调节范围狭小，需要国家公权力予以协调。

（二）三种类型市场失灵的特点及国有企业的相应功能

1. 一类市场失灵的特点

（1）一类市场失灵的主要表现。

一类市场失灵主要表现在以下四个方面：

第一，不完全竞争（垄断）。除完全竞争市场以外的带有一定垄断因素的市场都被称为不完全竞争市场。垄断表现为市场上只有很少几家供应商，甚至是独家垄断的局面。其中，自然垄断较为特殊，它是规模经济造成的一种状况，即当某些行业具有产量越大、平均成本越低的规模经济特点时，如邮电、通信、供水、供电、铁路等行业，这些行业只有在一个企业生产的时候才是最有效率的。但若只有一个企业，又会出现垄断定价问题——垄断价格往往高于边际成本从而造成资源配置无效率。同时，由于缺乏竞争，垄断企业缺乏技术改造、降低成本的动力。垄断抑制市场竞争，妨碍市场机制作用的发挥，使社会资源无法得到合理配置。

第二，公共产品。公共产品是由集体消费的物品，具有非竞争性和非排他性的特征。非竞争性意味着一个人的消费不会减少其他人的消费，非排他性意味着难以采取有效措施阻止任何人对公共物品的消费。公共产品的这种特点决定公共物品不可能由市场来有效提供。

第三，外部性。外部性是指某些市场主体的活动给社会或其他市场主体带来了影响，却没有为之承担应有的费用或没有获得应得的报酬，而受影响者也没有因为受到损失而得到补偿，或者因为得到利益而付费②。由于市场机制不能对市场主体经济活动的外部性作出评价，因此仅依靠市场机制不能解决外部性的问题。

① 马凯，曹玉书. 计划经济体制向社会主义市场经济体制的转轨［M］. 北京：人民出版社，2002.
② 韩丽华，潘明星. 政府经济学［M］. 北京：中国人民大学出版社，2003.

第四，信息不完全和不对称。信息不完全是指由于认识能力的限制，人们不可能知道全部的信息，即市场经济本身不能够生产出足够的信息并有效地配置它们。信息不对称是指市场交易的特定信息在交易参与人之间的分布是不对称的，而且双方都清楚各自在信息占有方面的相对地位。信息的不完全和不对称可能会导致在市场交易发生的前后分别引发"逆向选择"和"道德风险"的问题，从而使市场机制运行的结果缺乏效率。

（2）国有企业解决一类市场失灵问题的依据。

国有企业是市场配置资源与计划配置资源的混合体，因而兼有两者的优势。一方面，面对市场经济条件下必然存在的一类市场失灵，国有企业可以在政府的引导下发挥计划配置资源的优势；另一方面，面对政府干预时出现的政府失灵或"政策无效"的情况，国有企业又可以发挥市场配置资源的优势。

第一，国有企业是政府承担克服市场失灵的职能的载体。相对于市场而言，政府在限制垄断、提供公共产品、矫正外部效应、提供经济信息等方面具有更大的优势和作用。然而，市场经济条件下的政府又必须居于市场之外，这是因为，政府如果直接从事生产经营活动，很可能破坏市场的公平竞争秩序（刘仍春，2005）。因此，有些生产经营活动不适宜由政府部门直接从事，这样就需要由政府投资建立这样一类企业，其本身不以利润最大化为唯一目标，却能为资源在市场经济中达到优化配置创造必要的条件，这类企业就是国有企业。

第二，国有企业能够弥补政府失灵或"政策无效"。"市场失灵论"与"政策无效论"历来是理论界争论的热点之一。诚然，政府可以通过实施货币政策、财政政策、产业政策等手段，借助于利率、税收、补贴等经济杠杆来达到干预经济的目的（宋涛、张邦辉，1993）。然而，政府干预经济又不能从根本上解决影响经济长期增长的问题，甚至还有可能出现"滞胀"、寻租等"政策无效"的表现（孙伯良，1997）。这就需要建立以国有企业为核心的多种企业形式并存的市场运行机制，使宏观经济目标融合到企业的市场行为当中。

（3）国有企业在一类市场失灵中承担的功能。

根据一类市场失灵的表现，国有企业在保证市场机制的有效运行方面主要可以承担以下功能：

第一，纠正自然垄断。对于自然垄断，如果政府不进行干预，那么自然垄断者往往会通过控制产量、抬高价格来攫取高额垄断利润，从而损害消费者的利益。纠正自然垄断可以采取多种方式，但建立国有企业、进行公共生产一直是各国通常采取的办法①。

---

① 韩丽华，潘明星. 政府经济学［M］. 北京：中国人民大学出版社，2003.

第二，提供公共产品。公共产品的非竞争性和非排他性决定了人们不需要购买便可以享受产品，因此，私人生产者不会向社会提供公共产品，公共部门提供公共产品的重要途径就是建立国有企业，如一些关系到国家安全和社会整体福利的工程或产业往往需要通过国有企业来提供生产和服务。

第三，实现产业、区域结构协调，促进经济可持续发展。单纯依靠市场力量调节，往往会出现产业或区域发展的不平衡问题，政府可以在亟须加强的产业或经济落后地区通过建立国有企业，发展基础产业、基础设施，来实现产业和区域间的协调发展，促进人口、资源、环境与经济的可持续发展。

第四，强化政府的宏观调控作用，缓解经济的周期性波动。财政政策和货币政策是市场经济条件下各国政府干预和调节宏观经济运行的主要政策工具。政府只有拥有强有力的国有银行体系，才可以通过其控制的国有金融机构直接调整信贷规模和结构，干预货币流通，并对某些特殊部门或企业提供资金以帮助、扶持其发展①。国家还可以通过控制国有企业的投资规模平抑经济周期，抑制或刺激经济。

2. 二类市场失灵的特点

（1）二类市场失灵的主要表现。

二类市场失灵主要表现为：在国际经济竞争秩序中，发展中国家过多发挥静态比较优势而非动态比较优势，从而落入"比较优势陷阱"。所谓静态比较优势，是指在国内劳动力、资本、土地和其他自然资源等生产要素供给基本不变的静态条件下形成的比较优势。根据静态比较优势理论，一国若集中生产并出口本国要素最密集的产品，而进口本国相对更为稀缺的要素生产的产品，就可获得最大利益。按照这一理论，发展中国家应必须优先发展劳动密集型产业来扩大就业和加速资本积累，而不能优先发展资本密集型产业②。

从现实情况来看，广大发展中国家经历了相当长的时间践行静态比较优势理论，通过大力发展劳动密集型产业为全世界提供物美价廉的商品，却忽略了产品核心技术的研发，一直处于全球价值链的低端，被称为"世界工厂"。长此以往，发展中国家最终只能成为发展竞争胜利者的牺牲品或附庸。

发展中国家在经济的赶超阶段都会遇到二类市场失灵问题。因此，在成为世界一流强国之前，发展中国家都必须保持相当数量的国有企业，以着力培育和强化其动态比较优势，发展重要前瞻性产业、战略性产业，支持科技进步、保障国家安全。

① 金硕仁. 政府经济调控与市场运行机制［M］. 北京：经济管理出版社，2000.

② 朱春红. 发挥我国产业静态比较优势与培育动态比较优势构想［J］. 现代财经，2005（11）：54-57.

（2）国有企业解决二类市场失灵问题的依据。

第一，国有企业具有克服发展中国家二类市场失灵的比较优势。李钢等（2009）运用经济普查数据证实了我国国有企业和非国有企业在要素市场方面具有不同的比较优势：国有企业在资本密集型行业有比较优势，非国有企业在劳动密集型行业有比较优势。解决二类市场失灵问题，就是要避免发展中国家落入"比较优势陷阱"，着力发展资本密集型产业，使资本密集型产业逐渐取代劳动密集型产业。因此，国有企业首先具备了克服发展中国家二类市场失灵的比较优势。

第二，国有企业解决二类市场失灵问题的协调成本较低。解决二类市场失灵问题，不仅需要提升企业的自我协调能力，还要完善市场和政府的协调关系。因此，企业解决二类市场失灵问题需要从国家或政府层面得到支持，这就必须让承担该项功能的企业享受国家特殊待遇。然而，从理论和实践经验来看，这种做法容易形成官商勾结，导致发展中国家腐败问题丛生。让国有企业来解决二类市场失灵问题，不同利益群体进行政治博弈的社会总成本会较小。因此，国有企业具有解决二类市场失灵问题的低成本优势。

第三，国有企业解决二类市场失灵问题更加符合公平与正义。从企业性质来看，国有企业性质即全民所有制企业的性质，实质就是国有企业的生产资料属于全体人民共同所有。国有企业是通过劳动者与全民所有制生产资料的结合，具体实现全民所有制生产关系的。不管国有企业的盈利收入有多少，都是归全民所有的；即使国有企业具有垄断收入，这些垄断收入也同样归全民所有。因此，国有企业解决二类市场失灵问题更加符合全体人民的共同利益。

（3）国有企业在二类市场失灵中承担的功能。

为克服二类市场失灵，发展中国家的国有企业在经济赶超阶段就应充分重视动态比较优势的发挥。根据动态比较优势观，发展中国家的比较优势可以通过专业化学习、投资创新及经验积累等后天因素人为地创造出来，某些资本（或技术）密集型产业的技术经济特性使发展中国家有可能采用引进和消化最先进技术和设备的方式来赶超先进国家的企业。

因此，在遵循动态比较优势的过程中，国有企业就要承担起建立现代化经济强国、实现经济赶超的职能，处理好国内市场与国际市场的关系。在充分理解国际竞争秩序的条件下，在立足于自身现有条件和资源状况的基础上，以一种新的眼光、新的逻辑去发展，着力培育和强化其动态比较优势，不断增强核心竞争能力，转变经济增长方式，充分发挥政府的作用，促进经济的可持续发展。

发展中国家需要通过各种途径大力扶持本国国有企业的发展，解除后发地区在承接产业转移过程中普遍面临的"低端锁定困境"，营造有利于高层次产业转移和优势企业成长的新比较优势，维护国有企业的经济独立，以促进国家的工业化、振兴民族经济，奠定国民经济发展的基础，促进区域经济平衡发展。

3. 三类市场失灵的特点

（1）三类市场失灵的主要表现。

第一，市场发育不足或制度缺失。转型国家的市场经济与成熟的市场经济相比具有三方面特征：一是市场主体发育不充分，部分国有企业还不是真正独立的法人实体，民营企业尚未获得与国有企业完全平等的地位。二是市场体系不健全。首先，资本市场发展滞后，土地基本上归国家所有，尚不能进入市场进行流通和交换；其次，城乡二元经济结构所造成的市场分割现象较为严重；再次，受到人为因素或价格刚性的影响不能反映真实的市场供求；最后，在一些领域，进入壁垒和退出壁垒都很高，资源的自由流动与优化组合受到极大的限制。三是市场经济制度或市场规则不健全。"关系经济""特权经济""潜规则"取代了市场经济本应具备的公平竞争原则。

第二，市场失灵与政府失灵交织在一起。经济转型的过程就是计划经济不断被市场经济所替代的过程，也是政府的权力逐渐减小、公民与企业的权利逐渐增大的过程。从这个意义上看，改革的对象正是政府本身。然而改革是在政府的推动下进行的，我们一方面需要一个强有力的政府消除改革的阻力，另一方面又需要对行政权力进行限制以完成改革。这种两难困境常常阻碍政府职能的转变，使政府与市场、政府与企业的关系不易理顺。长期以来，政府对微观经济活动进行干预，在相当大的程度上替代了企业的市场行为，排斥了价格规律，阻碍了资源的有效配置。

（2）国有企业解决三类市场失灵的依据。

第一，国有企业有助于培育市场竞争主体。与市场发育成熟、市场主体地位明确的发达国家相比，转型国家的市场化进程起步较晚、市场发育尚不成熟，市场主体行为缺乏理性指导。国有企业作为计划经济体制下普遍存在的一般企业，无疑成为转型过程中基础性、支柱性和战略性产业发展的先导。在发展中国家的经济转型过程中，国有企业的发展对于奠定国民经济发展基础、维护市场经济运营、促进国家振兴都发挥了重要作用，同时也为私人企业的发展创造了条件、起到了示范作用。因此，国有企业有助于培育集基础服务、产业导向和国际竞争性于一体的市场竞争主体。

第二，国有企业有助于打破地区及行业壁垒。三类市场失灵源于市场发展的不完全和不完善，在这种情况下，地方企业极易形成地区或行业壁垒。例如，我国的啤酒行业、水泥行业就存在较为严重的地方壁垒或地方垄断现象，外来品牌很难进入，且在产品价格相差不大的情况下，当地居民往往形成对地方品牌的依赖。这使得一国要素的自由流动与资源的优化配置都受到较大限制。国有企业的进入则为打破地区及行业壁垒提供了可能,从而有助于市场发展的完善和资源的优化配置。

第三,国有企业有助于建立运行良好的市场竞争秩序。国有企业在打破地区及行业壁垒之后,往往能够通过与同类企业的竞争了解到本行业企业的运行成本、收益和利润状况,从而起到对行业的实际监测作用。在此情况下,当其他企业表现出垄断倾向或抬高商品价格损害消费者利益时,国有企业及政府便能够采取相应的措施抑制"垄断苗头"和其他不正当竞争行为。实际上,干预三类市场失灵的国有企业不需要太多,仅一两家便可以建立和维护良好的市场竞争秩序。

(3)国有企业在三类市场失灵中承担的功能。

解决三类市场失灵问题,主要是解决市场经济秩序的建立问题。因此,国有企业的主要职能是在现代的市场经济秩序下,打破地区及行业壁垒,对易形成地区和行业壁垒的企业进行监测预警,建立良好的市场竞争秩序,使国有企业在成为独立的、理性的市场竞争主体的同时,创造有利于非国有企业成长和与国有企业平等竞争的市场环境。同时,打破地区封锁和部门垄断,建立统一、开放、公平竞争的大市场,让价格能够充分、灵敏地反映市场供求。

三、不同国家国有企业案例研究及启示

(一)西方国家国有企业案例

1. 一类失灵案例——美国邮政、德国铁路和美国田纳西河流域管理局

(1)美国邮政。

1)创建历史。美国邮政的前身是美国联邦政府邮政部,是美国最古老的政府部门之一,成立于1789年9月。1832年,邮政部开始利用火车传送邮件。到1918年,邮政部开通第一条定期空运邮件航线,这也是美国第一条商用航线。然而,20世纪60年代中期,邮政部陷入了深度经营危机之中。1969年5月,邮政部总监提出改革方案,建议将联邦邮政部转换成联邦政府全权所有的、独立的、自负盈亏的邮政公司。国会通过了这个方案。1971年7月,联邦政府的邮政部撤销,美国邮政服务公司开始运作。自此,美国邮政由一个政府部门转变为一个国有企业。2004年5月20日,美国国会众议院通过并颁布了《美国邮政法修改法案》,该法案规定:美国邮政实行政企分开,继续保持类似公共企业的性质。法案加强了对美国邮政的支持,巩固了美国邮政的垄断权利[1]。

---

① 李盛竹. 基于政府规制改革背景下的中国邮政效率研究 [D]. 西南交通大学, 2009.

2) 成就与经验。美国邮政是世界五百强企业之一，它的日均邮件投递量超过 5 亿件，占全球 40%，而且价格非常低廉，被世界誉为"办得最好的邮政"。美国邮政的成功经验有以下三点：第一，美国市场经济非常发达，法律与社会制度体系较为健全，为邮政企业提供了良好的发展环境。第二，美国邮政在邮政技术服务上一直领先于世界，率先推出了投递到户、地区邮政编码、邮件自动分拣机、优先邮件服务等。第三，美国邮政的普遍服务始终得到政府的高度重视。美国限制私营递送信件的规定不但规定信函由邮政专营，还规定家庭信箱邮局专用；美国政府专门设有邮政警察，从组织上保证邮政法规的实施，保证美国公民享受邮政的普遍服务；美国邮政坚持"使整个国家联系在一起"的法定功能和改革遵循"国家开办邮政，承担普遍服务职责，可以企业式经营但不能民营化"的原则，向国民提供的公共福利型产品和服务始终如一（胡仲元，2005）。

（2）德国铁路。

1) 创建与发展。德国拥有世界上第三大密集的铁路网络，德国的火车尤以准时、舒适闻名于世。无论是密集的铁路基础设施建设，还是优质的火车服务，都要归功于德国铁路股份公司。德国铁路始建于 1835 年，并于 1920 年开始了国有化。由于德国特殊的地理位置，铁路在德国发展中发挥了巨大的作用。然而，随着汽车的普及以及水上运输、航空业的快速发展，铁路在运输市场中所占的份额急剧下降，直接带来了债务增加。1993 年，联邦铁路的亏损达 79 亿欧元。此外，它还要接管早就债务缠身的原东德国营铁路，铁路已经成为政府的沉重负担。1994 年，在国内国外政治和社会舆论的压力下，在政府对铁路重新夺回市场份额的期待下，德国铁路开始了大刀阔斧的改革。德国铁路改革的基本思路可以归纳为：以市场为导向、私有化为方向，实行政企分开，按照网运分离、细分市场的模式，重构运作市场化、经营多主体的铁路运输企业①。1994 年，改革第一年德国铁路就创利 2.9 亿欧元，实现自 1951 年之后联邦铁路的首次盈利。改革之初，德铁公司的债务高达 300 亿欧元，通过企业化运作，以及鼓励私人公司参与竞争，铁路市场份额逐渐回升，铁路客运、货运运量增长，债务水平显著降低。

2) 经验与成就。德铁公司意识到竞争能够促进整个市场的活力提升，因此欢迎其他公司参与到竞争之中。目前德铁公司主要的竞争者是法国、意大利以及荷兰的三家国有铁路公司。不过，德铁公司仍然占据了绝大部分的市场份额，成

---

① 德铁自 1994 年 1 月 1 日开始改革，成立了德国铁路股份有限公司、道署、联邦铁路资产管理局。德国联邦政府拥有德国铁路股份有限公司的全部股权。2008 年 5 月 30 日，德国联邦议院批准了德国铁路公司部分私有化计划，然而在 2008 年底，由于受到金融危机的不确定因素影响，计划中的资本私有化进程被无限期推迟。

为由德国联邦政府控股的全世界第二大运输企业。在全球经济不景气以及激烈的竞争环境下，2012财年德铁公司实现了27亿欧元的盈利。

（3）美国田纳西河流域管理局。

1）创建与成就。田纳西河流域管理局（Tennessee Valley Authority，TVA）成立于1933年5月，是大萧条时期时任美国总统罗斯福规划专责解决田纳西河谷一切问题的机构，位于美国田纳西州诺克斯维尔。它整体规划水土保持、粮食生产、水库、发电、交通等，被创新为"地理导向"的一个整体解决方案机构，获得了很大的成功，经营至今。

2）成功经验。TVA管理上最大的特色可以说是立法管理，或者称之为"依法治局"。具体地说，TVA在其授权法的规定下大致具有以下特点：拥有自主的经营权、多元的决策机构以及择优任用、唯才是举的用人制度，还有可以适时作出调整的灵活的机构设置。它向人们揭示了流域经济的开发和管理必须从资源的比较优势出发，同时要作为增长极而带动流域内的社会经济全面发展。作为国有部门的TVA，其必须依法享有与经营企业高度相似的企业行为，这对于我们目前的国有企业产权改革具有十分有益的启示。

2. 二类失灵案例——韩国浦项制铁、法国雷诺和德国大众

（1）韩国浦项制铁。

1）创建与成就。韩国浦项制铁公司（POSCO）成立于1968年，是韩国政府为了使作为现代产业社会国力象征的钢铁能够自给自足而成立的。在韩国政府向世界银行申请贷款建立这家钢铁厂时，世界银行拒绝了，认为该计划不可行，认为当时韩国最大的出口产品是鱼、便宜的服装、假发和夹板，韩国并不拥有两种重要原材料的储藏，即铁矿石和炼焦煤。此外，冷战意味着它不能从邻国进口这两种原材料，而只能从澳大利亚进口，况且韩国政府还提出要建立一个国有企业来开展这项业务。浦项制铁的建设，全靠当时韩国政府的坚定意志和所谓的"准军事方式"强力推进完成。从1973年开始投产（该项目由日本银团提供资金）的十年时间内，该公司成了世界上效率较高的钢铁企业之一。它拥有位居世界第一的年产1600万吨的光阳钢铁厂和位居世界第二的年产1200万吨的浦项制铁厂。自从创立以来，没有出现过一次赤字，其卓越的创收能力在世界钢铁业界出类拔萃。2013年，浦项制铁在美国《财富》杂志评选的世界500强中排名第146位。

2）成功经验。浦项制铁获得成功的原因有四个方面[①]：一是引进最新的技术设备以扩大生产规模，来持续保持高生产效率的发展战略。浦项制铁先从日本

---

① 韩洪锡，石庆华. 中韩两国大企业的成长历程——以中国宝钢集团和韩国POSCO为例［J］. 延边大学学报（社会科学版），2010（2）：63-68.

新日铁公司引进成套技术和设备，在学习并初步掌握该技术以后，开始掌握了引进技术的主动权，采取引进对象和技术的多样化，同时提高装备的国产化水平。二是有一个能干且富有责任感的经营团队。浦项制铁公司创立者朴泰俊始终坚持"资源有限，创意无限"的企业精神。在他的带领和运作下，浦项制铁创造了行业奇迹。三是广大企业员工的勤勉和创新努力，员工福利同企业经营成果挂钩的经营方式激发了广大员工的积极性。四是政府的积极支持，但韩国政府并没有给浦项制铁垄断市场的权力。

（2）法国雷诺。

1）创建与成就。雷诺汽车公司创立于1898年，它是世界上最悠久的汽车公司和世界十大汽车公司之一。第一次世界大战中，雷诺生产枪支弹药、飞机和轻型坦克，战后恢复了传统的生产活动，并不断开辟新的领域和部门，加强同其他工业公司的联系，成为当时法国最大的工业企业之一。雷诺汽车公司是在1945年法国政府对雷诺公司进行国有化运动中而建立的大型国有企业，在半个多世纪的发展过程中，该公司运行状态始终良好，多年前就已进入世界六大汽车厂商的行列。如今的雷诺汽车公司是法国最大的国有企业，在法国的国民经济中占有举足轻重的位置。2000年，该公司的营业收入占法国GDP的2.85%。

2）成功经验。雷诺汽车公司取得好的经营业绩，除依靠政府给予的优惠政策以外，主要原因还是自身的盈利能力高、经营理念能够很好地与市场机制融合。这从它兼并日产汽车一例中就可得到很好的证明。雷诺于1998年兼并了日产汽车，成了拥有日产36.8%股权的第一大股东。之后，雷诺向日产汽车输入了其赖以生存与成长的成本和效率的概念，在短期内裁员14%，三年内降低成本20%，减少交易成本高的供应商50%，并通过与另外五家被关闭的公司合作实现了资源重组，同时利用雷诺的销售渠道，将日产汽车的产品推向了欧洲市场[1]。在兼并后很短的时间内，日产汽车就实现了盈利，而且发展势头良好。这一兼并及其之后的举措，在日本引起了强烈的反响。

（3）德国大众。

1）创建与发展。德国大众汽车公司是希特勒统治时期的产物。二战前夕，希特勒宣称要让德国大众每人拥有一辆汽车，遂于1937年在沃尔夫斯堡建立了大众汽车有限责任公司。然而，当时的大众公司并没有来得及为德国大众服务，很快便成为希特勒政府"战时计划经济体制"中的一个附属单位，为战争生产各种军用车辆。二战结束后，沃尔夫斯堡属于英军占领区。在英军当局的允许下，大众汽车有限责任公司恢复生产民用车辆。1949年，英军撤离，大众公司

---

① 阿兰·鲁格曼. 全球化的终结［M］. 北京：生活·读书·新知三联书店，2001.

的所有权归属于联邦政府与下萨克森州政府，并明确联邦与州政府各自拥有大众公司 50% 的股份。1960 年，大众公司首次出售国有股，继而从有限责任公司转变为股份有限公司。至 1986 年，大众公司最大的股东为下萨克森州政府，拥有 20% 的股份，其余的 80% 的股份为 70 万小股东所拥有。

2）成就与经验。自大众公司实行股份制改造以来，其企业经营规模与市场竞争能力发生了巨大的变化。大众公司已从改造前拥有 6.4 万雇员的公司发展成为以大众汽车股份公司为母公司且包含大众、奥迪、西亚特、斯柯达等商标的大型集团。曾经在世界汽车工业中，大众公司所占有的市场份额在欧洲名列第一，在世界排名第四[①]。

3. 三类失灵案例——俄罗斯电力

计划经济时期，苏联的电力产业产权属于中央政府，电力作为优先发展的产业获得了政策倾斜，发展水平相对较高。然而，自 20 世纪 80 年代开始，苏联（俄罗斯）的电力产业开始出现停滞的迹象，发电能力提升的速度明显低于经济发展对电力消费需求的增长速度。

在转型道路和策略的选择上，改革初始，俄罗斯采取了"大爆炸"的激进改革策略。2000 年，普京大选获胜后，重新推行"渐进"的改革方式。首先，没有立即将企业内部资产重组并出售，以改变其垄断地位，而是先在企业内部进行资产重组，组成若干公司，再进行逐步拆分。2006 年 9 月，两家大型电力公司第一批从统一电力公司中剥离出去，其他新成立的公司从这之后一直到 2008 年统一电力系统股份公司解体，才逐步从公司分离出去，成为独立公司。其次，在探索新批发市场建立模式的实践中，没有立即在全俄范围内建立电力批发市场。先是在基础设施较为完善的欧洲部分建立批发市场，再在西伯利亚地区开展电力交易。再次，没有立即将电力市场价格放开，而是分为规制价格和非规制价格，逐步减小规制价格交易比重，同时增大非规制价格交易比重。最终，俄罗斯电力产业发电环节组建了 7 个大型发电集团和 14 个地区电力公司；利用输电资产组成"联邦电网公司"作为统一国家（全俄）电网的管理机构并负责高压电网的运营；售电资产经拆分重组为 58 个售电公司。电力产业规制机构的改革也在结构改革过程中得以推进。

通过两个阶段的产权改革，俄罗斯电力产业特别是发电和售电环节的产权结构发生了重大变化，实现了以私有为主导，但俄罗斯政府在出售股份制企业之后，仍将拥有统一电力系统联邦电网公司 75% 的股权。

---

① 鲁利玲. 德国国有企业股份化的成功案例——大众汽车股份公司的考察报告 [J]. 经济研究参考，1993（70）：16~30.

（二）中国国有企业案例

1. 一类失灵案例——中国邮政、中国铁路

（1）中国邮政。

1）发展历史。我国邮政经历了从"烽火通信""置邮传命"的古代官方通信到近现代的清代邮政、民国邮政和新中国邮政的发展历程。

1949 年 11 月，作为统一管理全国邮政和电信事业的中央人民政府邮电部成立。同年 12 月，中央邮政经济委员会第九次会议决定成立邮政总局。1994 年 3 月，国务院批准邮电部机构改革方案，邮政总局由机关行政序列分离，成为专业核算的企业局。1995 年 10 月，邮政总局注册企业法人营业执照，获得法人资格，企业名称为"中国邮电邮政总局"，简称"中国邮政"。1998 年 3 月，国务院机构改革方案决定实行邮电分营，撤销邮电部，成立国家邮政局。国家邮政局承担国家邮政管理职责并负责经营邮政业务，具有明显的政企不分问题。为解决这一问题，2005 年 7 月，国务院常务会议通过中国邮政"政企分开、邮储分离、完善机制"的体制改革方案，组建新的国家邮政局作为政府机构依法监管邮政市场，并协调邮政普遍服务与机要通信等特殊服务的开展；组建中国邮政集团公司，作为国有独资企业经营各类邮政业务。2007 年 1 月 29 日，中国邮政集团公司与国家邮政局挂牌成立，中国邮政政企分开，统称"中国邮政"。

2）成绩与问题。中国邮政经过多年的建设已经拥有了完整的实物流、信息流、资金流三位一体的运营体系，包括国内最大与最完整的实物传递网、邮政物流信息网和邮政金融网的"三网合一"的网络系统。2009 年，中国邮政入选中国世界纪录协会世界上最大的邮政网络；2013 年，在《财富》世界 500 强中，中国邮政排在第 196 位。然而，受经营机制的影响，中国邮政的效率仍然无法与发达国家相媲美。中国邮政长远发展的创新能力不足，专业经营和管理较粗放，邮政普遍服务和市场管理等方面面临的问题也制约了中国邮政的发展。

（2）中国铁路。

1）历史与发展。中华人民共和国成立后，原军委铁道部改组为中央人民政府铁道部，受中央人民政府政务院领导，作为国家政府机构对全国铁路实行归口管理。1954 年 9 月，中央人民政府铁道部改为中华人民共和国铁道部。1967 年 6 月，铁路由铁道部军事管制委员会领导。1970 年 7 月，铁道部与交通部、邮电部所属邮政部分合并，成立新的交通部。1975 年 1 月，铁道、交通两部分设，恢复成立铁道部。1994 年，国务院办公厅印发的《铁道部职能配置、内设机构和人员编制方案》明确指出：铁道部兼负政府和企业双重职能。1998 年机构改革时，铁道部实行政企分开，根据行业特点和当前实际，通过改革界定政府管理职能、

社会管理职能、企业管理职能并逐步分离。2008 年 3 月，国务院机构改革方案中确定保留铁道部。

2013 年 3 月，根据国务院机构改革和职能转变方案，实行铁路政企分离，撤销铁道部，组建国家铁路局，承担原铁道部拟定铁路发展规划和政策的行政职责，隶属于交通运输部。2013 年，组建中国铁路总公司，承担原铁道部的企业职责。中国铁路总公司以铁路客货运输服务为主业，实行多元化经营。改革后，中国铁路总公司统一调度指挥铁路运输，实行全路集中统一管理，负责铁路建设，承担铁路安全生产主体责任等。

2）存在问题。中国铁路既有体制阻碍着这一部门与市场经济体制接轨，使中国铁路在许多方面还不适应运输市场，难以满足运输市场的需求和变化，妨碍中国铁路在运输市场中发挥其应有的功能。

2. 二类失灵案例——中国宝钢集团

（1）创建历史与成就。

中国宝钢集团创建于 1978 年党的十一届三中全会闭幕的第二天，被称为中国改革开放的产物。随着改革开放的深入，1982 年，宝钢建设正式进入了快速发展阶段：冷轧、热轧、连铸设备以及二号高炉的陆续建设，使宝钢终于成为拥有 670 万吨粗钢生产规模的综合性钢铁企业。从 1993 年的三期工程开始，宝钢更是有了新的跳跃，开始生产过去国内不能生产或生产不足靠进口的高端产品。1998 年，国务院决定以宝山钢铁为主体，把上钢一厂、三厂、五厂和梅山钢铁等合并起来成立宝钢集团。2000 年，宝山钢铁上市，国有股份减持到 74% 左右，开辟了民营化的道路①。经过多年发展，宝钢已成为中国现代化程度最高、最具竞争力的钢铁联合企业。2012 年，宝钢连续九年进入美国《财富》杂志评选的世界 500 强榜单，位列第 197，并当选为"全球最受尊敬的公司"。

（2）成功原因。

一是引进最新的技术和设备，通过消化技术并不断扩大生产规模降低成本、保持较高的生产效率的发展战略，充分发挥发展中国家所拥有的"后发优势"。二是改革开放的有利环境和对各项国有企业改革的成功试验，如建立科学规范的经营管理体系，重视服务和产品质量，减员增效发挥员工的积极性，将人均劳动生产率提高到世界水平等。三是政府给予了大力支持。宝钢借助政府的帮助提高了企业竞争力，增强了企业自生能力。

3. 三类失灵案例——中国电力

在我国的发电企业中，国家五大发电公司——华能、大唐、国电、中电投和

---

① 陈锦华. 回顾改革开放重大决策：国事忆述［M］. 北京：中央党史出版社，2008.

华电的全部装机容量已接近全国的 50%。除此之外，还有河北建投、内蒙古华电、上海电力、粤电力等众多地方发电公司。这些公司的集团规模与五大发电集团具有较大的差距，但所控制的机组规模和电厂规模基本一样。由于各发电企业所控制电厂都达到规模经济，竞争力无明显差异，因此各电力企业竞争力的主要差异在市场势力。

从全国范围来看，地方发电企业的市场势力不及五大发电公司，因此地方发电企业具有规模扩张的强烈愿望。然而，从省网区域来看，输电堵塞（其他区域电力进入本区输电网络的技术限制）造成的市场隔离使地方发电企业具有很强的竞争优势和地方市场势力。一是电价的议价能力。由于发电企业上网电价上调，销售电价必须相应调整，而销售电价的上涨都由当地用户承担。从地方利益出发，地方政府更愿意上调地方发电公司上网电价，因为这只是将地方用户费用变成地方发电企业利润，地方利益总量没有减少。二是地方发电企业在供应链方面更具有地方综合优势和区域的规模优势，更容易形成稳定的供应链。这是因为，地方电厂的建设在规划期已按就近原则考虑了燃料来源地问题，地方电厂所用燃料的种类和品质与来源地有天然的联系。另外，从采购优势看，地方发电企业电厂集中，更容易形成集中采购增强采购议价能力，使采购成本低于同业平均水平。特别是地方发电企业与燃料生产者基本处于同一或邻近地区，企业间或地区间有着千丝万缕的联系，形成的供应链更加稳固[①]。地方发电企业的以上竞争优势和市场势力，使得我国电力的地区垄断问题较为突出，但同时应看到地方电力企业对于打破电力行业的垄断有重要的意义。

（三）国有企业案例对中国国有企业功能定位的启示

1. 国有企业可以解决外部性等市场失灵问题

自 20 世纪 70 年代末开始，我国便开始了市场化取向的经济体制改革，几乎与此同时，在欧美市场经济国家也开始了一轮强劲的私有化运动，在这一过程中，无论学者还是公众，都对国有企业进行批评，认为国有企业缺乏效率，是经济发展的巨大负担。然而，事实并非如此，美国邮政、德国铁路等国有企业克服一类市场失灵的案例告诉我们，从全社会的角度看：国有企业的效率可以优于私人企业。

在参与竞争的过程中，政府要从技术、资金、法律等方面支持国有企业，这样国有企业便有机会在竞争的氛围中剔除垄断所造成的弊端，并产生较强的效率。通过政府支持，国有企业可以增加研发投入，从而增强创新能力；通过竞

---

① 王廷良. 我国不同类型发电企业竞争力比较研究［J］. 现代商业，2011（11）：74-76.

争，国有企业能够提高管理效率，减少为防止竞争对手进入而采取的寻租行为，进而还可以减少腐败现象的发生。

2. 打破静态比较优势发展方式的局限性

按照"静态比较优势"发展理论，劳动密集型产业的发展曾对中国和其他亚洲国家在工业化的过程中起到了非常重要的作用。然而，轻视发展中国家通过发展可以获取的资本、技术密集型优势，可能会使发展中国家丧失提升产业竞争力的重要机遇。以上韩国浦项制铁公司和中国宝钢集团的成功案例就是打破静态比较优势从而获取成果的典范。这两个国有企业都是通过努力在资本或技术密集型产业中引进最新技术和设备以及发展战略的方式，最终成为具有国际竞争力的大企业。

当然，发展中国家即使有这样的可能和机会，也需要具备其他的条件。例如，一定的企业经营能力、技术消化能力和自我革新能力以及国家有效而正确的政策。此外，韩国浦项制铁公司和中国宝钢集团成功的经验还告诉我们，当发展中国家的国有企业成功打破静态比较优势时，还会通过示范作用和波及效应在国民经济发展中发挥行业带头作用，从而加速国家发展进程。

3. 创造平等竞争的现代市场经济秩序

经济转型时期的市场失灵，其本质不是在市场已经高度发育基础之上的内生性或功能性市场失灵，而是市场发育不足、市场经济制度缺失所导致的外生性、制度性市场失灵。因此，为了治理市场失灵，要培育出平等竞争的市场环境和市场经济秩序。市场发育越成熟，市场竞争越充分，市场主体越理性，市场失灵的程度就越轻。在加快国有企业改革，使其成为独立的、理性的市场竞争主体的同时，应创造有利于非国有企业成长和与国有企业平等竞争的市场环境；应打破地区封锁和部门垄断，建立统一、开放、公平竞争的大市场，让价格能够充分、灵敏地反映市场供求。

为此，在三类市场失灵中，国有企业应尽量退出行业和地区竞争，在每个行业或地区保持有少数国有企业即可。但这并不是说消除国有企业在行业或地区的存在，因为在每个行业或地区保有少数国有企业可以使国家保持对行业成本、行业运行效率的认识和掌握，从而能够更好地促进行业进步和发展。

四、国有企业功能、划分与行业分类

（一）中国国有企业功能总体定位

国有企业改革一直是我国经济体制改革的一项重要内容，我国国有企业改革经历了多年的发展历程，其中有失败的经验教训，也有成功的经验总结，每一次改革的背后都有对国有企业功能的重新定位。改革的历史表明：缺乏战略向导、没有从国民经济发展的战略高度去思考国有企业定位的改革必定是失败的。这是因为，发展国有企业的根本目的是更好地配置国有资本、更好地发挥国有经济部门与非国有经济部门的互补功能，从而促进国民经济更快、更好地发展。可以说，对国有企业功能的准确定位，是国有企业改革和发展的必要前提和有力保障。党的十八届三中全会提出要准确界定不同国有企业功能，就是要求我们厘清新时期国有企业的功能定位，依据国有企业功能调整国有资本投向和力度，对不同行业实行分类管理，从而不断增强国有经济的活力、控制力和影响力。

党的十八届三中全会决定，把国有企业界定为"属于全民所有，是推进国家现代化、保障人民共同利益的重要力量"，要求国有资本投资运营应"服务于国家战略目标，更多投向关系国家安全、国民经济命脉的重要行业和关键领域，重点提供公共服务、发展重要前瞻性战略性产业、保护生态环境、支持科技进步、保障国家安全"。这是在新的历史条件下和重要战略机遇期对我国国有企业弥补市场失灵、保障国家安全、体现国家战略以及承担社会责任等功能的全面认识和准确定位，体现了国有企业服务于中华民族崛起的历史性任务。

我们应全面评估国有经济对中国经济社会发展的意义，结合中国经济社会发展长期趋势，制定国有经济改革路线图。作为社会主义大国，我国需要集中力量在一些关键行业（如石化、银行、军工等行业）建立一批关系中国产业安全的企业，以保证整个民族的长远利益。在中国民营经济尚没有演化出"大而不分，大而不散，大而不倒"的法人治理模式条件下，国有企业在短期内必须承担起上述使命。国有企业改革的路线图，必须要在对国情、世情深刻把握的基础上稳步推进。新时期国有企业的改革不能局限于国有经济内部，而是应"放眼社会、放眼世界、放眼未来，从社会性、国际化和可持续性的视角入手，更好地配置国有资本，更好地发挥出国有经济部门与非国有经济部门的互补功能，为整个国民经济向更健康、更有竞争力、更具可持续性的方向发展贡献积极力量"（黄群慧、余菁，2013）。

具体而言，在中国目前的发展阶段，国有企业的功能包括：满足人民日益增长的物质文化需要；国有资本保值增值；进一步推动中国工业化的程度与质量提升，推动中国的产业升级；提升中国经济安全；提升中国经济中长期的经济效益与效率。国有企业的这些功能应统一而不应分裂地看。

当前已经确立了中国特色社会主义理论体系，我国当前经济建设的一个重要目标是加快完善社会主义市场经济体制，因此新时期我国的国有企业发展必须有利于完善社会主义市场经济体制，必须有利于促进国有经济更好地服务于我国经济发展方式转变、经济健康持续发展。我们需要的是符合当前社会主义市场经济体制要求且与中国经济改革发展实践紧密结合的主张。

（二）当前中国国有企业功能划分

经过多年改革开放和快速的工业化进程，中国的国际地位和国家社会经济结构发生了重要变化，社会期望国有企业所承担的"国家使命"内涵也发生了变化。一个重要变化是，以往强调国有企业在巩固社会主义基本经济制度上和在国民经济中发挥主导作用，要求国有企业控制的行业和领域涉及国家安全行业、自然垄断行业、重要公共产品和服务行业以及支柱产业和高新技术产业，而现在社会期望国有企业实现更多的社会公共目标。在一般市场经济国家，国有企业的使命是弥补市场缺陷，也就是说，国有企业的功能已经从主要解决二类、三类市场失灵问题转向更多地集中于解决一类、二类特别是一类市场失灵问题。随着我国市场经济体制的不断完善，国有企业也必须承担弥补市场缺陷这样的公共性功能。

这些功能是由我国当前所处的历史阶段和面临的历史任务所决定的。一般的市场失灵是必然存在的，但我国当前且还将长期属于发展中国家，因此前述分析的二类市场失灵也存在，其更多地表现为国家的国防安全和经济安全方面。同时，我国正在加快完善社会主义市场经济体制，打破原有的计划性壁垒，加快完善市场经济体制也是我国国有企业应当完成的任务。

（三）不同行业国有企业功能侧重

从行业角度来看，在不同行业中国有企业的功能各有侧重。

农林牧渔业对自然环境依赖程度高，容易受到外部干扰，属于先天性弱质产业，但行业的一些产品却关系到国家环境保护、粮食安全等问题，因此国有经济在这一行业布局以解决一类市场失灵问题为主，部分解决二类市场失灵问题。

消费品工业在当前的中国基本已经处于市场化竞争阶段，市场机制基本可以发挥良好的作用，但在如酒、香烟等个别领域还存在较强的市场分割，通过国有经济的整合可以打破行业壁垒，进一步优化市场环境。

原材料工业中一些产品如煤炭、石油、稀土等，属于战略性资源，国有经济在原材料工业中应当发挥保障安全、解决二类市场失灵问题的作用。

装备制造业的产品是工业化进程中的重要推动力，目前我国的装备制造业已基本形成了以市场调节为主的竞争格局，一部分民营企业如三一重工、正泰集团已经做到了很大的规模，但是在一些重大技术装备行业中依然存在市场壁垒，严重影响了国产装备产品与外资产品的竞争，对我国综合技术实力赶超发达国家形成了障碍。此外，装备制造业中许多需要研发的基础技术、应用技术涉及未来战略性产业的成长，对国家经济前景影响重大。因此，在装备制造行业，国有经济应主要积累新竞争要素，促进产业升级，避免低端锁定。

水、电力、热力、燃气的生产供应业，交通运输、仓储和邮政业，水利、环境和公共设施管理业，存在较为明显的自然垄断性质，因此国有经济的介入主要解决一类市场失灵问题。

居民服务和其他服务业，卫生、教育、社会保障和社会福利业，公共管理和社会组织行业，提供的服务具有一定公共产品的性质，因此国有经济的介入也是重点解决一类市场失灵问题。

建筑业的市场化运作机制已经确立多年，相对成熟，保障性住房领域涉及公用产品的供应但也可以通过私营企业操作，国有经济介入此行业主要可以发挥监控市场信息、保障公共产品供应的作用。

信息传输、计算机服务和软件业在国民经济中的作用越来越大，特别是在未来大数据的环境下，信息安全牵连国家安全、经济安全等各方面，国有经济的介入主要解决二类市场失灵问题，以实现技术超越、保障国家安全。

金融业既有一定的自然垄断性质，也有保障国家经济安全的特点，国有经济的介入可以解决一类和二类市场失灵问题。

研究与试验发展及综合技术服务业投入要素多，投入时间长，产品具有典型的公用产品性质，能为提升国家综合实力发挥重要作用。国有经济在此领域主要解决一类和二类市场失灵方面的问题。

文化、体育和娱乐业涉及国民的身体素质和社会舆论宣传，具有一定的公共性质。此外，文化产业市场化制度还没有完全建立，还存在一定的市场分割情况。国有经济的介入一方面可以提供一定的公用产品，另一方面可以打破壁垒，促进市场环境的完善。

国有经济在各行业中解决不同类别市场失灵问题的功效强弱如表1-2所示。

表1-2 国有经济在不同行业解决市场失灵问题的功效

序号	行业	解决一类市场失灵问题	解决二类市场失灵问题	解决三类市场失灵问题
1	农林牧渔业	◎	◎	○
2	消费品工业	○	○	◎
3	原材料工业	◎	○	○
4	装备制造业	○	●	◎

序号	行业	解决一类 市场失灵问题	解决二类 市场失灵问题	解决三类 市场失灵问题
5	水、燃气、电力、热力的生产供应业	●	○	○
6	建筑业	◎	○	○
7	交通运输、仓储和邮政业	◎	○	○
8	信息传输、计算机服务和软件业	○	●	○
9	批发、零售业、住宿、餐饮和旅游业	○	○	●
10	金融业	◎	●	○
11	房地产业	◎	○	○
12	研究与试验发展及综合技术服务业	●	◎	○
13	水利、环境和公共设施管理业	●	○	○
14	居民服务和其他服务业	◎	○	○
15	卫生、教育、社会保障和社会福利业	◎	○	○
16	文化、体育和娱乐业	●	○	◎
17	公共管理和社会组织	●	○	○

注：●表示该项功能强，◎表示该项功能较强，○表示该项功能较弱。

再以工业行业为例，测算出解决三种类型市场失灵问题的国有企业比重，可以对不同企业进行有侧重的指导，并赋予其相应的功能。例如，如表1-3所示，在2012年的17851家工业国有企业中，解决一类市场失灵问题的国有企业有9310家，占全部工业行业国有企业的52.15%，主要集中于易形成自然垄断的水、燃气、电力、热力等生产供应业，该类国有企业应承担提供公共产品、纠正自然垄断等功能；解决二类市场失灵问题的国有企业有5917家，占比33.15%，主要为重要的前瞻性、战略性产业，这类企业对于支持国家科技进步、保障国家安全都具有重要意义，因此需要承担起培育动态比较优势、建立现代化经济强国的功能；解决三类市场失灵问题的国有企业共有2624家，所占比重为14.70%，此类国有企业的建立旨在促进开放、平等的现代市场经济秩序的形成，因此需要承担打破地区及行业壁垒、对同类企业进行监测预警的功能。

表1-3 中国工业行业国有企业在三种类型市场失灵中的占比情况

行业	数量（个）	资产（亿元）	主营业务收入（亿元）	解决一类市场失灵问题	解决二类市场失灵问题	解决三类市场失灵问题
煤炭开采和洗选业	976	31443	20158	◎		
石油和天然气开采业	71	16625	10432		○	
黑色金属矿采选业	159	3963	1572			○
有色金属矿采选业	269	1818	1669		○	
非金属矿采选业	186	835	473		○	
开采辅助活动	35	2237	1587			○
其他采矿业	1	2	1			○
石油加工、炼焦和核燃料加工业	217	1975	2983		◎	
化学原料和化学制品制造业	1157	941	935	◎		
非金属矿物制品业	1342	3232	2663	◎		
黑色金属冶炼及压延加工业	394	7028	7523			○
有色金属冶炼及压延加工业	490	1009	851			○
农副食品加工业	630	210	201			◎
食品制造业	292	65	114		○	
酒、饮料和精制茶制造业	279	208	187			◎
烟草制品业	107	82	94			◎
纺织业	242	1735	912		○	
纺织服装、服饰业	155	622	486		○	
皮革、毛皮、羽毛及其制品和制鞋业	36	196	438		○	
木材加工和木、竹、藤、棕、草制品业	115	11946	27453	○		
家具制造业	22	15867	12456			○
造纸和纸制品业	119	2971	2225	○		
印刷和记录媒介复制业	304	629	449			○
文教、工美、体育和娱乐用品制造业	66	1330	1301			○
医药制造业	425	7007	4176		○	
化学纤维制造业	46	29770	24132	○		
橡胶和塑料制品业	281	12068	13963	○		
金属制品业	463	2718	2145	◎		

续表

行业	数量（个）	资产（亿元）	主营业务收入（亿元）	解决一类市场失灵问题	解决二类市场失灵问题	解决三类市场失灵问题
通用设备制造业	735	7360	4794		◎	
专用设备制造业	694	8151	5538		◎	
汽车制造业	665	19293	22691		●	
铁路、船舶、航空航天和其他运输设备制造业	493	10621	6188		●	
电气机械和器材制造业	563	6215	4625		●	
计算机、通信和其他电子设备制造业	625	8448	6085		●	
仪器仪表制造业	249	1117	769		◎	
其他制造业	63	672	398			◎
废弃资源综合利用业	42	107	190	◎		
金属制品、机械和设备修理业	74	645	300			◎
电力、热力生产和供应业	3701	83147	49303	●		
燃气生产和供应业	296	2544	1713	●		
水的生产和供应业	772	5238	907	●		
企业数量合计（个）	17851			9310	5917	2624
资产合计（亿元）		312090		186126	92084	33884
主营业务收入合计（亿元）			245080	145785	72373	26918

注：●表示该项功能强，◎表示该项功能较强，○表示该项功能较弱。

资料来源：《中国统计年鉴》（2013）。

五、结 论

通过以上对不同国有企业及其功能进行分析，可以得出以下结论：

（一）国有企业具有基本功能与特殊功能

世界上大多数国家都存在国有企业，但是不同国家国有企业的功能定位不尽相同。根据国有企业功能的普遍性与特殊性，可以将国有企业的功能划分为基本功能与特殊功能。基本功能体现在国有企业对于西方国家和社会主义国家均具有提供公共产品、保障重大基础性产业正常运行、推进技术进步和保障国家安全等功能。特殊功能则表现在不同经济体制下国有企业功能的特殊性。例如，西方国家在赶超阶段往往通过国有企业克服静态比较优势、启动资本主义，待资本主义制度建立后又试图通过国有企业解决资本主义的基本矛盾；我国国有企业的功能自中华人民共和国成立后经历了由"国家工厂""租赁工厂"等资本积累功能向弥补市场失灵、体现国家战略功能的转变。在新的历史时期，我国的国有企业还将承担满足人民日益增长的物质文化需要、国有资产保值增值、推动产业升级等功能。

（二）国有企业具有解决三种类型市场失灵问题的功能

国有企业功能定位的总原则是服务于国家发展的历史性任务。而根据国家发展不同时期面临的市场失灵问题，我们可以将国有企业的功能划分为解决一类市场失灵问题的功能、解决二类市场失灵问题的功能和解决三类市场失灵问题的功能。一类市场失灵是所有市场经济国家面临的问题，国有企业需要发挥建立现代国家治理机制的功能；发展中国家的国有企业除了需要解决西方国家面临的一类市场失灵问题之外，还要运用动态比较优势实现经济赶超，解决二类市场失灵问题；市场经济转型国家的国有企业则要在以上基础之上，通过建立现代市场经济秩序，打破地区及行业壁垒，解决市场发育不完善可能带来的三类市场失灵问题。

（三）各国目前普遍存在国有企业以解决市场失灵问题

国有企业的出现和发展，不是社会主义社会的特有现象。西方国家的自由资本主义在经过长时期的发展之后证明市场不是万能的，市场的缺陷是其自身所无法克服的，政府作为中性利益的实体，责无旁贷地扮演了建立国有企业以修复市场失灵的角色。典型国家国有企业发展的案例足以说明，各国目前普遍存在国有企业以解决市场失灵问题，且国有企业完全具备解决市场失灵问题的能力，其中关键在于如何正确定位国有企业的功能，以充分发挥其克服市场失灵的作用。

（四）国有企业及其功能没有放之四海而皆准的抽象理论

国有企业及其功能既是理论问题更是一个实践问题，既要尊重理论逻辑又要尊重历史逻辑。各国国有企业及其功能会根据各国实际情况而有区别，不要试图根据某一国家的情况而得出普适的价值判断。例如，美国是市场经济比较发达的国家，基本只需解决一类市场失灵问题，而我国属于发展中国家，市场经济的发展还不够完善，就同时具有一类市场失灵、二类市场失灵和三类市场失灵的问题。因此，在定位我国国有企业功能的时候，还要具体问题具体分析，具体行业具体分析。

（五）国有企业及其功能呈现倒"U"形曲线

从各国的历史来看，国有企业及其功能呈现倒"U"形曲线，即随着经济发展水平的提高，国有经济在国民经济中的比重呈现出先上升后下降的抛物线规律。在国民经济发展的初始阶段，国有经济在国民经济的比重较小，存在的领域比较狭窄，国有企业发展速度较慢，功能单一；在经济起飞时期，国民经济发展对国有经济的需求不断上升，国有经济开始加速发展，其比重也明显上升，国有企业规模迅速扩大，功能开始增多；在经济发展的成熟期，国有经济的发展达到顶峰，国民经济的相对规模也最大；进入后工业化时期，国有经济规模开始缩小，国有经济在国民经济的比重开始下降，其布局领域也开始大规模收缩。

（六）经济转型国家国有企业的比例会高一些

经济转型国家国有企业的比例会高一些。至少从目前来看，俄罗斯等东欧国家国有企业的比例会高一些。在经济转型时期，经济基础比较薄弱的发展中国家要在比较短的时间内完成市场的培育与制度的完善，离不开政府的推动。如何加快经济转型与市场经济的建设，对于政府而言确实是一个难的课题，既要积极推动市场发育、提供市场经济制度，又要避免干预过度、干预不足或干预不当而导致政府失灵，这里的关键在于转变政府职能，发挥国有企业应有的功能。

第二章　国有经济的行业分布与控制力提升

李　钢　何　然

本章摘要： 利用宏观与微观数据衡量国有经济占比及国有经济控制力发现，前者不是测度的唯一指标。1996~2011 年，我国国有经济的总量占比下降，但以近年来行业领头企业的数量衡量却发现，有 9 个行业的国有经济控制力在增加，14 个行业国有经济的控制力处于调整之中，16 个行业国有经济控制力在减弱。由于产业结构调整，尤其是 2003 年之后国有经济产业分布优化调整，我国国有经济对国民经济的整体影响力和控制力并未显著下降，甚至在一些行业，通过产业组织结构调整，并利用资本优势，国有企业的控制力反而有所提升。总之，在某些行业国有经济占比下降的同时，国有经济的控制力却有可能得到提升。因此，在关注国有经济占比的同时，更应关注国有经济的控制力。

关键词： 国有经济控制力；企业组织；结构变化

一、引言

改革开放以来，学界及政府部门对国有经济与非国有经济关系的探讨从未间断，随着市场经济改革逐步深化，这一讨论越来越为大众所熟知。20 世纪 90 年代中后期国有企业改制，大量国有工业企业倒闭重组，大批国企职工下岗，引发了一些对国有企业是否应该迅速撤退的质疑，并进一步唤起人们对国有企业效率问题的关注。1997 年，党的十五大做出增强国有经济控制力的决策，对国有经济进行战略性调整，有进有退，有所为而有所不为。进入 21 世纪，许多学者围绕"国进民退"和"民进国退"的现象展开争论。2004 年之前，人们普遍认为，国有经济从市场中退出是大势所趋，相对于国有经济，非国有经济从财务状况、市场竞争力以及市场占有率方面已经不再处于劣势。2004 年后，一些国有企业的迅速发展壮大引起了人们的关注。国有企业通过兼并、收购和重组成为规模庞大的国有企业集团，一些人又因此产生"国进民退"的疑惑。

2010 年，我国私营企业的营业收入比重已达 79.27%，资本总额比重已达 35.88%，从业人数比重已达 84.15%（见表 2-1）。

表 2-1　2010 年私营企业及公有制企业比较

企业类型	资本总额		营业收入		从业人数	
	总量（亿元）	比重（%）	总量（亿元）	比重（%）	总量（人）	比重（%）
私营独资	28571.96	1.54	47808.73	4.26	8610082	5.60
私营合伙	3570.40	0.19	8103.23	0.72	1637441	1.07
私营有限责任公司	158674.07	8.54	250116.94	22.31	42265255	27.50
私营股份有限公司	13774.31	0.74	17547.88	1.57	3085499	2.01
港澳台商投资企业	70365.13	3.79	78617.13	7.01	13775280	8.96
外商投资企业	109300.72	5.88	150229.02	13.40	15492019	10.08
其他有限责任公司	193311.59	10.40	230677.98	20.58	34590854	22.51
其他股份有限公司	89183.73	4.80	105619.08	9.42	9865925	6.42
私营企业总比重	35.88%		79.27%		84.15%	
国有企业	121987.3	6.56	119290.2	10.64	12946884	8.42
集体企业	10383.28	0.56	59631.93	5.32	4970952	3.23
股份合作企业	1004129	54.03	6350.787	0.57	1098976	0.72
国有联营企业	1265.752	0.07	1478.685	0.13	102672	0.07
集体联营企业	218.6758	0.01	420.36	0.04	98863	0.06
国有与集体联营	339.2419	0.02	604.4674	0.05	73756	0.05
其他联营	305.3586	0.02	453.2743	0.04	104699	0.07
国有独资公司	49290.76	2.65	37841.86	3.38	3969740	2.58

资料来源：国家统计局普查中心．中国基本单位统计年鉴 2011［M］．北京：中国统计出版社，2011.

　　然而，在国有经济各项指标总体比重下降的情况下，从表 2-1 也可以看出，虽然私营经济提供了 84.15% 的就业岗位和 79.27% 的营业收入，但是其资本存量比重仅占 35.88%。我们发现，在许多行业，如石油、煤炭等基础能源行业，以及重型装备制造和水电供应等关乎公共安全的行业，国有企业仍然占据着不可动摇的地位。我国的国有经济控制力在 21 世纪的第一个十年发生了怎样的变化，究竟如何科学衡量国有经济控制力，其在不同行业的分布是怎样的，本章主要对此做实证研究。

二、目前研究状况及文献回顾

为了实现本章的分析目标，首先要明确国有经济控制力的定义和界定方式，进而构建一组能够反映国有经济控制力的指标体系。

有关文献一般将国有经济实现其功能的能力作为国有经济控制力的定义。党的十五大报告中最早提出，"国有经济起主导作用，主要体现在控制力上"。国家统计局课题组（2001）认为，国有经济控制力包括两方面的能力——国有经济对国民经济的调节能力和保障能力。调节能力是指国有经济通过对支柱产业的支持，促进国民经济整体平稳及较快增长的能力；保障能力是指国有经济保障国家经济安全和社会稳定的能力。这一解读为后来的许多文献所采用。还有一些学者提出，国有经济控制力应界定为：国有经济能动员多少大于其本身的非公有制经济力，以参与社会主义市场经济建设的能力（李崇新，2001）。袁恩桢（2000）将国有经济的控制力分解为核心作用、放大作用、辐射作用、导向作用四大作用。

虽然国有经济的调控有多重目标，但是大多数学者指出，国有经济控制力包含"量"和"质"两层意思。从"量"来看，国有经济的控制力一定体现在规模上，要在国民经济中占一定比例。从"质"来看，国有经济要有合理的产业分布，通过在关系国民经济命脉的部门、关键领域和战略产业实行国家所有制，支配国民经济发展的方向，将有限的国有资源投入到关乎国民经济命脉的重要领域，提高资源配置效率。

一些学者提出了对国有经济控制力进行测算的原则和方法。例如，李崇新提出，利用每单位国有资本所能支配的非国有资本（或非公有资本），衡量国有经济的控制力；周学文提出，用国有经济所控制的总量指标与相应的国民经济的总量指标的比例，表示国有经济控制力"量"的指标，然后通过对一些关键行业的横向对比，衡量国有经济控制力"质"的方面。受到数据可得性的限制，我们发现现有研究在实际测算时所用方法集中于国有经济的总量指标、总体占比。例如，杨宽宽等（2003）在对国有经济控制力进行分析时，所用指标是国有控股企业、事业单位数、从业人员数、营业收入所占比重；李士梅（2002）选用国有经济的生产总值占GDP的比重，表示国有经济控制力。还有学者使用固定资本投资占比这一指标。在文章中做出实际测算的如徐国祥和苏月中（2003），将国有经济单位的从业人员数、资本、销售收入等所占比重合成一个综合指标，测度国有经济的整体控制力；王江等（2009）将工业增加值、资产总计、所有者权益、主营业务收入、利润总额中的国有经济比重这五项指标合成综合指标；胡鞍钢（2012）利用国有工业企业数量、产值与利润的占比变化驳斥"国进民退"的说法，但是时间跨度比较长，没有集中观察 2003 年之后的变化，而且没有观察行业分布的变化。被学界引用较多的是国家统计局课题组在 2001 年所做的测算，其设计了各行业的调节与保障系数、活力系数（前者基于国有经济比重指标，后者基于国有经济发展速度（1+增长速度）与全行业发展速度之比），并将两者的乘积定义为控制力系数，再用各行业的国有经济控制力系数的加权平均，表示国有经济的整体控制力。在确定国有经济的数量界限时，盛毅（2010）将前N 家国有企业的总产出占比和该行业的产业集中度相比，观察国有经济控制力的强弱；赵华荃（2012）将国有经济的经营性资产在 16 个关键行业的占比，作为判断公有制主体地位的数量依据，认为从 2006 年到 2010 年，国有经济控制力急剧下降，至 2010 年已经影响到公有制的主体地位；郑志国（2012）认为，如果考虑"资源性资产"，则公有资产的主体地位仍然占绝对优势。金碚和黄群慧（2005）也利用国有资本占比和产业集中度对工业行业进行了划分，以确定国有经济在不同行业的相对强弱。

目前针对国有经济控制力的研究尚存在以下四方面不足。首先，对国有经济控制力的研究主要集中于定性分析，仅有国家统计局课题组（2001）、赵华荃（2012）等对全国的国有经济控制力进行了综合测算，刘福林（2003）、徐国祥和苏月中（2003）分别对北京市和上海市的地区国有经济控制力进行过测算。其次，通过中长期时间跨度的时间序列数据，对我国国有经济控制力的变化情况进行研究的较少。大部分文章都利用横截面数据，对国有经济控制力进行静态分析，而控制力是一个动态概念，各地区、各产业部门国有经济所占份额大小因时、因地不断变化，仅仅以横截面数据对国有经济进行横向分析，不足以得出国有经济是"进"还是"退"的结论。再次，不同产品、不同行业对于我国现阶段国民经济发展的重要程度是不同的，国有经济进入不同行业所能发挥的引导作用也是不同的，简单计算国民经济总量指标中的国有经济比重过于笼统，无法看出不同行业的相对重要程度。最后，目前尚无利用微观数据测算各行业国有经济控制力系数及其跨期变化的尝试。本章试图利用工业企业数据库的企业数据进行测度，以弥补上述不足。

三、对国有经济整体控制力进行测度的宏观指标

本部分将利用工业全行业的数据对国有经济的控制力进行总体测算，其中使

用就业人口、资产总额、总产值、主营业务收入四个指标，指标之间的权重利用上市公司的数据进行计算。

（一）指标选择

由于各工业行业的数据口径比较统一、规范，而其余行业的国有及国有控股企业的资本、所有者权益以及总产值和增加值的信息统计口径不甚清晰，因此测算针对的是工业行业。我国目前采用的《国民经济行业分类》（GB/T4754—2002）共有 20 个门类，其中工业包括 3 个门类（采矿业，制造业，电力、燃气及水的生产供应业）和 39 个大类。我国投入产出表的核算中，工业行业分为 24 个大类，其由 39 个行业大类经过口径调整合并而来。因此我们主要利用 24 种工业大类的划分方法对数据进行处理，并展开对国有经济控制力的计算。

考虑到数据的统一性和可得性，我们所选取的国有经济以国有及国有控股企业为代表。在国家统计局的数据核算规则中，国有企业指企业全部资产归国家所有的非公司制的经济组织，包括国有企业、国有独资公司和国有联营企业。国有控股企业是指全部资产中国有资产（股份）相对于其他所有者中的任何一个所有者占资（股）最多的混合所有制企业。结合研究目的，我们选取了一些可获得的指标，按以下步骤构建指标体系。

（1）将基本指标分成两大类。从投入要素的控制来看，国有经济所控制的生产要素为劳动力、资本。从实际产出的结果来看，国有经济所控制的生产能力和盈利能力表现为总产值、主营业务收入。在实际数据中，国有企业的利润总额在很多行业有数个年份为负，而行业总利润额是正的，不便于进行比重计算。若解释变量中既包含主营业务收入，又包含利润总额，则由于两个变量存在多重共线性，参数估计值的经济意义明显不合理。因此，在衡量盈利能力时，我们没有选用利润总额，而是将主营业务收入（产品销售收入）纳入指标体系。

（2）计算 j 行业的就业人口、资产总额、总产值、主营业务收入总额中，国有经济所占比重分别为 L_j、K_j、Q_j、R_j。国有经济控制力系数为：

$$C_j = \alpha_1 K_j + \alpha_2 R_j + \alpha_3 Q_j + \alpha_4 L_j \qquad (2-1)$$

该系数计算时所需的各指标权重为 α_1、α_2、α_3、α_4，我们将通过针对我国工业上市企业的一个回归方程估计得到。

（3）根据回归方程进行估计。一家企业的总市值是一家企业所能影响的资本总量，由于国有经济的控制力在宏观指标上应当有一个载体，而根据现有文献对国有经济控制力的解读以及笔者的理解，各个宏观指标与总市值的关系大致包含了这些宏观指标与国有经济控制力的关系。上市企业的年度报表中有较详细的年度资产总额和主营业务收入数据，我们将选取 1287 家工业领域上市国有企业

2010年的相关财务数据，利用以下线性回归方程进行估计：

$$M = \beta_0 + \beta_1 K_j + \beta_2 R_j \qquad (2\text{-}2)$$

其中，K 为企业资产总额，R 为企业主营业务收入总额，M 为该企业的总市值。M 的计算方法是：M＝过去一年的平均开盘价×总股本。工业企业的劳动力数量是否会影响股价或总市值，这是一个比较难判断的问题。从某种程度来说，总市值是资本的规模，而就业人口是劳动力的规模，两者没有太大的关系。进一步地，考虑到难以区分长期员工和短期员工，以及劳动力素质的高低，且国有企业的就业人口中有很大比例是福利性就业以及不充分就业，因此就业人口与总市值的线性关系并不显著，甚至有负相关的倾向。鉴于此，本书没有将平均就业人数纳入回归方程。

总产值数据在企业年报中并没有直接体现，而总产值与主营业务收入实际上有很强的线性相关性，因此我们将主营业务收入纳入回归方程，将总产值剔除。

得到回归结果后，构造以下限制条件：

$$\alpha_1 / (\alpha_2 + \alpha_3) = \beta_1 / \beta_2$$
$$\alpha_4 = \alpha_1,\quad \alpha_3 = \alpha_2$$
$$\alpha_1 + \alpha_2 + \alpha_3 + \alpha_4 = 1 \qquad (2\text{-}3)$$

求得 α_1、α_2、α_3、α_4，并据式（2-1）得到 C_j。

在回归方程中将企业总市值作为因变量，令 $\alpha_4 = \alpha_1$ 的原因是，企业所控制的劳动力比重对于控制力的影响应当至少与所控制的资本比重相当，至少在我国目前仍有大量工业企业采用劳动力密集型生产的阶段是这样的。而 $\alpha_3 = \alpha_2$ 的原因是，我们希望充分利用各行业国有经济总产量比重与主营业务收入比重的信息，并且两者的线性关系较强，指标性质相似，对控制力具有相近的体现。

（4）完成对每个行业的国有经济控制力系数的计算后，我们按各行业关联系数来计算各个行业的权重。若设 b_{ij} 为完全消耗系数矩阵的第 i 行第 j 列，即生产单位 j 部门的最终产品所完全消耗的 i 部门的产品。

1）影响力系数：$b_{0j} = \sum_i b_{ij}$（$j = 1, 2, \cdots, n$），反映了 j 部门增加一个单位最终产品时，对各个部门产品的需求所波及的程度。影响力系数越大，表示该部门对国民经济各部门生产的需求带动作用越大。

2）感应度系数：$b_{i0} = \sum_j b_{ij}$（$i = 1, 2, \cdots, n$）反映了各部门均增加一个单位最终产品时 i 部门由此而受到的需求感应程度，即 i 部门对各部门生产的供给推动程度。

3）关联度系数：为了将一个产业对国民经济系统的影响力和感应度的信息同时纳入我们的指标设计，我们将一个行业的关联度系数定义为该行业的影响力系数和感应度系数的平均值。

4）为了剔除由于行业间关联度的普遍上涨带来的各行业的权重的上涨而引发国有经济整体控制力的上涨，我们对各产业关联度系数进行标准化，方法是：每个行业的关联度系数的权重等于该行业关联度系数除以所有行业关联度系数之和。即：

$$f_i = (b_{0j} + b_{j0}) / \sum (b_{0j} + b_{j0}) \qquad j = 1, 2, \cdots, n$$

5）将每一个行业的国有经济控制力系数乘以各自的权重后加和，得到国有经济整体控制力系数：$N = \sum_i f_i C_i$。

（二）上市公司数据回归结果

我们收集了 1287 家工业企业的财务数据和股票数据，其中剔除了面临严重亏损的 ST 股、SST 股以及数据不全的企业。总市值指标用 2011 年总市值代表，总资产指标选用 2011 年年报中的资产总额数据，主营业务收入选用 2011 年年报中的营业收入数据。

按照 $M = \beta_0 + \beta_1 K_j + \beta_2 R_j$ 进行回归，利用 Eviews6.0 处理软件得到基本的回归结果如表 2-2 所示。

表 2-2 1287 家工业企业总市值关于总资产和营业收入的回归结果

解释变量	参数估计值	F 统计量	概率
截距项 C	30.68	20.49	0.0000
总资产 TA	0.18	12.48	0.0000
营业收入 R	0.21	11.20	0.0000
R^2	0.56		
调整后的 R^2	0.56		
F 统计量	832.4822		
概率	0.0000		

该回归的样本已经根据散点图去掉了比较极端的样本点（见图 2-1）。随机去掉另一些样本点后，我们发现，模型参数估计值变动不大。说明总资产和营业收入之间存在较强的共线性，但参数估计量的方差并没有大到不可接受的地步（随机干扰项方差不大，且变量的变异性较大，样本量较大）。

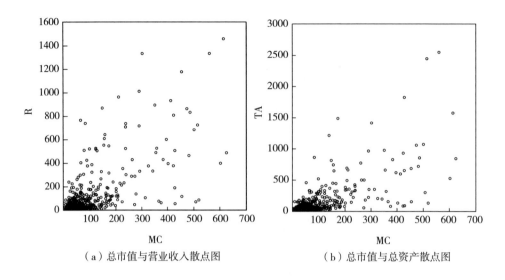

（a）总市值与营业收入散点图　　　　（b）总市值与总资产散点图

图 2-1　回归样本散点图

资料来源：国泰安金融数据库。

由回归分析可知，资产总额与营业收入对总市值均有显著的影响。其中，年营业收入每增加 1 亿元，总市值约增加 0.176 亿元；资产总额每增加 1 亿元，总市值约增加 0.206 亿元。因此，我们得到 $\beta_1/\beta_2 = 0.176272/0.206381$。

又由 $\alpha_1/(\alpha_2+\alpha_3) = \beta_1/\beta_2$ 及 $\alpha_1+\alpha_2+\alpha_3+\alpha_4 = 1$ 得到：

$\alpha_1 = 0.3154$，$\alpha_2 = 0.1846$，$\alpha_3 = 0.1846$，$\alpha_4 = 0.3154$

即：

$C_j = 0.3154K_j + 0.1846R_j + 0.1846Q_j + 0.3154L_j$

四、国有经济控制力系数的行业分布

在计算了工业领域国有经济的控制力后，本章下面将计算工业细分行业的国有经济控制力及其变化情况，并分析影响国有经济在不同行业控制力系数变化的原因。

（一）各行业国有经济控制力系数

确定了国有经济控制力系数的计算参数后，我们利用 1997~2012 年统计年鉴中工业企业和工业行业国有企业数据，计算了 24 个行业从 1996 年到 2011 年共16年的国有经济控制力系数，统计结果如表2-3所示。

表2-3 1996~2011年24个行业国有经济控制力系数

行业	1996年	1997年	1998年	1999年	2000年	2001年	2002年	2003年
煤炭开采和洗选业	0.798	0.774	0.844	0.844	0.850	0.844	0.828	0.808
石油和天然气开采业	0.963	0.955	0.998	0.998	0.971	0.957	0.955	0.955
金属矿采选业	0.599	0.522	0.555	0.555	0.538	0.510	0.487	0.456
非金属矿采选业	0.417	0.327	0.472	0.472	0.479	0.481	0.470	0.407
食品制造及烟草加工业	0.583	0.516	0.568	0.568	0.518	0.465	0.416	0.374
纺织业	0.442	0.376	0.412	0.412	0.380	0.316	0.265	0.198
服装皮革羽绒及其制品业	0.101	0.075	0.088	0.088	0.072	0.069	0.048	0.035
木材加工及家具制造业	0.426	0.306	0.380	0.380	0.335	0.301	0.264	0.117
造纸印刷及文教用品制造业	0.368	0.286	0.334	0.334	0.301	0.279	0.250	0.213
石油加工、炼焦及核燃料加工业	0.814	0.813	0.874	0.874	0.880	0.851	0.806	0.801
化学工业	0.479	0.412	0.516	0.516	0.485	0.452	0.409	0.350
非金属矿物制品业	0.358	0.298	0.399	0.399	0.359	0.311	0.279	0.231
金属冶炼及压延加工业	0.718	0.701	0.727	0.727	0.720	0.692	0.643	0.591
金属制品业	0.188	0.144	0.187	0.187	0.160	0.150	0.123	0.114
通用、专用设备制造业	0.495	0.421	0.520	0.520	0.473	0.439	0.416	0.388
交通运输设备制造业	0.575	0.533	0.715	0.715	0.699	0.693	0.667	0.626
电气、机械及器材制造业	0.278	0.214	0.293	0.293	0.254	0.227	0.199	0.159
通信设备、计算机及其他电子设备制造业	0.336	0.285	0.453	0.453	0.402	0.374	0.303	0.234
仪器仪表及文化办公用机械制造业	0.421	0.318	0.358	0.358	0.327	0.294	0.256	0.171
其他制造业	—	—	—	—	—	—	—	0.057
废品废料	—	—	—	—	—	—	—	0.024
电力、热力的生产和供应业	0.799	0.776	0.890	0.890	0.892	0.893	0.871	0.879
燃气生产和供应业	0.934	0.910	0.873	0.873	0.827	0.800	0.783	0.771
水的生产和供应业	0.860	0.829	0.911	0.911	0.897	0.855	0.832	0.862

行业	2004年	2005年	2006年	2007年	2008年	2009年	2010年	2011年
煤炭开采和洗选业	0.640	0.723	0.707	0.679	0.640	0.646	0.621	0.607
石油和天然气开采业	0.872	0.935	0.986	0.973	0.967	0.955	0.956	0.931
金属矿采选业	0.289	0.360	0.341	0.300	0.266	0.236	0.266	0.286

续表

行业	2004 年	2005 年	2006 年	2007 年	2008 年	2009 年	2010 年	2011 年
非金属矿采选业	0.213	0.262	0.259	0.202	0.184	0.164	0.159	0.173
食品制造及烟草加工业	0.273	0.273	0.244	0.217	0.190	0.181	0.174	0.167
纺织业	0.116	0.093	0.077	0.061	0.043	0.036	0.033	0.033
服装皮革羽绒及其制品业	0.024	0.021	0.016	0.016	0.014	0.013	0.012	0.012
木材加工及家具制造业	0.059	0.087	0.070	0.042	0.031	0.029	0.028	0.026
造纸印刷及文教用品制造业	0.132	0.140	0.119	0.095	0.097	0.091	0.089	0.078
石油加工、炼焦及核燃料加工业	0.705	0.727	0.688	0.691	0.670	0.648	0.646	0.632
化学工业	0.261	0.262	0.241	0.217	0.194	0.174	0.167	0.162
非金属矿物制品业	0.141	0.159	0.142	0.127	0.127	0.112	0.116	0.121
金属冶炼及压延加工业	0.485	0.476	0.441	0.431	0.419	0.407	0.400	0.386
金属制品业	0.074	0.083	0.077	0.075	0.068	0.064	0.062	0.065
通用、专用设备制造业	0.258	0.283	0.253	0.233	0.212	0.206	0.184	0.178
交通运输设备制造业	0.521	0.519	0.501	0.490	0.443	0.459	0.454	0.439
电气、机械及器材制造业	0.113	0.121	0.112	0.098	0.092	0.094	0.094	0.096
通信设备、计算机及其他电子设备制造业	0.168	0.148	0.093	0.083	0.103	0.104	0.096	0.103
仪器仪表及文化办公用机械制造业	0.132	0.138	0.121	0.114	0.120	0.121	0.119	0.121
其他制造业	0.046	0.071	0.071	0.076	0.066	0.071	0.079	0.102
废品废料	0.013	0.046	0.072	0.077	0.163	0.187	0.050	0.049
电力、热力的生产和供应业	0.782	0.887	0.895	0.901	0.906	0.906	0.908	0.920
燃气生产和供应业	0.635	0.651	0.624	0.558	0.525	0.508	0.477	0.477
水的生产和供应业	7.859	0.807	0.748	0.727	0.734	0.703	0.727	0.735

注：废品废料行业和其他制造业在 2003 年以前没有统计数据。

资料来源：1998 年企业营业收入及资产数据来源于国家统计局工业交通统计司编的《1998 年中国工业经济统计年报》，内部资料。其他数据来源于国家统计局编写的《中国统计年鉴》（1997~2012）。

可以看到，我国国有经济控制力在不同行业的变动趋势是不同的。按照变化趋势可以分为两个阶段。第一个阶段是从 1996 年到 2001 年左右，我国国有经济控制力系数在许多行业是平稳的甚至是上升的，如煤炭开采和洗选业、非金属矿采选业、交通运输设备制造业以及通信设备、计算机及其他电子设备制造业，这些行业国有经济综合比重有明显的提升，其他行业则呈基本平稳或轻微下降的趋势。第二个阶段是从 2003 年到 2011 年，我国国有经济控制力系数在大多数行业都是剧烈下降的，但是在石油和天然气开采业、其他制造业、废品废料以及电力、热力的生产和供应业是呈上升趋势的。

从 1996~2011 年的时间跨度来看，国有经济控制力系数在各行业基本上呈下降趋势，而且控制力系数的下降大都在 0.1 以上，如表 2-4 所示。我们将 24 个行业按照 2007 年产业关联度系数排序后，将该系数值大于 2.5 的行业划分为与国民经济联动性较强的行业。在这类行业中，排名前两位的化学工业、金属冶炼及压延加工业的国有经济控制力系数从 1996 年到 2011 年均下降了 0.3 以上；通用、专用设备制造业和通信设备、计算机及其他电子设备制造业的国有经济控制力系数也都下降了 0.2 以上；其余行业的国有经济控制力系数的下降大多在 0.2 以上，电力、热力的生产和供应业的国有经济控制力系数不降反升。在与国民经济联动性较强的行业中，国有经济控制力系数下降在 0.2 以上的行业个数占比为 54.2%。而在产业关联度系数小于 2.5 的 15 个行业中，除去其他制造业和废品废料行业的控制力系数在 2003 年之前无法得到以外，13 个行业中控制力系数下降在 0.2 以上的行业个数为 9，占 69.2%。

表 2-4　1996~2011 年 24 个行业国有经济控制力系数变化及产业关联度系数

行业	产业关联度系数*	控制力系数变化
化学工业	6.0875081	-0.31748
金属冶炼及压延加工业	5.1041032	-0.33231
电力、热力的生产和供应业	4.1492916	0.121257
通信设备、计算机及其他电子设备制造业	3.7414155	-0.23263
通用、专用设备制造业	3.1360556	-0.31762
石油加工、炼焦及核燃料加工业	2.8172727	-0.18187
交通运输设备制造业	2.6904211	-0.13597
电气、机械及器材制造业	2.6849835	-0.18181
石油和天然气开采业	2.5011557	-0.03252
纺织业	2.458913	-0.40866
造纸印刷及文教用品制造业	2.3389909	-0.28958
金属制品业	2.3260333	-0.12319
食品制造及烟草加工业	2.2770663	-0.41583
仪器仪表及文化办公用机械制造业	1.9170895	-0.30025
非金属矿物制品业	1.8757943	-0.23647
金属矿采选业	1.8310834	-0.3136

续表

行业	产业关联度系数*	控制力系数变化
煤炭开采和洗选业	1.8043653	−0.19134
木材加工及家具制造业	1.7434561	−0.39999
服装皮革羽绒及其制品业	1.7200254	−0.0892
其他制造业**	1.3923927	—
非金属矿采选业	1.2055242	−0.24347
燃气生产和供应业	1.1018873	−0.45664
水的生产和供应业	0.8998124	−0.12473
废品废料***	0.7012017	—

注: *表示根据 2007 年投入产出表计算。**和***分别表示其他制造业、废品废料行业部分指标数据缺失。

资料来源:1998 年企业营业收入及资产数据来源于国家统计局工业交通统计司编的《1998 年中国工业经济统计年报》,内部资料。其他数据来源于国家统计局编写的《中国统计年鉴》(1997~2012)。

2003~2011 年,各行业国有经济控制力的变化如表 2-5 所示,可以看到,控制力系数变化程度与产业关联度系数并无明显关系。在国有经济控制力系数有所上升的几个行业中,电力、热力的生产和供应业为产业关联度系数较高的行业,而其他制造业与废品废料行业属于产业关联度系数较低的行业。在这 9 年里,控制力系数下降较快的行业是燃气生产和供应业以及非金属矿采选业,均为产业关联度系数较低的行业。在化学工业、金属冶炼及压延加工业以及通用、专用设备制造业这些关键领域,国有经济控制力却出人意料地迅速下降。总的来说,2003 年之后,国有经济在大多数行业中的控制力系数在减弱,并且在一些比较关键的行业也下降得很厉害。同时,在一些产业关联度不高的行业,国有经济控制力系数反倒有所回升。这些行业的情况说明,产业关联度系数并不是国有企业选择进入的唯一条件。国有经济在不同行业的分布还受到许多潜在因素的影响,如行业的资本密集程度、行业的外部效应强弱以及行业的组织结构等,都会影响国有经济控制力系数在该行业的变化趋势。然而,无论控制力下降得多与少,从 2003 年开始,工业领域大多数行业的国有经济控制力系数在下降,这是一个无法否认的事实。

表 2-5　2003~2011 年 24 个行业国有经济控制力系数变化及产业关联度系数

行业	产业关联度系数*	控制力系数变化
化学工业	6.0875081	−0.18842
金属冶炼及压延加工业	5.1041032	−0.20467

续表

行业	产业关联度系数*	控制力系数变化
电力、热力的生产和供应业	4.1492916	0.040653
通信设备、计算机及其他电子设备制造业	3.7414155	-0.13137
通用、专用设备制造业	3.1360556	-0.21027
石油加工、炼焦及核燃料加工业	2.8172727	-0.16928
交通运输设备制造业	2.6904211	-0.18685
电气、机械及器材制造业	2.6849835	-0.06335
石油和天然气开采业	2.5011557	-0.02384
纺织业	2.458913	-0.16511
造纸印刷及文教用品制造业	2.3389909	-0.13447
金属制品业	2.3260333	-0.04854
食品制造及烟草加工业	2.2770663	-0.20675
仪器仪表及文化办公用机械制造业	1.9170895	-0.05066
非金属矿物制品业	1.8757943	-0.11004
金属矿采选业	1.8310834	-0.1703
煤炭开采和洗选业	1.8043653	-0.20044
木材加工及家具制造业	1.7434561	-0.09144
服装皮革羽绒及其制品业	1.7200254	-0.02339
其他制造业	1.3923927	0.045006
非金属矿采选业	1.2055242	-0.23429
燃气生产和供应业	1.1018873	-0.2941
水的生产和供应业	0.8998124	-0.12691
废品废料	0.7012017	0.025102

注：* 表示根据 2007 年投入产出表计算。

（二）影响国有经济控制力系数在不同行业上升与下降的因素

由上文可知，国有经济控制力系数在绝大多数行业下降、在少数几个行业上升，而产业关联度系数的高低与国有经济控制力系数的关系并不明显。为此笔者又仔细观察了国有经济控制力系数变化趋势的行业特点，希望能够得出一个大致的规律。

关于国有企业的优势，许多学者给出了自己的论证。李钢（2009）利用经济普查数据验证了国有企业的优势在于资金方面，因此在资本密集型产业应当具有比较优势，而非国有企业在劳动密集型产业应具有比较优势。郝书辰和蒋震（2007）也认为，我国国有经济占优势的行业大致分为垄断竞争产业和过度竞争性产业，前者主要特点是具有显著的规模经济，后者进入壁垒较低，国有企业受到政策性资本优惠政策的支持，具有资金成本优势。这意味着，国有经济理论上应该在资本密集程度较高的行业较容易发展壮大。另外，国有经济的功能包括引领主导产业发展，即在规模增长较快的行业应当具有较强的控制力。

按照 2003~2008 年各行业的人均资本变化和行业总产值占工业比重的变化，我们将工业领域 39 个行业划分为三类。行业 i 的总产值占工业总产值的比重的

变化计算方法为：$\pi_i = \dfrac{p_i^{2008}}{\sum_i p_i^{2008}} \Big/ \dfrac{p_i^{2003}}{\sum_i p_i^{2003}}$，其中 p_i^{2008} 和 p_i^{2003} 分别表示行业 i 在 2008

年和 2003 年的总产值。人均资本变化的计算方法为：$\omega_i = \dfrac{K_i^{2008}}{L_i^{2008}} \Big/ \dfrac{K_i^{2003}}{L_i^{2003}}$，其中 K_i^{2008}

和 L_i^{2008} 分别表示行业 i 在 2008 年末资本存量和年均从业人数。划分标准是：$\pi_i > 1$，$\omega_i \geq \omega_{median}^i$ 的行业为第一类行业，表示总产值占比提高和人均资本增加较快的行业，其中 ω_{median}^i 为 ω_i 的中位数；第二类行业中 $\pi_i < 1$，$\omega_i > \omega_{median}^i$，表示总产值占比降低而人均资本增加较快；第三类行业中 $\pi_i < 1$，$\omega_i < \omega_{median}^i$，表示总产值占比降低和人均资本增加较慢。与国有经济控制力相关的分类结果如表 2-6 所示。

表 2-6　2003~2008 年各行业国有经济控制力系数变化趋势

第一类行业	第二类行业	第三类行业
$\pi_i > 1$，$\omega_i \geq \omega_{median}^i$	$\pi_i < 1$，$\omega_i > \omega_{median}^i$	$\pi_i < 1$，$\omega_i < \omega_{median}^i$
废弃资源和废旧材料回收加工业	工艺品及其他制造业	仪器仪表及文化、办公用机械制造业
电力、热力的生产和供应业	非金属矿采选业	金属制品业
烟草制品业	水的生产和供应业	电气机械及器材制造业
石油和天然气开采业	石油加工、炼焦及核燃料加工业	饮料制造业
	煤炭开采和洗选业	印刷业和记录媒介的复制
	黑色金属冶炼及压延加工业	橡胶制品业
	有色金属冶炼及压延加工业**	塑料制品业
	燃气生产和供应业	食品制造业
	交通运输设备制造业	非金属矿物制品业
	有色金属矿采选业*	文教体育用品制造业
	黑色金属矿采选业	医药制造业
	化学原料及化学制品制造业	纺织服装、鞋、帽制造业

续表

第一类行业	第二类行业	第三类行业
$\pi_i > 1$，$\omega_i \geqslant \omega_{median}^i$	$\pi_i < 1$，$\omega_i > \omega_{median}^i$	$\pi_i < 1$，$\omega_i < \omega_{median}^i$
	专用设备制造业	通信设备、计算机及其他电子设备制造业
	化学纤维制造业	皮革、毛皮、羽毛（绒）及其制品业
	通用设备制造业	家具制造业
	造纸及纸制品业	农副食品加工业
		木材加工及木、竹、藤、棕、草制品业
		纺织业
		其他采矿业
国有经济控制力系数都在上升	国有经济控制力系数下降程度小于下降程度中位数的行业数占比为81.3%	国有经济控制力系数下降程度大于下降程度中位数的行业数占比为15.8%

注：＊表示有色金属矿采选业 2008 年的数据缺失，用 2007 年数据代替。＊＊表示有色金属冶炼及压延加工业 2008 年的数据缺失，用 2007 年数据代替。下同。

资料来源：笔者根据 2004 年、2009 年《中国工业经济统计年鉴》数据计算得到。

可以看到，国有经济控制力系数提升的行业集中在生产总值占工业总产值比重提升较快的行业中，而国有经济控制力系数下降较缓慢的行业主要是生产总值占工业总产值比重在下降的同时，资本密集程度提高较快的行业；在资本密集程度提高相对较慢的工业行业，国有经济控制力系数下降迅速。这说明，我国国有经济主要集中在两种类型的行业：一是规模增长迅速的行业，如石油和天然气开采业以及电力、热力的生产和供应业；二是资本密集型行业，如石油加工、炼焦及核燃料加工业、专用设备制造业以及化学原料及化学制品制造业等。

五、国有经济整体控制力

本章通过引入各行业的影响力系数和感应度系数，将行业间技术联系和相对重要性的变化纳入对国有经济总体控制力的测算当中。我们计算出经过关联度系数调整（加权）的工业行业国有经济整体控制力系数，并将其与直接通过总量数据计算出的国有经济整体控制力系数进行比较，如表 2-7 所示。可以看到，1996 年，无论是否经过关联度系数调整，工业行业国有经济控制力系数都在 0.5 左右，也就是说，总体来看仍然是国有经济占优势。然而，到 2010 年，两种国有经济整体控制力系数均已经降低为 0.3 左右，不到整体的 1/3。

表 2-7　1996~2011 年工业国有经济整体控制力系数变化

年份	未经关联度系数调整	下降百分比（%）	经过关联度系数调整	下降百分比（%）
1996	0.493	—	0.529	—
1997	0.464	5.88	0.470	11.15
1998	0.521	−12.28	0.417	11.28
1999	0.520	0.19	0.547	−31.18
2000	0.565	−8.65	0.521	4.75
2001	0.538	4.78	0.502	3.65
2002	0.499	7.25	0.467	6.97
2003	0.419	16.03	0.414	11.35
2004	0.340	18.85	0.446	−7.73
2005	0.352	−3.53	0.363	18.61
2006	0.331	5.97	0.345	4.96
2007	0.313	5.44	0.330	4.35
2008	0.301	3.83	0.319	3.33
2009	0.291	3.32	0.312	2.19
2010	0.284	2.41	0.306	1.92
2011	0.282	0.70	0.304	0.65

资料来源：1998 年企业营业收入及资产数据来源于国家统计局工业交通统计司编的《1998 年中国工业经济统计年报》，内部资料。其他数据来源于国家统计局编写的《中国统计年鉴》（1997~2012）。

通过图 2-2 可以更直观地看到，工业行业国有经济控制力系数有明显的降低趋势。这一点与直觉相符，我们身边涌现了大量私营企业和公司，大量从前的国有企业成为上市公司，其中掺入了大量私有资本。另外，可以看出，在 2000 年前后出现了一个转折点，之前工业行业国有经济控制力呈不断上升趋势或稳定在较高的水平，而在这一段时间之后，未经调整的国有经济控制力系数有了明显的加速下降趋势。可以说，从 2002 年开始，我国国有经济占比进入了一个高速下降的时期。虽然从 2005 年开始国有经济下降速度逐渐减慢，但是其整体比重下降是一个不争的事实。

从 2003 年开始，经过产业关联度系数调整的工业行业国有经济整体控制力系数比未经关联度系数调整的国有经济整体控制力系数高。这说明工业国有经济在 2003 年之后，开始寻找那些具有相对较强需求拉动力的行业和基础行业进入。也就是说，国有经济控制力较强的行业与国民经济的整体联系日益紧密，而国有经济控制力较弱的行业则属于相对边缘化的行业。

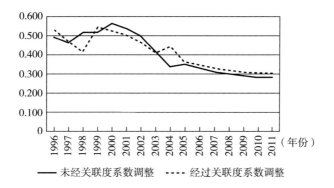

图 2-2 1996~2011 年关联度系数调整前后的工业行业国有经济整体控制力系数变化趋势

注：根据表 2-7 绘制。

从总体指标来看，长期以来大多数行业的国有经济控制力系数占比基本都在下降，而且下降趋势放缓，但是围绕"国进民退"的争论从 2004 年开始却愈演愈烈。一些学者认为，2004 年后国有经济出现了"回潮"。有些领域在已对民营企业进入发放"许可证"的情况下，又不让民营企业继续经营；一些国有国控企业对民营中小企业展开收购兼并，使国有经济在这些行业的垄断地位进一步强化。一些学者提出，当今中国全社会的资产总额中，政府所有和国有企业所支配资产的份额越来越大，而个人家庭和民营经济所占份额则越来越小，这也是我国社会"国进民退"的证据。[1] 不少企业家也认为，我国经济"国进民退"现象非常明显。[2] 国有经济的控制力到底发生了什么样的变化呢？为此，我们需要从另一个角度对国有经济控制力进行描述和分析。

六、基于企业层面数据的国有经济控制力分析

上文所使用的指标体系由总量比重指标构成，忽略了产业组织结构的变化。如果一个产业的国有经济总比重在下降，但是行业内规模比较大的几个"领头

---

① 韦森. 什么是真正的国进民退［EB/OL］.［2013-3］. http：//www.caijing.com.cn/2010-02-09/110375152.html.

② 2009 年 4 月，《中国企业家》杂志进行了一项针对企业中高层的问卷调查，调查结果显示：认为近年来存在"国进民退"现象的比例高达 72.73%，认为"四万亿"计划将会造成新一轮"国进民退"的比例为 50%，认为十大产业振兴更有利于国有企业的比例高达 86.36%，认为中国的金融体制环境对国有企业更为有利的也有 76.19% 的比例。

羊"中,国有或国有控股企业占比较高,那么根据控制力的含义中"导向作用"这一层含义,国有经济在这一行业的控制力仍然是很强的。换句话说,一个行业如果由众多很小的企业构成,那么即使国有企业的绝对比重并不是很高,但由于其相对规模很大,仍然可以代表国家在该行业发挥引导作用。

我们考察了 2003 年和 2008 年各行业排名前十企业中国有企业比例的变化。在企业层面,若国有企业在排名前十企业中的数量增加,则国有经济在该行业控制力亦增强,反之则反。国务院国有资产监督管理委员会成立于 2003 年,它的职责包括指导推进国有企业改革和重组以及推动国有经济结构和布局的战略性调整。它的设立是落实党的十五大关于提高国有经济控制力和转变控制方式、深化社会主义市场化改革的一个里程碑。因此,我们将 2003 年选为起始年份,以观察我国国有经济在五年间的控制力变动。我们按照工业总产值、资产总计、从业人数这三个指标对各行业的企业从高到低进行排序,并计算了排名前十企业中的国有企业数量,统计结果如表 2-8 所示。

表 2-8　2003 年和 2008 年各行业排名前十企业中的国有企业数量　单位:家

行业		按工业总产值排名		按资产总计排名		按从业人数排名	
		2003 年	2008 年	2003 年	2008 年	2003 年	2008 年
国有经济控制力增强	电力、热力的生产和供应业	9	10	10	10	10	10
	专用设备制造业	6	8	10	8	10	8
	有色金属矿采选业 *	5	7	7	5	7	6
	黑色金属矿采选业	6	7	8	8	8	8
	印刷业和记录媒介的复制业	4	5	3	4	3	2
	废弃资源和废旧材料回收加工业	0	2	0	2	0	1
	电气机械及器材制造业	1	2	2	4	2	2
	皮革、毛皮、羽毛(绒)及其制品业	0	1	0	1	0	0
	家具制造业	0	1	0	2	0	0
国有经济控制力调整中	煤炭开采和洗选业	10	10	10	10	10	10
	石油加工、炼焦及核燃料加工业	10	10	10	10	10	10
	烟草制品业	10	10	10	10	10	10
	石油和天然气开采业	10	10	5	10	10	10
	黑色金属冶炼及压延加工业	9	9	10	9	10	10
	交通运输设备制造业	7	7	8	8	8	7

续表

行业		按工业总产值排名		按资产总计排名		按从业人数排名	
		2003 年	2008 年	2003 年	2008 年	2003 年	2008 年
国有经济控制力调整中	非金属矿物制品业	3	3	4	7	4	4
	造纸及纸制品业	3	3	6	2	6	4
	工艺品及其他制造业	2	2	0	2	0	0
	金属制品业	2	2	3	1	3	2
	通信设备、计算机及其他电子设备制造业	2	2	4	3	4	2
	木材加工及木、竹、藤、棕、草制品业	1	1	6	1	6	2
	纺织业	1	1	5	0	5	1
	仪器仪表及文化、办公用机械制造业	0	0	3	5	3	1
国有经济控制力减弱	**通用设备制造业**	10	8	8	9	8	6
	水的生产和供应业	9	8	10	10	10	10
	有色金属冶炼及压延加工业**	10	7	10	8	10	8
	化学原料及化学制品制造业	8	7	10	10	10	10
	非金属矿采选业	6	5	10	6	10	7
	饮料制造业	8	5	8	7	8	6
	橡胶制品业	6	4	6	3	6	3
	燃气生产和供应业	6	4	10	10	10	8
	塑料制品业	4	3	3	3	3	1
	食品制造业	4	3	2	4	2	4
	医药制造业	6	2	8	4	8	4
	农副食品加工业	2	1	4	1	4	0
	纺织服装、鞋、帽制造业	1	0	1	0	1	0
	其他采矿业	4	0	4	0	4	0
	文教体育用品制造业	1	0	0	1	0	0
	化学纤维制造业	2	0	8	3	8	7

注：**楷体字所写的**行业是《国民经济行业分类》标准中确定属于国民经济命脉的行业。

资料来源：根据 2003 年和 2008 年中国工业企业数据库数据整理。

　　我们将 39 个行业划分为三类。第一类为国有经济控制力减弱的行业，即从 2003 年到 2008 年，工业总产值排名前十的企业中，国有国控企业比例下降的行业。第二类为国有经济控制力增强的行业，即从 2003 年到 2008 年，工业总产值排名前十的企业中，国有国控企业比例上升的行业。第三类为国有经济控制力调整中的行业，即从 2003 年到 2008 年，上述比例没有变动，但是按照资产总计或从业人数的排名产生了变动的行业。在市场经济体制下，工业行业企业的实际生产能力取决于市场需求和生产要素的利用能力，因此我们将工业总产值作为排名的主要指标。

我们看到，国有经济控制力增强的行业中包括电力、热力的生产和供应业以及废弃资源和废旧材料回收加工业，这与我们之前所用测度方法所得到的结论是相同的。但在国有经济控制力增强的行业中，还出现了之前测度为国有经济控制力减弱的行业，包括专用设备制造业、黑色金属矿采选业、有色金属矿采选业，这些行业内起领导作用的国有企业数量不降反升。

国有经济控制力处于调整中的行业包括三类：第一类行业是国有经济在行业龙头中一直占据着很高的比例，在 2003 年到 2008 年未曾下降的行业，包括煤炭开采和洗选业以及石油加工、炼焦及核燃料加工业、烟草制品业、交通运输设备制造业。这些行业都属于关联度系数很强的行业。在之前的测度中，这些行业的国有经济控制力系数都有不同程度的下降。这些行业的特点是，非国有企业分散为数量众多但规模相对较小的企业。因此，国有经济在这些行业的总体占比虽然在下降，但是其控制力或行业引导力并没有减弱。第二类行业是国有经济的工业总产值排名未下降，但是按照资产总计排名时领头的国有企业排名相对提高了的行业。这类行业包括石油和天然气开采业、工艺品及其他制造业、非金属矿物制品业以及仪器仪表及文化、办公用机械制造业。这表明这些行业是国有经济重点投资的行业，并且国有经济在这些行业中的生产技术也逐渐向资本密集的技术方向演变。我们注意到，这些行业本来就属于资本密集度很高的行业，尤其是石油和天然气开采业以及仪器仪表文化、办公用机械制造业，它们都是重工业的代表。第三类行业是国有经济按资产总计和从业人数排名时，前十位企业中国有经济比例下降但工业总产值却并未丧失领头地位的行业。在这些行业中，国有经济的生产效率在上升，或者说技术含量应当是在提高的。

赵华荃（2012）曾指出，从 2003 年到 2010 年，非公经济增速大大超过公有制经济，使得公有制经济的主体地位受到严重影响，并指出公有制经济在 16 个关键行业中的 7 个都丧失了绝对或相对的控制地位。我们通过产业的微观数据发现，在这 7 个行业中，化学原料及化学制品制造业、医药制造业、化学纤维制造业的国有经济控制力确实是在减弱，但通信设备、计算机及其他电子设备制造业的国有大企业的控制地位并未减弱，专用设备制造业和电气机械及器材制造业中国有大企业的集中程度反而有所增强。这进一步说明，单纯依靠国有经济总量指标来评价国有经济的控制力是不全面的，不仅要关注关键行业中的国有经济"量"的变动，还要重视"结构"的变化，其中包括市场结构、企业的治理结构以及股份制企业中股东性质的结构。要关注国有经济控制力从"量"的优势向提高控制"质量"的转变，这也符合现阶段改革的基本特点。

关于国有经济控制力下降的行业，这些行业中包括了大量的资本进入门槛较低的行业，如橡胶制品业，塑料制品业，纺织服装、鞋、帽制造业，文教体育用品制造业，化学原料及化学制品制造业，医药制造业以及化学纤维制造业。其中，大部分行业的技术含量并不高，技术扩散相对容易。尤其是橡胶制品业、塑料制品业、化学原料及化学制品制造业，其产品几乎会用到工业的各行各业，但是它们的生产技术要求不是很高，规模效应也不是很大。这也解释了我们之前的疑惑：为什么化学工业作为产业关联度系数最高的行业，国有经济在其中的控制力于 2000~2010 年却下降得异常迅速。有一些行业，如化学原料及化学制品制造业和医药制造业，也在赵华荃所述的 7 个公有制经济控制力减弱的关键行业之中，此处与其结论相符，同时也与本章前述提及的国有经济控制力系数的变化趋势相符。考察 1999~2008 年我国的国有经济控制力发现，在电力、热力的生产和供应业、废弃资源和废旧材料回收加工业、专用设备制造业、黑色金属矿采选业、有色金属矿采选业中，国有经济控制力的变化趋势实际上是呈"U"形的，即先下降再上升。

郑志国（2012）认为，单纯考察经营性资产难以全面说明公有制的总资产。本书认为，如果综合考虑资产总量、生产能力、劳动力岗位以及产业结构的情况，可以得到更全面的关于国有经济的评价，也可以发现一些仅仅利用单一指标的总量数据难以发现的结论。因此，本章对工业行业中国有经济控制力进行分层次测度的尝试是有启示意义的。

七、结论与反思

综合本章的讨论，我们进一步加强了初始的判断，即我国国有经济的总量占比在 1996~2011 年确实在下降，但是由于产业结构调整，尤其是 2003 年之后国有经济产业分布优化调整，我国国有经济对国民经济的整体影响力和控制力并未显著下降，甚至在一些行业，通过产业组织结构调整，并利用资本优势，国有企业的控制力反而有所提升。结合我们的观察与分析，可以得出以下基本结论：

第一，总体上，不可否认国有经济比例在下降。从我们设定的宏观指标来看，1996~2011 年，我国国有经济的总产值、销售收入、资本总计和从业人数的占比都有不同程度的下降。其中，资本总计下降最为缓慢，从业人数占比下降最为迅速，这一下降趋势在2008年之后仍然明显。通过国有经济整体的控制力系数计算我们发现，国有经济的加权占比到2011年已经低于0.31。因此，"国进民退"之说在宏观指标上是不成立的。

第二，国有经济的行业分布向基础性、资本密集型、发展迅速的行业倾斜。我国从2003年开始，总产值、销售收入、资本总计等指标的国有经济占比出现迅速下降，但是分行业来看，国有经济在规模扩张比较明显的行业或者说前几年投资比较火热、发展比较迅猛的行业，如石油开采、水电供应等行业的比重不降反升，这与整个大趋势相反。其中，废品废料和水电供应等行业由于外部性很强，私营经济进入的积极性不高，光靠私营经济的供给很难满足社会的需要，因此各地政府担起了这部分责任。从这一点来看，国有经济该"进"还是该"退"，的确不能一概而论。另外，国有企业在人均资本提高比较快的行业退出得很慢，体现了国有经济在资金上的优势，也说明大型国有企业在具有明显规模报酬递增的行业具有规模优势，这使得即使在那些进入壁垒不高的行业，国有企业的占比下降也不是非常明显。在专用设备制造业等高、精、尖产业，国有经济的宏观指标占比下降比较缓慢，这除了天然的规模、成本优势以外，也有政策倾斜的原因。经过产业关联度调整的国有经济整体控制力系数也一直低于直接算出的占比，说明总体来看国有经济的占比在关键行业下降得更慢。

第三，大型国有企业取得了很多行业的领导地位，并且这种领导地位有所增强。从2003年到2008年的工业行业来看，国有大型企业在9个行业内的领导地位有所增强，在14个行业内的领导地位没有变化，其中4个行业如按照资本总计来排名，国有大型企业的领导地位也在增强。只有16个行业的国有经济的"领头羊"地位有所下降，而且这些下降的行业主要集中在轻工业和产业链下游的一些行业，如食品、文具、服装等行业。这说明在总量占比下降的情况下，国有经济在行业内的地位从"大包大揽"向"领头羊"转型，如果从"控制力"所包含的国有资本对非国有资本的控制程度这一意义上讲，我国国有经济控制力总体上有所上升，或者说至少没有下降。

第四，国有经济总体占比并不能很好地测量国有经济控制力。1996~2003年，我国国有经济在国民经济整体中的比重并未显著下降，宏观指标比重的下降主要出现在2003年之后。这与许多学者所谓20世纪末我国"国退民进"的趋势并不相符。从行业层面来看，我们的研究发现，国有经济占比下降的同时，由于行业龙头企业中的国有企业数量增多，国有经济的控制力有可能会明显提升，因此国有经济占比并不能很好地测量国有经济控制力。

为进一步推动中国经济健康发展，在充分发挥市场机制作用的同时，有必要在以下方面进一步做好工作：

首先，继续积极推动国有经济战略布局的调整，从而在充分发挥市场机制的同时，不断增加国家对经济的控制力。研究表明，在国有经济比重持续下降的同时，国有经济控制力不断增加，这是国有经济战略布局优化调整的结果，特别是国有经济向行业领头企业集中的结果。国有经济的控制力不完全取决于国有经济的比重，在国有经济比重下降的同时，国有经济的控制力也可以实现提升，但国有经济仍旧需要保持一定的比例。

其次，充分利用经济规律，发挥国有经济的比较优势，带动中国产业结构不断升级。有研究表明，国有经济在资本密集型行业具有比较优势，而民营企业在劳动密集型行业具有比较优势。由此，我国产业升级的方向将至少沿两条路径展开。一条是可以充分发挥社会主义基本经济制度的优势，在一些关键、重大领域提升中国的技术水平，从而跳出简单地遵循国际分工的比较优势，避免落入不利的全球分工格局，有效保证我国作为一个大国产业安全的升级路径，这可称之为中国特色的国有企业升级路线。另一条是充分发挥市场配置资源机制，在目前的条件下，充分利用劳动力比较优势的产业升级路径。这两条升级路径合并在一起，可以称为中国特色社会主义市场经济条件下多种所有制并存的产业升级路线图，既可充分发挥中国在国际分工中的比较优势，又可引导中国有效打破发达国家的资金与技术壁垒，不断推动产业升级，打造中国经济的升级版。

再次，全面评估国有经济对中国经济社会发展的意义，结合中国经济社会发展长期趋势，制定国有经济改革路线图。作为社会主义大国，我国必须集中力量建立一批关系中国产业安全的企业（产业），保证整个民族的长远利益。

最后，充分发挥国有经济熨平经济周期的作用。国际金融危机爆发后，国有经济熨平经济波动的内在稳定器功能得以发挥，如国有企业减员较少，投资收缩较少等。稳定器功能的发挥也必然要以牺牲一定的经济效率为代价，因而对于国有经济的发展不能求全责备，必须根据中国实际，稳步推进国有企业改革，敢于充分利用国有经济的特性，谋求民族利益最大化。在世界经济形势下行压力增大时，要善于利用国有企业全民所有从而使国家决策与沟通成本较低的性质，发挥经济稳定器的功效；在经济过热时，继续优化调整国有经济战略布局，实现国有资产的保值增值。

第三章　基于产业集中度的
国有经济控制力研究

翁琳郁　李　钢　何　然

本章摘要：很多学者对行业的国有经济控制力变化的研究仅限于定性的描述，缺乏一定的数据分析。鉴于企业集中度很大程度上能反映行业的国有经济控制力变化情况，本章利用 2000~2009 年《中国统计年鉴》的数据，计算每一个行业四企业集中度和四国有企业集中度，并以 2003 年为时间拐点，分阶段评估每个行业的国有经济控制力变化情况，然后又从三个方面分析导致四企业集中度和四国有企业集中度变化的影响因素，最后得出这样的结论：在 1999~2008 年间，具有较高资本密集度的行业，如我国的基础资源和能源供应行业，国有经济控制力在行业内基本不变甚至在增长。

关键字：国有经济控制力；四国有企业集中度

一、文献综述

为达到分析目的，我们要先明确国有经济控制力的概念及其影响因素，进而分析国有经济控制力近年的变化以及影响其变化的关键因素。张伟峰认为，国有经济必须具有控制力，国有经济控制力有其存在的必要性和特殊性。国家统计局课题组（2001）在其研究中指出，国有经济有存在的必要性：一方面，国有经济通过支持国内支柱产业从而促进国民经济稳定且较快地增长；另一方面，国有经济能保障国民经济安全和社会稳定。很多学者也赞同这一观点，如周维富（2004）在其研究报告中也强调国有经济将在一些基础产业、国家支柱产业、公共产业和战略性产业中继续处于支配地位。李士梅（2002）认为，可以从广义和狭义两个方面来理解国有经济控制力：广义上，国有经济控制力指所有能支撑、引导和带动整个国民经济发展并能实现宏观调控目标的国有经济；狭义上，国有经济控制力指在多种资本成分共同作用下，国有企业应以国有资本的形式存在。为吸引更多的非国有资本，国有资本可以以股份制的形式组织，从而提高国有经济的整体实力，提高国有经济的竞争力（李士梅，2002）。

目前国内学者所关注的国有经济控制力研究基本上集中于定性分析，仅有国家统计局课题组在2001年通过设计指标对国有经济控制力进行了较为细致的计算和分析；盛毅（2010）也是从定性的角度指出四企业集中度可以判断不同行业的市场结构状况，并用行业集中度分析了确定国有经济控制力数量的边界，但是并没有具体的数据作为支撑。

国有经济控制力在不同行业差别较大，为表现不同行业国有经济的相对重要程度，仅仅用国有经济在国民经济中的占比则过于简单，可以尝试用国有经济控制力这个指标。有学者认为这是一个动态指标概念，不同地区、不同部门、不同行业的国有经济在国民经济中的占比会因时因地不同，由此可以看出，仅仅以横截面数据进行静态的定性分析是远远不够的。2001年国家统计局课题组在计算中没有充分利用不同行业间技术联系和相对比重变化的信息，并且只是当年的一个静态数据，没有分析国有经济控制力在2001年以前的变化趋势。

因此，本章以具体的数据为样本计算四国有企业集中度及其变化，通过具体的数字变化定量地反映每个行业的国有经济控制力变化状况。

二、各行业国有经济控制力的分析与评估

本章重点针对国有企业在2003年前后产业布局和调整的状况进行数据分析，采用工业总产值、资产总计和从业人员数三项参数为计算企业集中度的指标，利用2000~2009年《中国统计年鉴》的数据样本计算出国内多个行业的四企业集中度CR4、四国有企业集中度CR4′，以及基于这些计算结果得出的变化值，由国有企业集中度以及国有企业集中度与企业集中度比的变化来衡量国有经济控制力的变化。

（一）四国有企业集中度和国有经济控制力

2003年以来国有企业体制改革的战略重点是产业结构和产业布局的调整。为便于分析和判断国有经济控制力的变化，我们以四家大的国有企业的各衡量指标（资产总计、全部从业人员数、工业总产值）份额来计量，称之为"四国有企业集中度"（CR4′），如表3-1所示。

表 3-1　1999 年、2003 年、2008 年 39 个行业的 CR4′

行业	资产总计 CR4′			全部从业人员数 CR4′			工业总产值 CR4′		
	1999 年	2003 年	2008 年	1999 年	2003 年	2008 年	1999 年	2003 年	2008 年
煤炭开采和洗选业	0.144	0.140	0.116	0.094	0.140	0.081	0.116	0.140	0.079
石油和天然气开采业	0.452	0.237	0.322	0.475	0.237	0.327	0.571	0.306	0.404
黑色金属矿采选业	0.465	0.318	0.146	0.237	0.318	0.074	0.150	0.123	0.041
有色金属矿采选业	0.134	0.173	—	0.075	0.173	—	0.090	0.136	—
非金属矿采选业	0.148	0.263	0.094	0.103	0.263	0.043	0.055	0.077	0.036
其他采矿业	0.560	0.970	0.035	0.261	0.970	0.019	0.111	0.837	0.011
农副食品加工业	0.030	0.034	0.016	0.014	0.034	0.006	0.026	0.023	0.009
食品制造业	0.051	0.091	0.047	0.035	0.091	0.026	0.042	0.040	0.032
饮料制造业	0.073	0.113	0.118	0.042	0.113	0.054	0.093	0.109	0.075
烟草制品业	0.297	0.317	0.383	0.079	0.317	0.282	0.265	0.226	0.294
纺织业	0.017	0.017	0.010	0.013	0.017	0.006	0.017	0.010	0.006
纺织服装、鞋、帽制造业	0.026	0.018	0.008	0.012	0.018	0.003	0.008	0.007	0.004
皮革、毛皮、羽毛（绒）及其制品业	0.021	0.011	0.011	0.014	0.011	0.002	0.009	0.006	0.005
木材加工及木、竹、藤、棕、草制品业	0.044	0.040	0.019	0.036	0.040	0.012	0.023	0.016	0.007
家具制造业	0.055	0.032	0.020	0.022	0.032	0.005	0.014	0.011	0.018
造纸及纸制品业	0.053	0.077	0.067	0.031	0.077	0.018	0.033	0.047	0.031
印刷业和记录媒介的复制	0.072	0.061	0.027	0.019	0.061	0.012	0.046	0.039	0.024
文教体育用品制造业	0.082	0.044	0.020	0.017	0.044	0.005	0.026	0.015	0.007
石油加工、炼焦及核燃料加工业	0.261	0.159	0.130	0.223	0.159	0.077	0.203	0.161	0.129
化学原料及化学制品制造业	0.108	0.053	0.035	0.035	0.053	0.016	0.077	0.067	0.042
医药制造业	0.090	0.089	0.046	0.056	0.089	0.034	0.077	0.061	0.027
化学纤维制造业	0.244	0.158	0.065	0.134	0.158	0.105	0.235	0.115	0.039
橡胶制品业	0.127	0.122	0.075	0.051	0.122	0.039	0.110	0.108	0.069
塑料制品业	0.041	0.046	0.027	0.018	0.046	0.006	0.017	0.023	0.014
非金属矿物制品业	0.030	0.022	0.026	0.010	0.022	0.008	0.016	0.010	0.010
黑色金属冶炼及压延加工业	0.265	0.183	0.161	0.147	0.183	0.096	0.170	0.132	0.088
有色金属冶炼及压延加工业	0.130	0.109	—	0.130	0.109	—	0.069	0.064	—
金属制品业	0.022	0.034	0.014	0.014	0.034	0.006	0.020	0.021	0.015
通用设备制造业	0.038	0.042	0.057	0.029	0.042	0.012	0.041	0.049	0.033

续表

行业	资产总计 CR4′			全部从业人员数 CR4′			工业总产值 CR4′		
	1999 年	2003 年	2008 年	1999 年	2003 年	2008 年	1999 年	2003 年	2008 年
专用设备制造业	0.051	0.049	0.056	0.042	0.049	0.033	0.057	0.051	0.050
交通运输设备制造业	0.143	0.136	0.077	0.063	0.136	0.020	0.152	0.168	0.077
电气机械及器材制造业	0.224	0.036	0.040	0.134	0.036	0.011	0.378	0.016	0.022
通信设备、计算机及其他电子设备制造业	0.033	0.049	0.053	0.024	0.049	0.019	0.025	0.045	0.029
仪器仪表及文化、办公用机械制造业	0.073	0.041	0.039	0.033	0.041	0.017	0.075	0.021	0.021
工艺品及其他制造业	0.062	0.022	0.022	0.046	0.022	0.005	0.046	0.021	0.025
废弃资源和废旧材料回收加工业	0.021	0.017	0.183	0.007	0.017	0.253	0.026	0.013	0.149
电力、热力的生产和供应业	0.110	0.132	0.161	0.080	0.132	0.082	0.076	0.066	0.166
燃气生产和供应业	0.247	0.206	0.174	0.142	0.206	0.071	0.176	0.113	0.123
水的生产和供应业	0.156	0.111	0.142	0.064	0.111	0.052	0.186	0.103	0.087

　　表 3-1 是我国 1999 年、2003 年、2008 年以资产总计、全部从业人员数、工业总产值衡量的四国有企业集中度。由表可知，绝大部分行业的四国有企业集中度在不同的时间段呈现不一样的变化，从而反映了各个行业的国有经济控制力变化趋势。

　　从整体来看，我国大多数行业的四国有企业集中度是呈下降趋势，但是电力、热力的生产和供应业除外，因为这个行业呈现平稳上升趋势。以资产总计指标衡量，电力、热力的生产和供应这一行业的四国有集中度由 1999 年的 0.110 增加至 2003 年的 0.132，再到 2008 年上升到 0.161，由此可以说明这个行业的国有经济控制力在这期间一直在提升。我们把整个时间段分为两段，以 2003 年为时间拐点，以工业总产值衡量，1999~2003 年比较来看，煤炭开采和洗选业，有色金属矿采选业，非金属矿采选业，其他采矿业，饮料制造业，造纸及纸制品业，塑料制品业，金属制品业，通用设备制造业，交通运输设备制造业以及通信设备、计算机及其他电子设备制造业 11 个行业的四国有企业集中度在增加，在一定程度上可以说明这 11 个行业的国有经济控制力处于上升趋势，其余行业都表现为不同程度的下降；2003~2008 年的四国有企业集中度比较来看，石油和天然气开采业，烟草制品业，家具制造业，专用设备制造业，电气机械及器材制造业，仪器仪表及文化、办公用机械制造业，工艺品及其他制造业，废弃资源和废旧材料回收加工业，电力、热力的生产和供应业，以及燃气生产和供应业 10 个行业的四国有企业集中度保持基本不变甚至处于上升趋势，其他行业的四国有集中度均有不同程度的下降。由此我们可以得出这样的结论，自 2003 年实行国有企业体制改革之后，不同行业的国有经济控制力变化非常明显，且国家对于强控制行业的变化也很大。在同一参数衡量下，不同行业的四国有企业集中度升降变化走向是不同的，由此反映出国有经济控制力变化也是不一样的。从 2003 年与 2008 年各个行业的四国有企业集中度比较来看，以资产总计衡量，四国有企业集中度增加或保持不变的行业主要集中于石油和天然气开采业，烟草制品业，饮料制造业，非金属矿物制品业，皮革、毛皮、羽毛（绒）及其制品业，通用设备制造业，电气机械及器材制造业，专用设备制造业，工艺品及其他制造业，通信设备、计算机及其他电子设备制造业，废弃资源和废旧材料回收加工业，电力、热力的生产和供应业，以及水的生产和供应业 13 个行业，其中，石油和天然气开采业与烟草制品业等自然垄断的行业，通用设备制造业，电气机械及器材制造业，专用设备制造业和通信设备、计算机及其他电子设备制造业等高新技术产业，废弃资源和废旧材料回收加工业，电力、热力的生产和供应业以及水的生产和供应业等公益性行业，这 9 个行业都有很大的变化；另外 24 个行业的四国有企业集中度则随着时间的推移呈下降趋势。以全部从业人员数衡量，除了石油和天然气开采业，烟草制品业，废弃资源和废旧材料回收加工业以及电力、热力的生产和供应业四个行业的四国有企业集中度有回升的趋势，其他行业的集中度都表现为下降趋势。综合比较以资产总计和全部从业人员数衡量的四国有企业集中度很容易发现，没有任何一个行业以资本总计衡量的四国有企业集中度在下降，而以全部从业人员数衡量的四国有企业集中度在提高。以工业生产总值衡量，煤炭开采和洗选业、黑色金属矿采选业、化学原料及化学制品制造业等行业的四国有企业集中度有明显的下降趋势，而电气机械及器材制造业、废弃资源和废旧材料回收加工业以及电力、热力的生产和供应业等行业从 2003 年开始是呈上升趋势的。根据表 3-1 中四国有企业集中度的变化，我们可以得出这样的结论，不同行业的国有经济控制力在 1999~2008 年的变化有着明显的区别。

（二）四国有企业集中度变化和国有经济控制力

仅用四国有企业集中度这一指标来判断国有经济控制力的变化，存在一定的局限性。因此，为更有力地反映国有经济控制力的变化趋势，我们在原有的四国有企业集中度的基础上，又重新计算了四国有企业集中度的变化值。这里我们采用 1999 年与 2003 年的四国有企业集中度为参数，分别计算 39 个行业的国有企业分布情况，通过四国有企业集中度的变化（KCR4′，KCR4′ = 2003 年的 CR4′/1999 年的 CR4′）和四国有企业集中度的变化与四企业集中度之比的变化 KCR4′/

CR4（1999年四国有企业总值与四企业总值的比值与2003年四国有企业总值与四企业总值的比值之比）来进一步反映国有经济控制力的变化趋势（见表3-2）。

为便于分析和判断，根据表3-2的资料，我们把计算出的变化状况以（KCR4′=1，KCR4′/CR4=1）为中心原点划分为四个象限区域，建立国有经济控制力变化程度表（见表3-3）。

表3-2　1999年与2003年四国有企业集中度变化情况

行业	KCR4′	KCR4′/CR4
其他采矿业	7.549	5.678
通信设备、计算机及其他电子设备制造业	1.775	1.734
有色金属矿采选业	1.507	0.993
造纸及纸制品业	1.417	0.946
非金属矿采选业	1.396	0.977
塑料制品业	1.348	1.103
煤炭开采和洗选业	1.210	1.000
通用设备制造业	1.189	1.000
饮料制造业	1.179	0.835
交通运输设备制造业	1.103	1.000
金属制品业	1.030	0.824
橡胶制品业	0.982	0.918
食品制造业	0.954	0.623
有色金属冶炼及压延加工业	0.927	1.000
纺织服装、鞋、帽制造业	0.913	1.050
农副食品加工业	0.892	0.744
专用设备制造业	0.890	1.002
电力、热力的生产和供应业	0.872	1.000
化学原料及化学制品制造业	0.871	0.961
烟草制品业	0.853	1.000
印刷业和记录媒介的复制	0.845	0.894
黑色金属矿采选业	0.821	0.822
医药制造业	0.799	0.833
石油加工、炼焦及核燃料加工业	0.792	1.000
家具制造业	0.789	0.748

续表

行业	KCR4′	KCR4′/CR4
黑色金属冶炼及压延加工业	0.775	1.000
皮革、毛皮、羽毛（绒）及其制品业	0.674	0.752
木材加工及木、竹、藤、棕、草制品业	0.663	0.854
燃气生产和供应业	0.641	0.843
纺织业	0.601	0.391
非金属矿物制品业	0.594	0.582
文教体育用品制造业	0.570	0.732
水的生产和供应业	0.552	1.000
石油和天然气开采业	0.537	0.637
废弃资源和废旧材料回收加工业	0.490	0.066
化学纤维制造业	0.489	0.642
工艺品及其他制造业	0.464	1.130
仪器仪表及文化、办公用机械制造业	0.275	0.253
电气机械及器材制造业	0.042	0.182

表 3-3　国有经济控制力程度变化

象限	（KCR4′，KCR4′/CR4）	国有经济控制力程度变化
第一象限	（KCR4′≥1，KCR4′/CR4≥1）	↑↑
第二象限	（KCR4′<1，KCR4′/CR4≥1）	↓
第三象限	（KCR4′<1，KCR4′/CR4<1）	↓↓
第四象限	（KCR4′≥1，KCR4′/CR4<1）	↑

1. 比较分析 1999 年与 2003 年的四国有企业集中度

表 3-2 是 1999 年与 2003 年四国有企业集中度的变化值。结合表 3-1 的划分区间发现，1999 年与 2003 年，其中处于第一象限的行业主要集中于其他采矿业和通信设备、计算机及其他电子设备制造业、塑料制品业、煤炭开采和洗选业、通用设备制造业、交通运输设备制造业 6 个行业，有色金属矿采选业、造纸及纸制品业、非金属矿采选业、饮料制造业、金属制品业 5 个行业处于第四象限，这 11 个行业的四国有企业集中度的变化比较明显，且都呈现上升的趋势，由此可以说明这些行业的国有经济控制力也在上升；其他 28 个行业分别处于第二、第三象限，四国有企业集中度的变化呈现出不同程度的下降。由此我们可以看出，

在 2003 年之前，我国国有经济控制力在加强的一些行业主要集中于原料开采与制造业等基础材料行业，这些行业具有劳动密集度较高的特点。

2. 比较分析 2003 年与 2008 年的四国有企业集中度

同理，我们比较了 2003 年与 2008 年四国有企业集中度的变化，表 3-4 中展示了 37 个行业的分布状况，结果表明，处于第一象限的行业主要集中于废弃资源和废旧材料回收加工业，电力、热力的生产和供应业，家具制造业，电气机械及器材制造业，石油和天然气开采业，烟草制品业，工艺品及其他制造业，仪器仪表及文化、办公用机械制造业，非金属矿物制品业共 9 个行业，处于第四象限的只有燃气生产和供应业，由此可以说明，这 10 个行业的国有经济控制力在 2003～2008 年在加强，其中除了燃气生产和供应业在这段时间基本处于稳定不变状态以外，其他行业的四国有企业集中度变化都非常明显，说明国家对这些行业的经济控制力程度在大幅度加强。其他 27 个行业的四国有企业集中度变化值都在下降，处于第二、第三象限内，其国有经济控制力也呈现不同程度的下降趋势。

表 3-4　2003 年与 2008 年四国有企业集中度变化情况

行业	KCR4′	KCR4′/CR4
废弃资源和废旧材料回收加工业	11.850	29.896
电力、热力的生产和供应业	2.504	1.000
家具制造业	1.680	1.877
电气机械及器材制造业	1.379	2.008
石油和天然气开采业	1.318	1.570
烟草制品业	1.299	1.000
工艺品及其他制造业	1.200	1.304
燃气生产和供应业	1.087	0.904
仪器仪表及文化、办公用机械制造业	1.036	1.526
非金属矿物制品业	1.019	1.486
专用设备制造业	0.995	1.002
水的生产和供应业	0.844	0.838
皮革、毛皮、羽毛（绒）及其制品业	0.810	1.536
食品制造业	0.809	1.406
石油加工、炼焦及核燃料加工业	0.806	1.000
金属制品业	0.720	0.718

续表

行业	KCR4′	KCR4′/CR4
通用设备制造业	0.689	1.000
饮料制造业	0.686	1.068
黑色金属冶炼及压延加工业	0.672	0.939
造纸及纸制品业	0.669	0.867
纺织业	0.648	0.759
通信设备、计算机及其他电子设备制造业	0.636	0.594
橡胶制品业	0.634	0.744
化学原料及化学制品制造业	0.629	1.027
塑料制品业	0.625	0.950
印刷业和记录媒介的复制	0.617	0.967
煤炭开采和洗选业	0.564	1.000
纺织服装、鞋、帽制造业	0.533	0.473
非金属矿采选业	0.470	0.918
交通运输设备制造业	0.462	0.937
文教体育用品制造业	0.456	0.525
木材加工及木、竹、藤、棕、草制品业	0.439	0.478
医药制造业	0.436	0.614
农副食品加工业	0.373	0.492
化学纤维制造业	0.342	0.475
黑色金属矿采选业	0.331	1.216
其他采矿业	0.013	0.026

（三）四国有企业集中度与四企业集中度的变化

表 3-5 是 2003 年与 2008 年的四国有企业集中度变化值与四企业集中度变化值（KCR4）。由表可知，烟草制品业，石油加工、炼焦及核燃料加工业，通用设备制造业，电力、热力的生产和供应业，以及煤炭开采和洗选业 5 个行业的四国有企业集中度变化值与四企业集中度变化值相同，说明这些行业的国有经济在 2003~2008 年一直牢牢地掌握着行业支配权，相应地，其国有经济控制力也一直都处于较强的程度。而废弃资源和废旧材料回收加工业，电气机械及器材制造业，家具制造业，石油和天然气开采业，仪器仪表及文化、办公用机械制造业，工艺品及其他制造业，以及非金属矿物制品业这些行业的四国有企业集中度变化

值大于 1，而四企业集中度变化值小于 1，说明国有经济控制力在加强，国有经济在这些行业中正在缓慢地掌握行业支配权。其中，废弃资源和废旧材料回收加工业表现最为显著，这个行业的两个指标值相差很大，四企业集中度变化值是0.396，而四国有企业集中度变化值是 11.850。

表 3-5　2003 年与 2008 年四国有企业集中度及四企业集中度变化

行业	KCR4′	KCR4
废弃资源和废旧材料回收加工业	11.850	0.396
电气机械及器材制造业	1.379	0.687
家具制造业	1.680	0.895
石油和天然气开采业	1.318	0.839
皮革、毛皮、羽毛（绒）及其制品业	0.810	0.527
仪器仪表及文化、办公用机械制造业	1.036	0.679
非金属矿物制品业	1.019	0.686
食品制造业	0.809	0.575
工艺品及其他制造业	1.200	0.921
黑色金属矿采选业	0.331	0.272
饮料制造业	0.686	0.642
化学原料及化学制品制造业	0.629	0.612
专用设备制造业	0.995	0.994
煤炭开采和洗选业	0.564	0.564
烟草制品业	1.299	1.299
石油加工、炼焦及核燃料加工业	0.806	0.806
通用设备制造业	0.689	0.689
电力、热力的生产和供应业	2.504	2.504
印刷业和记录媒介的复制	0.617	0.639
塑料制品业	0.625	0.657
黑色金属冶炼及压延加工业	0.672	0.715
交通运输设备制造业	0.462	0.493
非金属矿采选业	0.470	0.512
燃气生产和供应业	1.087	1.202
造纸及纸制品业	0.669	0.771
水的生产和供应业	0.844	1.008

行业	KCR4′	KCR4
纺织业	0.648	0.854
橡胶制品业	0.634	0.853
金属制品业	0.720	1.003
医药制造业	0.436	0.711
通信设备、计算机及其他电子设备制造业	0.636	1.070
文教体育用品制造业	0.456	0.867
农副食品加工业	0.373	0.759
木材加工及木、竹、藤、棕、草制品业	0.439	0.919
化学纤维制造业	0.342	0.719
纺织服装、鞋、帽制造业	0.533	1.128
其他采矿业	0.013	0.496

三、影响CR4变化的因素分析

本章在分析各产业的集中度时，选取行业内四家代表性的龙头企业的销售份额为数据源，称为"四企业集中度"。在社会主义市场经济条件下，国有经济控制力的增强不仅需要一定数量的国有经济成分，而且需要一些政策的保护和激励，仅靠数量的优势而不存在国有经济在分布上的优化，国有经济的支配地位和控制力是不牢固的。根据经济学上生产函数的投入与产出关系，在一定的技术水平下，投入资本和劳动等生产要素，产出越多，意味着国有经济的控制力就越强。根据这个原理，本章从资本密集度、规模经济和制度因素三个角度对CR4展开全面深入分析。

（一）资本密集度

资本密集度的高低与产业集中度存在着一定的关系，通过影响产业集中度指数的高低可以影响国有经济控制力的趋势变化。判断各个行业市场结构的方法有很多，产业集中度是其中之一。由于不同行业的市场结构与市场绩效的关系是不同的，因此在研究市场结构与市场绩效的关系时，不能忽视的一个问题是，各个行业的资本密集度（以资本产出率来衡量）是不同的，而资本密集度的高低与产业集中度存在一定的关系（翁琳郁，2004）。之前很多的研究成果表明，高资本产出率（资本密集型）产业的产业集中度较高，相应行业的国有经济控制力也会上升。李钢（2009）认为，相比于非国有企业，国有企业的资金成本更低，但是劳动成本较高，因而国有企业在资本密集型产业具有比较优势，而非国有企业在劳动密集型产业具有比较优势。表3-1证实了这一说法。例如，以资产总计衡量，国有经济控制力在加强的行业主要集中于石油和天然气开采业，烟草制品业，非金属矿物制品业，通用设备制造业，电气机械及器材制造业，专用设备制造业，通信设备、计算机及其他电子设备制造业，废弃资源和废旧材料回收加工业，电力、热力的生产和供应业，以及水的生产和供应业等行业，而这些行业基本都属于基础资源和能源工业，具有资本密集度较高的特点。因此，产业集中度越高的产业，其资本密集度（资本产出率）也越高。

（二）规模经济

规模经济的经济学含义是指在企业生产扩张的开始阶段，厂商由于扩大生产规模而使经济效益得到提高，即为规模经济。企业的长期平均成本随着企业生产规模的扩大反而下降，收益递增。从几何图形上看，表现为长期平均成本曲线向下。规模经济对产业集中度的影响可分别从正向和负向两个角度分析。对于整个行业而言，行业的规模经济水平越高，其长期平均成本较低，同等经济环境下行业内企业的盈利能力更强，竞争力越强，市场地位越高，从而大企业的市场规模也越大，则产业集中度就越高。然而，白雪峰（2004）认为，"资本要求效应"和"百分率效率效应"将会对规模经济对于潜在企业的进入施加负面影响。以石油行业为例，中国石油行业具有规模经济的结构特征，如果有潜在企业试着进入这个行业，那么这个潜在企业必须以较高的投入达到石油行业生产的最低有效规模，方可与现有企业抗衡，因此对于潜在企业提出了相应的资本要求。从某种程度上讲，这会阻碍潜在企业的进入。因此，在一定的条件约束下，潜在进入者将不得不支付比现有企业更高的融资成本才有机会获得给定的资本需要量。规模经济"百分效率效应"机理首先由贝恩在他的产业组织理论中提出，即如果最低有效规模所提供的产量在行业产量中占有相当分量的百分率，那么潜在进入将会被阻止。因此，规模经济对产业集中度的影响可正可负。

（三）制度因素

在以公有制为主体，多种所有制经济包括私人经济在内的多种经济经济成分共同发展条件下运行的社会主义市场经济，制度因素对于国有经济的发展起着至关重要的作用。从市场结构角度分析，制度性进入壁垒指为保护现有企业，政府部门或行业协会等采用行政手段（经营特许、专营专卖等）和法律等形式强制地限制新企业的进入。在这种情况下，影响产业集中度的主要是产业政策，如对于中国石油行业，中央政府出台各种政策（依靠配置额、许可证制度等非关税壁垒及高关税壁垒）限制原油的进口额，并限定外国企业不能进入该行业，以保护民族石油工业的发展。在本章所分析的行业中，以烟草行业为例，烟草行业是规模经济特别显著且生产集中度较高的行业，中国烟草行业的国有经济控制力一直很强，因为我国烟草行业的市场结构具有行政垄断性。

然而，在市场经济条件下，行业内竞争也是必需的。为保护一些中小企业及阻止行业内大范围企业的集中，中央出台了许多政策阻止产业的过度集中，提倡自由竞争，如反托拉斯法、保护中小企业法等。反托拉斯法是反对垄断，维护市场竞争，当市场中出现企业大量收购而有可能造成垄断时，将会受到反托拉斯法的制裁。保护小企业法则维护了小企业的发展，帮助促进小企业的发展，阻止市场的集中趋势。同时，为了促进中小企业的发展，中央政府放宽了很多条件的限制，同时下放了部分行业的投资审批权，交由地方政府自行决定。而地方政府对于投资的主要标准是资金，有时企业能马上动工的前提是在地方政府的审批权限下有足够的资金。

当然，除以上分析的三种影响因素之外，还有一些社会、文化等其他因素影响产业集中度的高低。

四、结论

改革开放以来，我国国有经济的发展一直是社会关注的焦点。国有经济控制力问题是近年来国内外学者们更为关注的问题，同时也是政府有关部门关注的重大现实问题。过去大量的研究中，在以产业集中度作为衡量指标时，大部分学者从定性的角度去分析国有经济控制力，而本章通过以 1999~2008 年数据样本定量分析了国有经济控制力的变化趋势。本章研究发现，无论从资产总计、全部从业人员数、工业总产值三个指标中任一指标来衡量，即从生产要素的投入和产出的角度来看，从整体上讲，国有经济在我国的相对影响力有所下降，但是一些基础资源和能源工业行业，如废弃资源和废旧材料回收加工业，电力、热力的生产和供应业，电气机械及器材制造业，石油和天然气开采业，燃气生产和供应业，仪器仪表及文化、办公用机械制造业，以及专用设备制造业等行业，一般具有较高的资本密集度，其国有经济控制力保持稳定甚至在上升。我国国有经济控制力在这么多年的时间里，尤其从 2003 年开始发生了明显的变化，国家的基础资源能源支柱行业的国有经济控制力在明显地增强。

第四章 基于文献计量的国有企业效率研究

王罗汉 李 钢

本章摘要：近年来围绕我国国有企业效率高低的问题争论较多。基于文献计量的统计视角，本章主要对研究不同所有制企业效率的文献进行了指标分类统计，并加以对比分析。不同学者由于采用了不同视角或在不同时间段开展研究而得出了不同结论，本章对此进行了分析，并结合当前国有企业发展态势，总结得出国有企业的效率状况。文献计量的结果表明，认为国有企业效率随着时代的发展而向好的占多数，认为国有企业效率低下的文献呈下降趋势。还有一些文献在认识国有企业效率问题上进行了分类研究，故而出现国有企业在一些指标上效率是高的，而在另外一些指标上效率较低的结论。总之，目前已有的研究表明，不能笼统地说国有企业的经济效益是由于垄断形成的，也不能得出国有企业效率低下的结论。

关键词：国有企业效率；财务效率；技术效率；文献计量

一、引言

就理论和认识的推进来看，国有企业改革理论和实践方面的探索已经持续了数十年，而近年来围绕我国国有企业效率高低的问题，尽管不同的学者在面对相同指标的分析时有许多新的方法引入，但是在最后的结论上，笔者按年代统计后发现，涉及国有企业效率的一些指标在过去被普遍认为是较差的，而在经过了十几年的发展与改革之后，学者们的认识出现了变化。一些在过去被认为是影响国有企业效率的主要因素的指标，在经过了十多年的发展与认识之后，并没有真正成为影响国有企业效率的主要因素，或说对影响国有企业效率的影响并不那么显著。因此，问题的核心在于，国有企业的效率必然低下这一结论是否正确，私有化是否才是国有企业改革的必然之路，是否是因为国有企业比私有企业受到过多政府干预而导致效率低下，国有企业是否比私有企业遭遇了更多管理上的问题。一些学者从新自由主义经济学中的产权和治理理论出发，认为由于代理链过长、所有者缺位、管理者缺乏激励、政策性负担较重以及预算软约束等因素的存在，国有企业的效率必然是低下的。当前比较流行的观点认为：国有企业效率低下的主要原因是垄断。因此，深化经济体制改革的核心要义，就是要破除国有企业在一些非战略性行业中的垄断。同时国有企业要完全退出竞争领域，以造就所谓的真正的市场经济。而 Shirley 和 Walsh（2001）对 1975~1999 年国外发表的 52 篇有关国有企业与私有企业效率的实证研究文献做过分类统计，结论是无法得出或证明国有企业效率低于私有企业，甚至得出私有化后的私有企业表现更糟糕的结论。魏伯乐等（2006）在《私有化的局限》一书中总结道：要在私有化的过程中逐步形成有效的监管和治理，强有力的管制和建立公开透明的监管制度极为重要；不要对公共部门仍可以做的领域进行私有化；确保对监管体制的民主控制，并使政府有能力在私有化遭遇重大失败之时撤销私有化。休·史卓顿与菜昂内尔·奥查德（2000）在《公共物品、公共企业和公共选择》一书中也提到，"私有企业在总体上并没有表现出比公有企业有效率""在许多产业中，公有制和私有制可能同样有效率"。

对于国有企业的效率问题，我国的学者也在不同方面做过实证研究，如刘瑞明（2013）使用实证计量等方法得出结论：国有企业不仅工业效率低下，而且还对其他行业的经济有拖累效应。另一些学者又认为，国有企业的某些指标值不高可能是由于退出壁垒过高或者历史因素造成的。宗寒（2011）认为，我国国有经济效率之所以高，是由于它是社会主义制度的生产关系基础，代表全国人民的根本利益和整体利益，掌握了最重要的生产资料，控制了经济命脉，因此它能够从全局出发，实施发展战略，引导产业发展的方向，调控国民经济结构和运行，且能够集中全国力量办大事。发展国有经济，不是"双重拖累"，而是"双重促进"。董梅生（2012）从微观角度收集了 2002~2009 年的 6718 家上市公司的数据，并采用 DEA 方法进行分析发现，无论是中央、地方的国有还是民营企业，其在技术效率、规模效率上都不存在差异，但在纯技术效率上存在差异，即"中央>民营>地方"。李福林（2011）认为，关于国有企业效率的争议存在三种理论，即国有企业绩优论、绩差论和产权中性论，同时通过对影响国有企业效率的因素进行分析，最终得出结论：国有企业效率的高低，不仅要从微观经济层面考察，还要注重宏观经济层面上我国国有企业的特殊性决定了其各项制度安排只有在追求经济绩效的同时注重社会利益，才能使改革有序、顺利地进行。

需要指出的是，"效率"概念反映的是效率主体的目的，但又取决于效率客体的状态。例如，企业的效率既有财务效率又有技术效率之分，既有宏观效率又有微观效率。企业效率的这种复杂性，使得任何有关企业效率的一定低或者一定高的结论都显得简单而片面。而本章要统计和研究整理的国有企业效率的文献以定量研究为主，且其中大多是从微观经济效率方面进行阐述。笔者选取了不同年份的41篇有关国有企业效率的文章，通过不同年份来对相同微观经济指标进行文献统计分析。

笔者首先把所选文章按照所研究的年份粗略划分成三个时间段，即2000年以前、2000~2005年和2005~2014年，再对所得出的结论进行分类统计。如果文献中所研究的部分为1998~2005年的，得出的结论为国有企业效率高，则分别为2000年之前和2000~2005年的国有企业效率高一栏各增加1，结果如表4-1所示。大体来说，随着时代的发展，结论得出国有企业效率低下的文献数量呈下降趋势，结论得出国有企业效率高和因指标不同而结论不同的文献数量明显呈上升趋势，如图4-1所示。

表4-1 涉及文献分类统计 单位：篇

	2000年之前	2000~2005年	2005~2014年	合计
结论为国有企业效率低下	7	5	5	17
结论为国有企业效率高	3	7	10	20
指标不同结论不同	2	4	8	14
总计	12	16	23	51

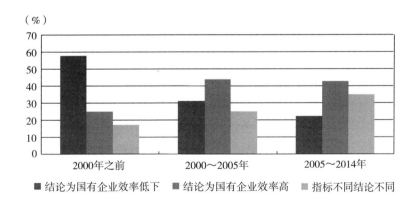

图4-1 涉及文献所得结论变化趋势

由于所选的文献从不同方面对国有企业的效率进行了研究，笔者认为，"效率"概念反映了手段与目的之间的联系，它的确定既取决于效率主体的目的又取决于效率客体的状态，既受生产关系的制约又受生产力的影响，其实是非常复杂的。例如，企业的效率既有财务效率也有技术效率，既有微观效率也有宏观效率，既有短期效率也有长期效率，既有经济效率也有社会效率，既有资本效率又有劳动效率。企业效率的这种复杂性，使得任何关于国有企业的效率一定低或一定高的论断都必然会显得简单而武断。因此，我们仅对国有企业作为微观经济主体在一定时期内的财务效率和技术效率进行了研究的文献样本做了统计分析。另外，要特别加以说明的是，由于研究的角度不同，所选的一些文献尽管最后得出了相近的效率高或低的结论，但是并没有从财务效率和技术效率角度考察，因此本书对此类不再纳入具体指标统计之列。

二、财务效率

笔者对财务效率相关指标的总体情况按年份进行了分类统计。一是比值类指标：资产利润率、营业收入利润率、劳动生产率、资产贡献率、成本费用利润率、资产增长率、资产负债率、资产周转率和工业增加值率；二是绝对值指标：利润总额、税费、亏损额和创新指标，如图 4-2 所示。为便于作图，将所选样本文献中认为国有企业在该指标上高于行业平均水平或外资水平的文献数量与认为该指标高的文献数量及认为该指标低的文献数量之和的比值作为一个指标，并用该指标的数值大小作为气泡的大小进行作图。要特别加以说明的是，由于文献研究的一些指标如资产利润率按年份统计不全，只有一份认为国有企业在 2004 年到 2007 年是高于行业平均值的。另外，由于有关资产增长率、资产周转率两项指标文献的结论全为低于行业平均值，因此上述两项指标未能在图 4-2 中加以显示。

从图 4-2 可知，有较多文献认为国有企业相关指标低（即气泡小的）的有 20 世纪 90 年代的劳动生产率（4 份涉及 20 世纪 90 年代劳动生产率的文献中只有一份结论认为国有企业效率高于或者等于全行业平均水平）、2000 年的劳动生产率、2001 年的工业增加值率、2002 年的工业增加值率（2002 年的劳动生产率虽有上升到了 0.5 但气泡依然较小）等。2003 年较低的主要是成本费用利润率、工业增加值率。2004 年共有四项指标，劳动生产率有了较大的提升而工业增加值率依然被认为最低，2005 年资产负债率被认为表现较差的最多（气泡最小）。2007 年的资产负债率最差（气泡最小），工业增加值率和资产贡献率被认为表现好的也较少（气泡也较小）。我们也注意到，随着时间的推移，有的指标的表现由过去的较差（气泡很小），逐步向好的方面发展（气泡逐渐变大），比如劳动生产率，而有的像资产负债率则有较大的波动（气泡由小变大又逐步变小再变大）。成本费用利润率只有 2003 年到 2007 年有样本文献认为国有企业的高于行业平均值，而其余年份争论较大，或说认为低的较多。另外，认为指标普遍高于行业平均水平的多是数值类指标，气泡变化不大且气泡较大。而在比值类指标中只有营业收入利润率变化不大且一直为大气泡。

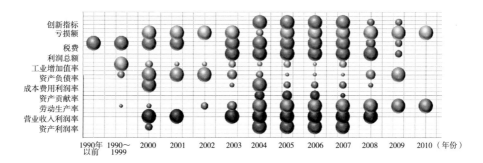

图 4-2 财务效率中的指标统计

（一）劳动生产率

对于其中争议较大的几个指标，我们再进一步加以分析，将图 4-2 中的气泡大小指标改作纵轴，而把研究了该指标的文献总量作为气泡大小进行作图（见图 4-3）。

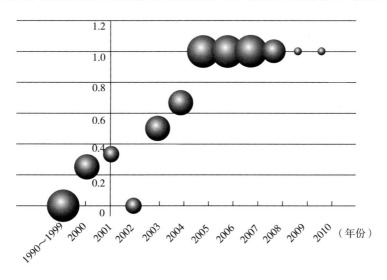

图 4-3 劳动生产率趋势变化①

---

① 1990 年以前数据由于指标缺失，无法统计测算，因此没有列出。

Cappelle 和 Neumark（2001）认为，工作经验对于员工来说是十分重要的，它通常代表着"较高的表现力"，而这种表现又往往提升了生产力。可以说，我国企业的劳动生产率总体呈上升态势是肯定的，而国有企业这种趋势更加明显。劳动生产率的快速提高是反映企业效率提升的一个重要指标，随着技术进步和社会的发展，过去得出的国有企业在劳动生产率上是低下的结论现在看来已经不符合实际了。中国人民银行对 5000 家企业的劳动生产率调查的报告显示，1995～2001 年不同规模的企业劳动生产率差别不大，而之后逐渐分化，大型企业的提升速度迅速加快，这可能与近年来大型企业资本投入量增大有关。报告还指出，1997 年开始的国有企业改革和 2004 年的加强和改善宏观调控等措施，都对劳动生产率的变动产生了影响。这与我们文献计量的结果基本吻合。正确认识劳动生产率变化形势及其对经济产生的影响，对把握当前宏观经济运行规律、制定正确的政策具有十分重要的意义。

（二）资产贡献率

由于资产贡献率情况能全面反映一个企业的全部资产的获利情况、评价和考核企业的盈利能力，因此也是评价企业效率常用的核心指标之一，具体统计情况如表 4-2 所示。

表 4-2　资产贡献率统计

项目	1990 年以前	1990～1999 年	2000 年	2001 年	2002 年	2003 年	2004 年	2005 年	2006 年	2007 年	2008 年	2009 年
资产贡献率高的							2	2	2	1		
资产贡献率低的		-1	-1	-1	-1	-2	-1	-1	-1	-2	-3	-2

注：认为低的数我们设为负数加以区别。

结合表 4-1 我们看到，关于国有企业的资产贡献率，除了 2004～2006 年每年有 2 份得出其高于行业平均值外，其余年份多认为其低于该行业平均水平。资产贡献率是由几个指标共同决定的，在文献中也有对其加以细化的，因此我们再对该指标做进一步细化统计，如表 4-3 所示。

表 4-3　与资产贡献率相关的三项指标统计

项目	1990 年以前	1990～1999 年	2000 年	2001 年	2002 年	2003 年	2004 年	2005 年	2006 年	2007 年	2008 年	2009 年
销售利润率高			1	1		1	1	1	1		1	

续表

项目	1990 年以前	1990~1999 年	2000 年	2001 年	2002 年	2003 年	2004 年	2005 年	2006 年	2007 年	2008 年	2009 年
销售利润率低	-1	-1										-1
资产负债率高		1	1	1	1	2	2	1	1	1	2	2
资产负债率低		-1				-1	-2	-3	-3	-3	-1	
资产周转率高												
资产周转率低		-1	-1	-1	-1	-3	-4	-4	-3	-3	-2	-1

资产贡献率=（利润额+利息支出）/平均资产额

　　　　=利润额/平均资产额+利息支出/平均资产额

　　　　=（利润额/销售收入）/（平均资产额/销售收入）+

　　　　利息支出/平均资产额

其中，平均资产额/销售收入=1/资产周转率，因此：

资产贡献率=销售利润率/资产周转率+利息支出/平均资产额

我们可以看到，资产贡献率与销售利润率、资产周转率以及资产负债率有关。我们分别统计了这三个指标的情况。认为国有企业的销售利润率高的文献数目远大于认为其低的，而国有企业的资产负债率在 2003 年以前被认为是较高的，2003~2007 年争论较大，但认为其低的占多数，如图 4-4 所示。国有企业的资产负债率争论较大且趋势不明朗的主要原因，一是国有企业数量庞杂，不同学者根据不同的国有企业得出的结论出入自然较大。二是一些国有企业可能本该破产，但由于历史因素如社会包袱较重等而没有破产还继续维持并生产，这类国有企业应该说主要是特殊行业或者垄断型国有企业。在竞争性行业中，国有银行不可能因为是国有企业就可以不考虑未来的存在风险而继续以贷款维持其存在。

文献结论高度一致地认为国有企业资产周转率低。其中，张晨和张宇（2011）还通过数据得出结论：在流动资产周转率方面，国有企业与全行业相差不大，加之流动资产在总资产中的权重较小，故而判断其总资产周转率低的主要原因是固定资产周转率低。李培林和张翼（1999）也认为，国有企业的社会性固定资产占企业固定资产总额的比重远高于其他类的企业，说明国有企业改革只在一定程度上减轻了企业的社会负担，但并没有完全消除。

因此，不能笼统地认为国有企业资产贡献率就低于其他所有制形式的企业。在构成资产贡献率指标中的一些具体方面还有较大争议，其中的资产周转率很可能是低的，故而造成了资产贡献率在整体上凸显较低性。

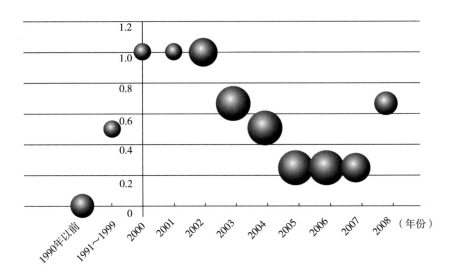

图 4-4　资产负债率趋势变化

（三）工业增加值率

工业增加值是指工业企业在报告期内以货币形式表现的工业生产活动的最终成果，是工业企业全部生产活动的总成果扣除了在生产过程中消耗或转移的物质产品和劳务价值后的余额，是工业企业生产过程中新增加的价值。增加值不仅包含了企业的利润，还包括了职工工资及其福利、营业税及附加值等项目。定义工业增加值率=工业增加值/总资产。在工业增加值率这一指标上，认为国有企业效率高的文献不多，如表 4-4 所示。特别是在 2000 年以后，在国有企业的工业增加值率问题上文献争论得也较多。

表 4-4　工业增加值率统计

项目	1990 年以前	1990~1999 年	2000 年	2001 年	2002 年	2003 年	2004 年	2005 年	2006 年	2007 年
工业增加值率高	0	1	1	1	1	2	1	2	1	1
工业增加值率低	0	0	-1	-2	-2	-2	-2	-2	-3	-1

由图 4-3 可知，认为国有企业的劳动生产率高于行业平均水平的文献数量是逐年上升的，而劳动生产率=工业增加值/全部从业人员平均人数，因此认为工业增加值率低可能是在工业增加值公式中国有企业的总资产数量较大造成的，其增加值额不一定就低。工业增加值率趋势变化如图 4-5 所示。

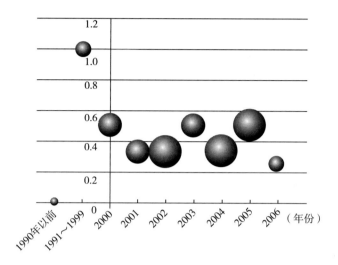

图 4-5　工业增加值率趋势变化

（四）成本费用利润率

成本费用利润率是企业在一定时期内的利润总额与成本、费用总额的比率，其计算公式为：成本费用利润率=利润总额/成本费用总额。公式说明它与利润总额成正比，而与成本费用总额成反比，体现的是经营耗费所带来的经营成果。对该项指标有研究与分析的文献总量不大，从文献的统计来看，2003 年之前认为国有企业成本费用利润率较低的占多数，2004~2008 年认为其高或低的各有一到两份文献，2009 年和 2010 年再次出现其全为低的情况，如表 4-5 所示。

表 4-5　成本费用利润率统计

项目	1990~1999 年	2000 年	2001 年	2002 年	2003 年	2004 年	2005 年	2006 年	2007 年	2008 年	2009 年	2010 年
成本费用利润率高	0	1	0	0	1	2	1	1	1	1	0	0
成本费用利润率低	-1	0	-2	-2	-2	0	-1	-1	-1	-2	-3	-1

从成本费用利润率这一指标来看，2003~2008 年出现结论高低均有的情况，可能是不同学者采用不同的数据来源和方式方法等造成的。当然我们也应当看到，国有企业在成本费用利润率上与全行业存在差距。特别是 2004 年以后，出现认为国有企业的成本费用利润率低的文献，并在以后的年份中有增多的趋势，

但具体是利润额较低造成的还是成本费用较高造成的，还有待研究。因此，这也进一步印证了，国有企业的利润额不一定低于其他所有制企业。另外，国有企业总资产贡献率低也有可能是由于外部环境或者制度等历史因素造成的，因此不能全盘否定国有企业在效率上是完全低效的。成本费用利润率趋势变化如图 4-6 所示。

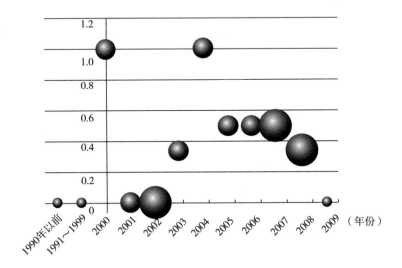

图 4-6　成本费用利润率趋势变化

（五）税费和亏损额

国有企业在税费和亏损额等数量指标上被认为是较高的文献占多数。从文献反映的结论看，不能因为亏损额大就认为国有企业效率低下，这是因为：一是一些在竞争性行业中本该淘汰出局而仍然在经营的国有企业，造成了国有企业总体上亏损额较大。二是国有企业比一般类型的企业承担了更多的社会责任（如解决就业、维护社会稳定等）。另外，国有企业上缴的税费高、包袱重的结论也得到了文献的一致认同。在竞争性领域主要是与三资企业和民营企业的亏损额方面有较大差距。一直到 2008 年，才有文献认为国有企业的税费较低，2004 年出现了认为亏损额低于全行业平均水平的文献，之后其也是远高于外资或全行业平均水平，如表 4-6 所示。显然，这不仅不能说明国有企业效率低下，反而说明国有企业有正的外部性。李钢（2007）研究得出如果国有企业有正常的退出机制，国有企业的设备能正常更新，国有企业的亏损额应至少不低于非国有企业的结论。因此，我们不能在国有企业承担了主要的税源和本应该由政府承担责任的前提下，又指责国有企业的效率低下。

表 4-6　税费与亏损额统计

项目	1990 年以前	1990~1999 年	2000 年	2001 年	2002 年	2003 年	2004 年	2005 年	2006 年	2007 年	2008 年	2009 年	2010 年
税费高	1	1	1	1	0	1	2	3	3	3	2	1	
税费低											-1	-1	
亏损额高			1	2	2	2	1	2	2	1	1	1	1
亏损额低							-1						

三、技术效率

除了考察国有企业的财务效率，我们还对国有企业的技术效率进行了统计。技术效率是一项与生产可能性边界有关的概念。它是指由科技含量的提高而带来的产出成效，反映了对现有资源有效利用的能力，体现的是生产部门在既定投入水平下产出的最大能力，或者是在既定价格和生产技术下生产部分投入要素的最优比例的能力。换句话说，它是指在给定各种投入要素的条件下实现最大产出的能力，或者给定产出水平下投入最小化的能力。而其中的全要素生产率（Total Factor Productivity，TFP）是由罗贝特·索洛（1957）提出并发展而来的。我们主要对全要素生产率以及分解出来的技术效率、技术进步效率分别做了统计。

（一）全要素生产率

在经济分析中，也经常使用全要素生产率。全要素生产率是指资本、劳动及其他所有要素（包括教育、研究与开发、创新、规模经济和科学技术等），保罗·萨缪尔森称之为技术进步所带来的总和的产出增长。可以说，全要素生产率的增长是促进经济增长的重要因素。Song 等（2011）认为，较低的全要素生产率，尤其是在发展中国家，是造成微观上资源错配的原因。当一个国家从严重无效的但在管理上却对重新配置的动力作用产生高度重视的状态开始起步，那它必将迎来的是以延长转型时间为代价的潜在快速的增长。图 4-7 显示，在全要素生产率指标方面，2004 年之前相关文献以认为国有企业的全要素生产率低于行业平均值或者外资的为主导，而到了 2004 年出现了认为其较高的文献，2006 年以后持肯定观点的较多。马荣（2011）认为，2006 年以后国有企业的全要素生产率不仅高于全行业平均水平甚至高于外资水平。这说明自 2003 年以来，特别是 2006 年以后，从总体上看，文献计量认为国有企业和全行业工业企业在全要素生产率上都有显著增长，且国有企业增长趋势好于全行业。Fleisher 等（2010）认为，造成国有企业全要素生产率快速增长的直接原因很可能是国内一系列的创新活动，而间接原因则可能是人力资本在全要素生产率增长上的溢出效应。

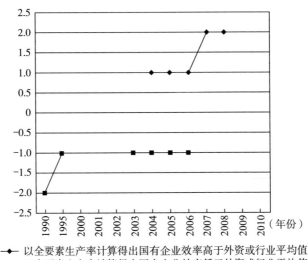

图 4-7　全要素生产率趋势变化

注：纵轴为研究了全要素生产率的文献数量。

（二）技术效率

技术效率最早由 Farrell（1957）提出，是讨论曼奎斯特（Malmquist）生产率指数方法的基础。一个企业的技术效率可以通过两条途径来估计：一个是基于投入的技术效率，即在一定产出下，以最小投入与实际投入之比来估计；另一个是基于产出的技术效率，即在一定的投入组合下，以实际产出与最大产出之比来估计。它主要是用来衡量一个企业在等量要素投入条件下，实际产出离最大产出的距离，距离越大，技术效率越低。换言之，生产可能性边界代表的是一个行业在最好的硬件和管理技术下所能达到的最大产出，而技术效率则代表了一个企业在特定投入规模下与这个最大产出之间的差距。

从获取的文献来看，学者们一致认为国有企业在技术效率方面是较差的，并且与外资的差距明显。这说明国有企业的效率低下主要体现在技术效率上，如图 4-8 所示。

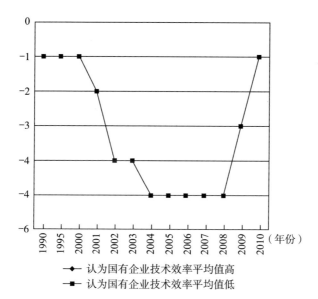

图 4-8　技术效率平均值趋势变化

注：纵轴为研究了技术效率的文献数量。

从 20 世纪 90 年代到 2010 年，笔者统计的文献中均认为国有企业在技术效率上没有太大改观，说明国有企业改革的重点并不在技术效率上。特别是 2004 年以后，在全要素生产率有明显向好的趋势下，依然有至少 5 篇文献认为技术效率的结论不容乐观，说明国有企业的全要素生产率的提高很可能并不是由技术效率所带动。国有企业在技术效率上与其他行业相比有较大差距，并且差距是明显的。

（三）技术进步效率

在笔者统计的文献中，有关技术进步的文献只有马荣（2011）一篇文献涉及，其得出的结论有两点：一是国有企业的全要素生产率稍高于外资企业，技术进步远高于外资企业，而技术效率则明显低于外资企业，可见国有企业的全要素生产率并不低，低的是技术效率；二是技术进步在国有企业和外资企业中都比较稳定，而全要素生产率和技术效率的增长波动较大，且它们的波动方向和幅度较为一致。由于全要素生产率的变化率等于技术效率乘以技术进步率，在技术效率较差而全要素生产率有较大提升的情况下，我们必然得出国有企业在全要素生产率上出现的向好表现主要是由于技术进步效率带来的。

四、结论

与以往的研究方法不同，本章主要利用了文献计量的方式，从目前已发表的有关国有企业效率，特别是有关微观经济效率中的财务效率和技术效率的文献入手，结合年份和当前相关指标的实际情况进行了统计和分析。计量研究表明，从文献整体上看，认为国有企业效率随着时代的发展而向好的占多数，认为国有企业效率低下的文献数量呈下降趋势。还有一些文献在认识国有企业效率问题上进行了分类研究，故而出现国有企业在一些指标上效率是高的，而在另外一些指标上效率较低。

结合文献计量的结果，我们认为产权不是决定效率的唯一因素，因为国有企业效益和效率问题产生的原因是多方面的，如社会负担重、体制不顺畅、改革不彻底等。如果从社会贡献率等指标去考察，公有制企业微观效率高于非公有制企业，国有企业盈利能力也是很强的。

具体到财务效率指标来看，一些指标在过去被广泛认为是低效率的，但随着时代的发展，有了巨大的变化。如在劳动生产率等指标上，多篇文献都得出了相同或相近的结论，认为国有企业在该项指标上取得了长足发展，对国有企业在提升劳动生产率方面所做的努力给予了肯定。而对于像资产贡献率等有较大争议的指标，对其进行分解或结合当前国有企业的发展现状来看，不能笼统地说国有企业就一定低于其他形式的企业，因为它可能与外部环境、制度或者历史包袱重等因素有关系。

近些年的国有企业改革，特别是 2003 年以后有较大的变化，主要解决的就是国有企业与市场经济体制之间的矛盾问题。国有企业在市场经济的竞争环境下，应该说成绩是明显的，虽然在一些指标上目前来看可能还低于全行业的平均水平，但是差距有明显的缩小，这也同样可以说明国有企业的改革正在发挥积极的作用，不能因为单一指标低下就否定国有企业的绩效。国有企业是税收的主要来源，研究得出的结果也说明如果国有企业有正常的退出机制，国有企业的设备能正常更新，国有企业的亏损额应至少不低于非国有企业。White（2000）研究认为，中国国有企业为了获取新技术而采取的各种决策是对公司的外部竞争和内部相关能力等因素同时考虑的结果。Ralston 等（2006）还对比了中国的国有企业、私营企业、外资企业的组织文化，发现当前的中国国有企业跟十多年前刚开始改革的国有企业相比，由于在中国政府的强力推动下，需求结构已经发生了实质性的变化，当前的国有企业是充满活力的。而 Fu 等（2008）结合 1986~2003

年的数据，从宏观经济的波动与系统性改革的角度出发，对中国国有企业的有效性和生产率进行了分析，发现国有企业在经过了一系列的改革之后总体上出现了经济繁荣的景象。

在技术效率方面，文献计量分析的全要素生产率在 2003 年以后出现了积极的变化，到了 2006 年还出现了上升的趋势，说明国有企业在技术效率方面在朝着向好的方面发展。同时，我们通过细分统计后又发现，该指标的上升主要靠的是技术进步效率的提升，而国有企业技术效率没有太大的提升，特别是在 2003 年以后国有企业改革的进程中，技术效率没有太大的变化，这也在一定程度上说明了技术效率没有被作为国有企业改革的重点。

第五章 基于财务指标的国有企业效率研究

李 钢

本章摘要：本章研究国有企业净资产利润率等指标值低的原因。研究表明，设备陈旧等历史原因及退出壁垒过高导致了国有企业上述指标值低；如果国有企业能与非国有企业一样自由退出，国有企业的上述指标值将不低于非国有企业；如果不考虑历史因素而仅考虑当期投入，目前国有企业效率已经高于非国有企业。因此，所谓的"国有企业的效率低下"提法是不成立的，国有企业某些指标值较低，是由历史因素及退出壁垒过高造成的。

关键词：国有企业；效率

一、问题的提出

近年来大量的文章认为，由于代理链过长、所有者缺位、管理者缺乏激励、政策性负担过重及预算软约束等，似乎国有企业效率低下是不争的事实。国有企业的效率真的低下吗？从理论上讲什么是企业效率高似乎很好回答，即单位投入产出大，或者单位产出的投入低。生产中所使用的要素可以归纳为资本、劳动、土地等，在一般的生产函数中将其归纳为资本与劳动。我们知道，企业进行核算时，要将资本与劳动折算为成本，因而可以使用生产成本来衡量投入。企业的产出同样可以用不同指标来衡量，如销售收入、利润、利税。因此，可以用企业的净资产收益率、总资产贡献率等比率来衡量企业的效率。

用总资产贡献率衡量的企业效率如表 5-1 所示，由表中数据可以得出的结论是：国有企业的效率低于非国有企业。

表 5-1　1999~2003 年我国国有及控股企业总资产贡献率与全国平均水平的比较

单位:%

年份	全国平均	国有及控股	国有及控股/全国平均
1999	7.45	6.77	90.87
2000	9.00	8.43	93.67
2001	8.91	8.17	91.69
2002	9.45	8.71	92.17
2003	10.50	10.09	96.10

资料来源：沈志渔，罗仲伟 . 21 世纪初国有企业发展和改革［M］. 北京：经济管理出版社，2005.

　　然而，上述指标衡量企业的效率合理吗？如果国有企业效率低下，那么是什么原因造成的？本章试图根据第一次全国经济普查的数据对上述问题进行回答。

二、以利润衡量产出时国有企业效率的分析

　　按经济学经典解释，企业在既定投入下追求利润最大化，因而净资产收益率是衡量企业效率最重要的指标。这一指标也是股票市场判断股票投资价值常用的指标。

　　根据第一次全国经济普查数据我们计算了不同类型企业的净资产收益率，如表 5-2 所示。国有企业中条件较好的均已经进行公司化，因而本章所指国有企业仅是指未经公司化的一部分国有企业。国有控股企业较为全面地反映了国有企业的现状，下面我们使用国有控股企业的数据进行分析。从表 5-2 中可以看出，国有控股企业的净资产收益率仅为 11.49%，低于全部企业平均净资产收益率 13.21%；集体企业的净资产收益率为 19.71%，几乎高于所有其他类型的企业的效率；集体联营企业净资产收益率为 22.47%，为全部类型企业中最高的。因此，从净资产收益率这一指标得出的结论是：虽然国有企业效率不高，但是公有的另一种实现形式即集体企业的效率却最高。

　　虽然集体企业效率高的结论出乎意料，但是国有企业（以下分析中没有特别标明或说明时，国有企业的数据使用国有控股企业的数据）的低效率却是在意料之中。关于国有企业效率低的原因，本章并没有依照过去的文献从代理问题等角度进行分析，而是通过财务分析的方法来探求。

表5-2 第一次全国经济普查时不同注册类型企业的相关财务指标 单位:%

	净资产收益率	总资产收益率	资产负债率	销售利润率	总资产周转率
全部企业平均	13.21	5.54	58.1	6.00	0.92
国有控股企业	11.49	4.97	56.7	7.63	0.65
国有企业	5.70	2.41	57.7	4.45	0.54
集体企业	19.71	7.48	62.1	5.26	1.42
股份合作企业	15.54	6.04	61.2	4.81	1.26
联营企业	12.20	4.09	66.4	5.24	0.78
国有联营企业	11.05	3.45	68.8	5.59	0.62
集体联营企业	22.47	9.46	57.9	6.81	1.39
国有与集体联营企业	8.65	3.20	63.0	3.28	0.98
其他联营企业	15.80	6.20	60.8	4.93	1.26
有限责任公司	12.76	4.99	60.9	6.69	0.75
国有独资公司	7.87	3.38	57.0	6.13	0.55
其他有限责任公司	15.56	5.78	62.9	6.87	0.84
股份有限公司	17.09	8.22	51.9	9.45	0.87
私营企业	15.55	6.03	61.2	4.27	1.41
其他企业	11.91	5.39	54.7	3.86	1.40
港澳台商投资企业	13.86	5.99	56.8	5.43	1.10
外商投资企业	17.19	7.56	56.0	6.24	1.21

净资产收益率=净利润/净资产,由于我国不同类型企业的所得税率会有差异,因此本章计算净资产收益率的公式为:

净资产收益率=利润总额/净资产 (5-1)

我们将式(5-1)变形,分子与分母同时除以总资产为:

净资产收益率=(利润总额/总资产)/(净资产/总资产)=总资产收益率/[(总资产-负债)/总资产]=总资产收益率/(1-资产负债率) (5-2)

从式(5-2)可以看出,净资产收益率是总资产收益率、资产负债率的增函数,因而只要这两个指标中的一个增大,净资产收益率就会增大。

我们将不同所有制企业的总资产收益率及资产负债率数据列在了表5-2中,从表5-2可以看出,国有控股企业的总资产收益率为4.97%,而全国企业的平均值为5.54%;国有控股企业的资产负债率为56.7%,而全国企业的平均值为58.1%。从数据可以看出,国有企业的总资产收益率及资产负债率均低于全国企业的平均值，但资产负债率仅低于全国平均水平1.4%，因而国有企业净资产收益率低的主要原因是国有企业总资产收益率低。

下面我们对总资产收益率进行分析，依据式（5-1）并将分子与分母同时除以销售收入（即主营业务收入），可将其变为：

$$总资产收益率＝（利润总额/销售收入）/（总资产/销售收入）$$
$$＝销售利润率×总资产周转率 \qquad (5-3)$$

从式（5-3）可以看出，总资产收益率是销售利润率、总资产周转率的增函数。我们将不同类型企业的销售利润率、总资产周转率也列在了表5-2中，从表5-2中可以看出，国有控股企业的销售利润率为7.63%，高于全部企业的平均值6%，而国有控股企业的总资产周转率仅为0.65%，远低于全部企业的平均值0.92%。至此我们似乎找到了国有企业净资产收益率低的原因，即国有企业的资产周转率过低，从而导致国有企业盈利能力不高。但为什么国有企业的资产周转率不高呢，是由于国有企业先天体制上的不足吗？

为了回答上述问题我们还需要对总资产周转率进行分析。我们可以将总资产周转率进行如下变形：

$$1/总资产周转率＝总资产/销售收入＝（流动资产+固定资产+$$
$$无形资产+递延资产）/销售收入 \qquad (5-4)$$

由于企业的无形资产及递延资产的数值较小，因此上式可以简化为：

$$1/总资产周转率＝总资产/销售收入＝（流动资产+固定资产）/销售收入$$
$$＝1/流动资产周转率+1/固定资产周转率 \qquad (5-5)$$

我们将国有企业及全部企业相关数据列在表5-3中，从表5-3中可以看出，国有企业的流动资产中产成品及应收账款流转速度均高于全国企业的平均值，但存货周转率及固定资产周转率却低于全国的平均水平。

表5-3　企业资产周转率比较　　　　　　　　　　　　　　单位:%

	总资产 周转率	流动资产 周转率	应收账款 周转率	存货 周转率	产成品 周转率	固定资产 周转率
国有控股企业	0.65	1.90	10.92	1.05	23.61	1.32
全部企业平均	0.92	2.19	8.62	1.78	21.03	2.16

我们认为国有企业存货周转率低的主要原因是国有企业原来有许多存货已经属于"残、次、冷、背"，但由于绩效考核等因素一直没有处理。而固定资产周转率低的原因是多方面的，我们认为可能与国有企业设备较为陈旧有关。我们计

算了不同所有制类型企业固定资产新旧程度，用下式来计算企业固定资产的平均使用年限：

企业固定资产的平均使用年限＝累计折旧/当年折旧 （5-6）

按式（5-6）计算的结果如表5-4所示，从表5-4中可以看出，国有企业的平均固定资产使用年限高于全部企业的平均值。对固定资产周转率与固定资产平均使用年限进行回归分析，计算结果表明回归方式在1%的水平上通过检验，说明固定资产新旧程度不同确实能在一定程度上解释固定资产周转率的不同。

需要说明的是，当企业折旧按直线法进行摊销时，上述结果基本是准确的，但如果有些企业采用加速折旧的方法（如采取双倍余额递减法），采用式（5-6）可能会高估企业平均固定资产的使用年限。因为我国的实际情况是国有企业基本采用直线计提折旧，而外资企业多采取加速折旧，我国国有企业设备比其他企业的陈旧程度就高于表5-4中反映的情况。不同类型企业固定资产使用年限倒数与固定资产周转率的关系如图5-1所示。

表5-4　各类型企业的设备新旧程度及周转率

	固定资产周转率（%）	固定资产平均使用年限	固定资产平均使用年限倒数
全部企业平均	2.16	5.83	0.172
国有控股企业	1.32	6.58	0.152
内资企业	1.88	6.02	0.166
国有企业	1.11	6.52	0.153
中央企业	1.10	6.06	0.165
地方企业	1.12	7.24	0.138
集体企业	4.24	6.36	0.157
股份合作企业	3.70	6.27	0.159
联营企业	1.49	5.45	0.183
国有联营企业	1.03	4.88	0.205
集体联营企业	3.81	6.61	0.151
国有与集体联营企业	2.53	8.88	0.113
其他联营企业	4.15	5.30	0.189
有限责任公司	1.64	6.00	0.167
国有独资公司	1.18	6.51	0.154
其他有限责任公司	1.88	5.71	0.175

续表

	固定资产 周转率（%）	固定资产平均 使用年限	固定资产平均 使用年限倒数
股份有限公司	1.84	6.50	0.154
私营企业	4.00	3.81	0.262
私营独资企业	4.93	3.85	0.260
私营合作企业	5.25	3.51	0.285
私营有限责任公司	3.86	3.81	0.262
私营股份有限公司	3.30	3.93	0.254
其他企业	3.20	5.44	0.184
港澳台商投资企业	2.98	5.94	0.168
合资经营企业（港或澳、台资）	2.67	6.18	0.162
合作经营企业（港或澳、台资）	2.60	8.05	0.124
港澳台商独资经营企业	3.51	4.80	0.208
港澳台商投资股份有限公司	2.30	8.53	0.117
外商投资企业	3.20	4.95	0.202
中外合资经营企业	3.24	5.42	0.185
中外合作经营企业	1.96	5.42	0.185
外资企业	3.74	4.02	0.249
外商投资股份有限公司	1.44	6.79	0.147

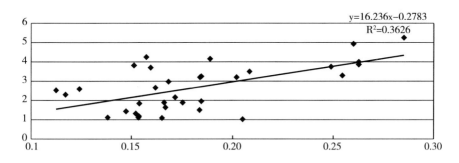

图 5-1 不同类型企业固定资产使用年限倒数与固定资产周转率的关系

国有企业净资产收益率低于全部企业平均值的另一个重要原因是，国有企业比一般类型的企业承担了更多的社会责任（如解决就业、维护社会稳定等），国有企业的退出壁垒较高，而其他类型的企业如果长期没有盈利，就会破产或者解散。

从表5-5中的数据可以看出，国有企业的亏损比例高于全部企业平均值，这说明了由于国有企业承担了过多的社会责任，而使一些可能本应关闭的国有企业仍旧艰难运行，显然这不仅不能说明国有企业效率低下，反而说明国有企业有正的外部性。

表5-5 不同类型企业亏损情况

	企业单位数（家）	亏损企业数（家）	亏损比例（%）
全部企业平均	276474	58203	21.05
国有控股企业	35597	13320	37.42
内资企业	219309	42210	19.25
国有企业	23417	9977	42.61
中央企业	2779	1040	37.42
地方企业	20638	8937	43.30
集体企业	18095	2988	16.51
股份合作企业	8215	1188	14.46
联营企业	1439	305	21.20
国有联营企业	278	84	30.22
集体联营企业	395	67	16.96
国有与集体联营企业	427	94	22.01
其他联营企业	339	60	17.70
有限责任公司	41234	8919	21.63
国有独资公司	1449	496	34.23
其他有限责任公司	39785	8423	21.17
股份有限公司	7171	1400	19.52
私营企业	119357	17367	14.55
港澳台商投资企业	28399	8076	28.44
外商投资企业	28766	7917	27.52

如果国有企业能有正常的退出机制，国有企业净资产收益率会是多少呢？我们根据第一次全国经济普查数据对这一问题进行了估计，进行如下假设：

假设1：所有亏损的国有企业的亏损额服从均匀分布。

假设2：所有亏损的国有企业的净资产服从均匀分布。

假设3：在市场经济运作下，亏损企业比例为一个较稳定的值，国有企业的亏损比例降为 21.05%。

　　根据上述假设我们可以计算出国有企业的净资产收益率将变为 13.22%，略高于全部企业的平均值 13.21%（当然，高出的这一点值可能是没有统计意义的）。再结合前面的分析，我们可以做如下的判断：如果国有企业有正常退出机制，国有企业设备能正常更新，国有企业的盈利能力至少不会低于非国有企业。当然，考虑整个社会成本收益时，我们并不认为国有企业高的退出壁垒高有问题，但我们不能因国有企业承担了一些本应由政府承担的责任，又指责国有企业的效率低下。

三、以增加值衡量产出时国有企业效率的分析

　　虽然以利润衡量企业产出时，本章经过计算分析的国有企业的效率并不低，但是我们认为利润并非一个衡量产出的完美指标，因为企业产出不仅是企业利润，还包括职工的工资及政府所得的税收，即应当为企业的增加值。企业的利润高可能是由于职工的工资低等因素造成的，而企业的增加值可以更加全面地衡量企业的产出。企业的总产出＝企业增加值＝企业利润总额＋职工工资及福利＋营业税及附加＋增值税，我们用企业的增加值代替企业总利润计算表 5-2 中的相关数据，如表 5-6 所示。

　　从表 5-6 中可以看出，虽然国有企业的增加值/净资产、增加值/总资产的值仍旧低于全部企业的平均值，但是增加值/销售收入、增加值/销售成本的值已经远高于全部企业的平均值。

表 5-6　以增加值衡量产出时不同类型企业效率

	增加值/净资产	增加值/总资产	增加值/销售收入	增加值/销售成本
全部企业平均	35.91	15.06	16.30	19.39
国有控股企业	32.22	13.94	21.42	26.75
内资企业	35.73	14.76	17.62	21.13
国有企业	28.26	11.94	22.03	27.00
中央企业	26.03	13.02	24.96	31.02
地方企业	32.93	10.51	18.47	22.26
集体企业	54.48	20.67	14.53	16.80

	增加值/净资产	增加值/总资产	增加值/销售收入	增加值/销售成本
股份合作企业	47.04	18.27	14.55	16.73
联营企业	37.71	12.66	16.19	19.31
国有联营企业	32.77	10.24	16.60	20.27
集体联营企业	62.19	26.19	18.84	22.22
国有与集体联营企业	38.86	14.39	14.71	16.79
其他联营企业	45.65	17.91	14.23	16.55
有限责任公司	35.40	13.83	18.55	22.58
国有独资公司	28.68	12.33	22.36	27.87
其他有限责任公司	39.24	14.57	17.32	20.92
股份有限公司	34.51	16.60	19.08	24.02
私营企业	48.31	18.72	13.26	15.08
私营独资企业	64.95	27.37	14.17	16.28
私营合作企业	67.23	30.55	14.76	16.98
私营有限责任公司	46.00	17.27	12.94	14.65
私营股份有限公司	36.34	16.40	14.04	16.30
其他企业	37.46	16.96	12.16	13.75
港澳台商投资企业	35.94	15.54	14.09	16.29
外商投资企业	36.69	16.13	13.31	15.68

结合本章前文分析可知，用增加值/净资产、增加值/总资产来衡量企业效率时，国有企业低于非国有企业的主要原因是国有企业的资产周转率低于非国有企业，而如上文所述，国有资产周转率低主要是由于历史因素造成的，并不能说明国有企业这种所有制类型效率低于其他类型的所有制。另外，用增加值/销售收入及增加值/销售成本来衡量企业效率时，国有企业已经高于非国有企业。由于销售成本衡量了全部当期要素投入（包括原材料、折旧、人员工资），因而国有企业增加值/销售成本高于全部企业的平均值说明只考虑当期投入时，国有企业效率要高于非国有企业。这也印证了我们上文的结论，即国有企业资产周转率低主要是历史因素造成的。

四、结论

本章利用第一次全国经济普查的数据分析了公有制特别是国有企业的效率。与以往研究的结论不同，我们的研究表明当以利润总额作为企业产出的指标，以净资产收益率及总资产收益率来衡量企业的效率时，公有制企业的效率并不低。虽然以净资产收益率及总资产收益率来衡量企业的效率时，国有企业效率低于非国有企业，但是我们的研究表明这并非是由国有企业性质决定的，而是由于国有企业退出壁垒过高，以及设备陈旧等历史因素造成的。

当我们以增加值来衡量企业产出，从而用增加值/净资产及增加值/总资产来衡量企业效率时，国有企业的效率仍旧低于全部企业的平均值，但当我们用增加值/销售收入、增加值/销售成本来衡量企业的效率时，国有企业的效率要远高于全部企业的平均值。我们认为指标出现矛盾的原因反映了当以产出/当期投入衡量企业效率时，国有企业的效率高于全部企业的平均值，因而国有企业表现的低效率是由历史因素造成的。

综合上述结论我们认为，公有制企业的效率并非低于非公有制企业。如果消除国有企业退出壁垒，国有企业的效率至少不低于非国有企业；如果不考虑历史因素，仅考虑当期投入，目前国有企业效率会高于非国有企业。造成国有企业所谓"效率低下"的任何一个因素消除，国有企业的效率均会不低于非国有企业，因而我们认为国有企业效率的低下仅是"账面效率低下"，所谓"国有企业效率低下"的提法是不成立的。

第六章　国有企业分行业效率研究

王罗汉　李　钢　侯海波

本章摘要：本章运用随机前沿分析法，分行业测算了国有企业与非国有企业的技术效率，发现两者总体上呈现收敛态势；以利润量测算的国有企业的财务效率总是偏低的；以当期总产出测算则表现出较大的行业差别。通过测算发现：第一，国有企业效率偏高的行业均是竞争性行业。第二，垄断并没有造成国有企业技术效率的低下，而是加重了财务负担，造成财务效率低下。第三，非国有企业更侧重于技术效率的提升，而国有企业更偏向于财务效率中成本费用的节省。第四，预算软约束损害了国有企业的效率。另外，企业用工人数不是负面包袱，而是转变为宝贵的人力资源。

关键词：国有企业；垄断竞争性；财务效率；技术

一、引言

国有企业的改革，特别是国有工业企业的改革，无论在理论还是实践探索方面，都已经持续了数十年，国有企业改革的焦点，其实主要还是在企业效率上。围绕我国国有企业效率高低的相关话题，不同学者在分析上由于采用了不同的方法和数据，因此在结论上往往差别很大，主要有两种代表性观点：一种观点认为，国有企业效率低下是基于国有属性，只要是国有企业，就不可避免地存在预算软约束、寻租以及所有权与经营权模糊等问题，因而必然导致效率低下；另一种观点认为，国有企业的效率低下是由垄断造成的，必须打破国有企业在关键部门的垄断。还有学者认为，国有企业就应该完全退出竞争领域，这样才能造就真正的市场经济。

目前从所有制角度来研究企业效率的，特别是对工业细分到行业层面来进行考察的还较少，微观层面如李钢（2007）的研究也只是按所有制企业进行了分类。而具体到效率分类上，其实还有技术效率、财务效率甚至创新效率等之分。本章想要进一步回答的问题是，而具体到行业层面，哪些行业中的国有企业效率偏低，是什么原因造成的，如果是由于国有企业的本身属性造成的，那么哪类效率低；垄断对国有企业的效率到底产生何种影响；国有企业在各行业中的效率又出现了哪些新变化趋势。

二、文献评述

早在20世纪90年代，国外的相关研究就已经对国有企业私有化问题做过比较深入的研究。Shirley和Walsh对1957~1999年国外发表的52篇涉及国有企业与私营企业效率的文献进行了分类统计，并做了实证研究，结果不仅无法得出国有企业效率低于私营企业效率的结论，反而得出国有企业私有化后的表现更糟糕的结论。休·史卓顿和莱昂内尔·奥查德（2000）提出，私有企业在总体上并没有表现出比公有企业更有效率，在许多产业中，公有制与私有制可能同样有效。我国学者如刘小玄（2000）、姚洋和章奇（2001）也曾使用1995年数据对国有企业的效率进行实证研究，一致认为当时的国有企业效率是低下的。但当时的国有企业效率低下很可能是由于外部环境和体制转轨造成的。如芦荻（2001）就认为对于国有工业企业效率的评价就应该置于特定的政策和结构环境中。到了21世纪，我国国有企业的产业布局、产权制度和管理体制等方面都发生了重大变化，对于国有企业效率的争论也进入了新一轮的研究和讨论。一些研究认为，国有企业在经过了新一轮的制度改革和产业布局之后，效率并没有获得实质性的改变，甚至还有进一步滑向拖累市场效率的风险。刘瑞明和石磊（2010）指出，国有企业不仅自身效率低下，还因此对整个市场构成了"增长拖累"。林毅夫和刘明兴（2003）、董先安（2004）等也得出了类似的结论。与此同时，学界也有不同意见，认为在经过了大规模的国有企业重组与改革之后，特别是2003年成立国务院国有资产监督管理委员会以来，国有企业已经与之前的企业明显不同，两者虽然都叫国有企业，但是不论是效率还是性质都存在差异，而对于市场的控制和影响程度，国有企业在许多竞争性领域已经不再具有显著效应。宗寒（2011）认为，国有经济效率之所以高，是因为它是社会主义制度生产关系的基础，因而能够集中力量办大事，故而发展国有企业并不是刘瑞明、石磊所说的"双重拖累"。董梅生（2012）认为，不论是技术效率还是规模效率，不同类型企业都不存在显著的差异，只是在纯技术效率上，中央的国有企业大于民营企业，而民营企业大于地方国有企业。李钢（2007）认为，"国有企业效率低下"的提法从时间跨度上看已经发生了重大变化，国有企业的某些指标值不高，是由当时的历史包袱或者退出壁垒过高以及历史因素造成的。张晨和张宇（2011）通过对竞争性和垄断性企业的各项效率指标进行计算后得出结论，所有制对于企业微观效率的影响并不显著，国有企业低效率的说法不符合实际。王罗汉和李钢（2014）通过文献统计主要对不同所有制企业效率进行了分类分析，发现随着时代的发展，认为国有企业效率转好的文献数目在增多，而结论依然不看好或者为负面的文献数目在减少。

姚东旻和李军林（2016）认为，关于国有企业效率低下的结论主要集中在技术效率、财务效率和创新效率上。本章在对国有与非国有两类企业的技术效率按行业细化对比测算后发现，从总体发展态势上看，两者差距必将日渐缩小。现有文献多从科技活动经费投入的角度来测度创新效率，但本章认为，仅采用研发费用来衡量创新效率存在以下三方面的问题：一是一些中小企业的公司账目上通常并没有所谓的创新成本或款项，而是将其直接划入成本等科目中，但这并不意味着公司没有创新研发的投入或者没有进行创新活动。二是根据约瑟夫·熊彼特（1954）的观点，与教科书中所描绘的不同，在现实的资本主义社会里，不是竞争在起作用，而是新商品、新技术、新供应渠道、新型组织所带来的效果在起作用，垄断利润才是刺激企业进行创新的动力。换句话说，只有当企业是垄断大企业时，它才有为产品创新和工艺创新提供足够资金的能力，而过度竞争反而阻碍了企业的创新。因此，要测算创新，首先要是垄断行业中的大企业，才有进行创新效率比较的可能。如果仅通过研发费用指标来进行数量上的考察，并不能判断创新的效率，更不能衡量创新的质量。三是创新后的收益具有巨大的不确定性，因此即使是大企业，也可能将投入创新中的研发成本划入风险投资，而且判断创新的主要依据是：它是否为企业开拓了市场，投入回报率的高低，研发费用的过快增加会不会影响本企业的股票市值等。基于以上分析，本章认为创新效率不能通过研发费用的高低来进行简单的衡量，国有企业效率的高低应主要考察技术效率和财务效率的高低。

三、行业分类与数据来源

根据 2002 年《国民经济行业分类》标准，工业有三大类，分别为采掘业、制造业以及电力、燃气及水的生产和供应业，进而又细分为 39 个行业门类。本章参照和借鉴了郝舒辰等（2012）的编排顺序，对工业行业的门类进行编排，基于数据完整性的考虑，排除了国有企业占绝对垄断的烟草制品业和规模较小的其他采掘业。另外，在测算技术效率时我们发现，由于统计口径发生较大变化，因此没有统计第 34 个行业（废弃资源和废旧材料回收加工业），而只测算了剩余的 36 个行业门类，并对其进行编号。为了保证数据的完整性，我们在之后的财务效率中加入了废弃资源和废旧材料回收加工业，因此财务效率指标是 37 个行业。另外，借鉴吴福象和周绍东（2006）的产业集中度指标（CH4），将工业划分成垄断型行业和竞争型行业，表 6-1 中加粗行业为垄断型行业。

表 6-1 我国工业企业的行业分类

大类	小类
采掘业	**X1：煤炭开采和洗选业；X2：石油和天然气开采业；X3：黑色金属矿采选业；X4：有色金属矿采选业；X5：非金属矿采选业**
制造业	X6：农副食品加工业；X7：食品制造业；X8：饮料制造业；X9：纺织业；X10：纺织服装、鞋、帽制造业；X11：皮革、毛皮、羽毛（绒）及其制品业；X12：木材加工及其木、竹、藤、棕、草制品业；X13：家具制造业；X14：造纸及纸制品业；X15：印刷业和记录媒介的复制；X16：文教体育用品制造业；**X17：石油加工、炼焦及核燃料加工业**；X18：化学原料及化学制品制造业；X19：医药制造业；**X20：化学纤维制造业；X21：橡胶制品业**；X22：塑料制品业；X23：非金属矿物制品业；**X24：黑色金属冶炼及压延加工业；X25：有色金属冶炼及压延加工业**；X26：金属制品业；X27：通用设备制造业；X28：专用设备制造业；**X29：交通运输设备制造业**；X30：电气机械及器材制造业；X31：通信设备、计算机及其他电子设备制造业；**X32：仪器仪表及文化、办公用机械制造业**；X33：工业品及其他制造业；X34：废弃资源和废旧材料回收加工业
电力、热力及水的生产和供应业	**X35：电力、热力的生产和供应业；X36：燃气生产和供应业；X37：水的生产和供应业**

注：字体加粗的行业为垄断行业。

从企业所有制角度看，虽然垄断与竞争的提法已经有了很长的历史，但是两者界限并不明显且一直在发生变化。本章认为，行业本身并不能用所有制属性来加以划分，即不能认为国有企业占比高的行业就为垄断型行业，非国有企业占多数的就为竞争型行业。由于历史因素，在计划经济时期，我国国有企业垄断全行业，而随着改革开放，非国有企业逐步壮大，因此在这之前，学术界在谈到国有企业占比高就自然认为国有企业垄断也无可厚非。而如今随着市场经济的发展，非国有企业的力量在加强，许多行业已然出现了少数非国有企业不仅占比高，而且具有实际控制力和影响力的局面。此外，假设某行业就是国有垄断行业，但如果在很大程度上是由历史包袱、社会负担重这些外界的体制机制等非市场竞争因素造成的低效，那也不能简单归结为这是由企业的所有制性质是国有而造成的。

虽然某些行业很可能也确实存在少数大企业基于历史、核心技术、资源禀赋、规模效应等方面的优势而自然形成了一定的垄断优势，从而在生产、交换和价格等方面形成一定的控制力和影响力，但是事实上这无关于企业的所有制属性是国有还是私有。

因此，本章从行业领域内的所有制角度进行对比分类，重点考察国有企业与非国有企业在各个行业领域中的表现。朱克朋和刘小玄（2012）也认为，只有企业效率才是决定国有企业是否退出的重要变量。

本章研究的数据主要来自历年《中国工业统计年鉴》《中国统计年鉴》《中国劳动统计年鉴》和国家统计局等资料。

四、分行业的技术效率测算与数据分析

学者对于国有企业的效率指标选取至今都没有形成一个统一的认识，本章借鉴相关文献并做适当延伸和考察，结合统计数据的收集性和可操作性原则，首先选用技术效率（TE）指标作为研究企业直接效率的一个方面。技术效率主要测算的是企业在等量要素投入条件下实际产出离最大产出的距离，如果两者距离越大，则说明技术效率越低。

当前，有关技术效率评价估算的方法主要有参数估计法和非参数估计法，其中非参数估计法大多采用 DEA、Malmquist 指数等生产函数来测量，其特点是连接有效的生产单位，并通过组合分段超平面或者数据包络全部观测值的方法来加以实现。非参数方法最大的局限在于，该方法主要运用线性规划进行计算，而不像参数方法有统计检验数作为样本拟合度和统计性质的参考。此外，有时非参数方法受观测数的限制而不得不舍弃一些样本值，这可能会影响观测结果的稳定性。

因此，本章采用参数估计法中的随机前沿分析（即 SFA）[①] 来估算，原因有三个方面：一是随机前沿分析专门用于企业的面板数据分析，因而具有较强的针对性。二是从所有制角度对工业行业按照国有企业和全行业（大中型）均值分别进行测算，使用 2006～2014 年的相关年份数据，可以求得国有企业和全行业（大中型）均值各自的技术效率值，除了 2013 年数据有所缺失，共计有 8 年的面板数据。不同时期、不同行业的企业技术效率不相同，即使同一行业内部，国有

---

① 此模型由 Battese 和 Coelli（1995）提出，该模型扩展了当前在随机前沿面板领域无效率项的估计结果。该面板的一个经验假设从 10 年间印度农村的水稻农民的数据中获得并被加以应用。

企业与其他类型企业的技术效率也不相同。三是本章技术效率中的被解释变量为主营业务收入，其生产函数的形式采用超越对数模型，它包含了解释变量所有的二次项（含交互项），可以用于对任意非线性函数的二阶泰勒近似，因而能比较好地进行 OLS 估计。

（一）变量选取

在投入产出指标的选取上，本章采用各行业年均从业人员数量、固定资产净值、当年主营业务收入，前两项指标分别用来表示劳动和资本的投入量，当年主营业务收入表示产出，以上三个指标分别用 L、K 和 Y 表示。对 2006~2014 年的国有及国有控股（大中型）企业和非国有大中型企业数据（用按行业分组的规模以上工业企业数据减去国有及国有控股企业数据得到）进行测算，得到各自的技术效率。

本章以 2005 年相关数据为基期，采用工业品出厂价格指数（PPI）对主营业务收入进行平减，采用固定资产投资价格指数对固定资产净值进行平减。在数据的估算和统计中发现，由于年鉴中分类的变更，原 X16（文教体育用品制造业）在 2013 年后变更为文教、工美、体育和娱乐用品制造业，即统计口径发生变化，因此我们对其做了删减，只选用之前 6 年的数据。

（二）指标测算

用对数模型进行回归分析后发现，主营业务收入与从业人数之间的偏关系并不紧密（即统计显著性不强），而与固定资产净值之间的偏关系则较为紧密（即统计显著性较高），且呈现较强的正相关性（见图 6-1 和图 6-2）。

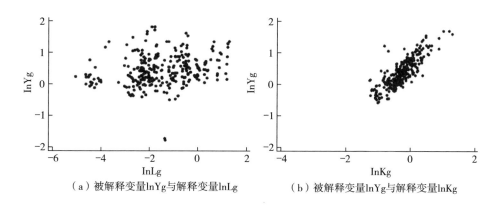

（a）被解释变量lnYg与解释变量lnLg　　（b）被解释变量lnYg与解释变量lnKg

图 6-1　国有企业及国有控股企业散点图

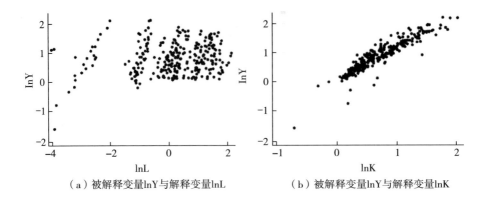

（a）被解释变量lnY与解释变量lnL　　　　　（b）被解释变量lnY与解释变量lnK

图6-2　非国有企业散点图

通过散点图定性描述我们初步推断：被解释变量即产出（Y）的大小与解释变量即资本投入（K）密切正相关，说明越是资本密集型行业，产出（主营业务收入）越大。产出与解释变量即劳动投入（L）的正相关性并不强。这表明行业人数多并不能代表企业主营业务收入高，或者说即使该行业是劳动密集型行业，其主营业务收入（Y）也可能不随从业人数的增加而提升。换言之，在同一行业中，资本占比高的企业，其产出高的可能性越大，而如果劳动人数占比高，其产出高的可能性不确定。

具体的模型表述如下：

$$\ln Y_{it}=\beta_o+\beta_1\ln K_{it}+\beta_2\ln L_{it}+\beta_3\left(\ln K_{it}\right)^2+\beta_4\left(\ln L_{it}\right)^2+\beta_5\ln K_{it}\times\ln L_{it}+\ln\xi_i+v_i$$

$$(6-1)$$

由于$0<\xi_i\leqslant1$，因此$\ln\xi_i\leqslant0$，定义$u_{it}\equiv-\ln\xi_i\geqslant0$，则式（6-1）可改写为：

$$\ln Y_{it}=\beta_o+\beta_1\ln K_{it}+\beta_2\ln L_{it}+\beta_3\left(\ln K_{it}\right)^2+\beta_4\left(\ln L_{it}\right)^2+\beta_5\ln K_{it}\times\ln L_{it}+v_i-u_{it} \quad (6-2)$$

$$TE_{it}=e^{-u_{it}} \quad (6-3)$$

其中，$u_{it}\geqslant0$为无效率项，该项主要用于反映厂商 i 离效率前沿的距离。v_i为特异性误差，对称且独立同分布于u_{it}，而u_{it}代表了技术的非效率，它表示仅对第 i 个行业所具有的综合负面影响，故而影响越大，技术效率（TE）就越低。模型中i=1，2，…，36；t=2006，2007，…，2011，2013，2014。

通过连接检验（link test），本章对式（6-1）进行了检验，其拟合值的平方项（_ hatsq）已经高度不显著（P 值为 0.525），故不存在模型设定误差。同时，我们再次进行 RESET 检验，结果也表明，引入（lnK）^{2} 和（lnL）^{2} 后，不再遗漏拟合值（Y）的幂，因而进一步说明，我们采用"超越对数模型"作为前沿生产函数是恰当的。

（三）数据分析

为了对技术效率（TE）进行对比分析，本章将国有及国有控股的技术效率标注为 TE_g，而非国有企业的标注为 TE，如图 6-3 所示。

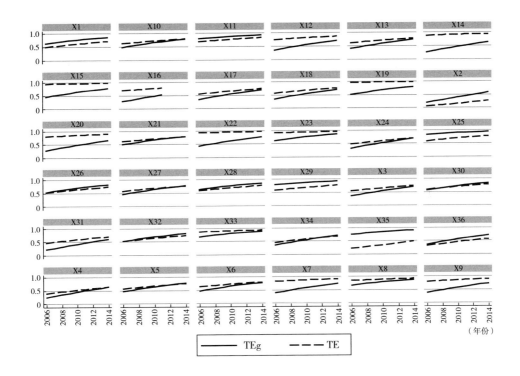

图 6-3　分行业工业企业技术效率走势

注：回归结果由 Stata 14.0 计算得出，第 16 个行业，即文教体育用品制造业由于统计口径在 2013 年发生变化而只取用了之前数据。

图 6-3 表明，如果把工业按行业细化后再来看，其技术效率的发展态势出现了很大的不同。首先，从总的发展趋势上看，我国工业企业的技术效率基本呈现上升态势，反映了我国工业的整体技术效率在不断提高。其次，按所有制分类后再看，大体有以下四种类型：

第一类：从 2006 年开始，国有及国有控股企业的技术效率虽有提高，但一直低于非国有企业，且差距依然较大的行业（即 TE 线一直高于 TE_g 且呈现平行走势）有 5 个：X14：造纸和纸制品业；X15：印刷业和记录媒介的复制；X16：文教、工美、体育和娱乐用品制造业；X20：化学纤维制造业；X22：塑料制品业。

第二类：国有及国有控股企业的技术效率与其他类型企业相比还存在一定差距，但差距明显缩小的有13个行业：X3：黑色金属矿采选业；X7：食品制造业；X8：饮料制造业；X9：纺织业；X12：木材加工和木、竹、藤、棕、草制品业；X13：家具制造业；X17：石油加工、炼焦和核燃料加工业；X18：化学原料和化学制品制造业；X19：医药制造业；X23：非金属矿物制品业 X24：黑色金属冶炼和压延加工业；X31：计算机、通信和其他电子设备制造业；X33：其他制造业。

第三类：两类企业的技术效率发展水平相当（即两条线基本重合）的有12个行业：X4：有色金属矿采选业；X5：非金属矿采选业；X6：农副食品加工业；X10：纺织服装、服饰业；X11：皮革、毛皮、羽毛及其制品和制鞋业；X21：橡胶制品业；X26：金属制品业；X27：通用设备制造业；X28：专用设备制造业；X30：电气机械和器材制造业；X32：仪器仪表制造业；X34：电力、热力生产和供应业。

第四类：国有企业技术效率高于非国有的（即 TE_g 高于 TE 线）有6个行业：X1：煤炭开采和洗选业；X2：石油和天然气开采业；X25：有色金属冶炼及压延加工业；X29：交通运输设备制造业；X35：燃气生产和供应业；X36：水的生产和供应业。

由分类结果可以看出，国有企业在技术效率上与其他类型企业相比差距明显的只有5个行业，即第一类；有大约25个行业都在第二类和第三类，即有一定差距但追赶效果较为明显，或是基本不相上下。另外，从行业垄断与竞争角度分析还发现以下三点：

第一，从绝对值上看，国有企业技术效率高于其他类型企业即第四类的有6个行业，且都为垄断型行业。这说明在垄断行业中，国有企业技术效率低下的说法并不成立。

第二，经过多年发展国有企业在技术效率上与其他类型企业的差距依然较大的主要是第一类，这中间除了X20即化学纤维制造业是垄断型行业之外，其他几个行业都是传统的竞争性行业，即便两者有差距其也是呈现追赶收敛的态势。

第三，大部分的行业多集中于第二类和第三类，说明国有企业与其他类型企业在技术效率上的差距并不大。从发展趋势上看，两者的差距还会进一步地缩小而不是拉大。因此，国有企业不仅自身效率低下，还拖累市场和其他类型企业的观点，从时间发展阶段上看显然不成立。

因此，本章可以得出结论：从历史发展阶段上看，国有企业技术效率低下的观点并不符合现实。

五、分行业的财务效率测算与数据分析

(一) 从利润量角度测算

本章首先从利润角度来衡量企业效率。净资产收益率是衡量企业效率较为重要的参考指标,也是股票市场判断股票投资价值的常用指标,其计算公式为:

净资产收益率=利润总额/净资产　　　　　　　　　　　　　　　(6-4)

另外,从成本费用的角度对企业取得现有经营成果所花的费用进行测算,计算公式为:

成本费用利润率=营业利润/成本费用总额　　　　　　　　　　　(6-5)

需要说明的是,由于统计数据发生变化,在 2006~2008 年,成本费用总额包括主营业务成本、税金及附加和管理费用三项,而 2009 年以后进一步增加了营业费用和财务费用共五项指标作为成本费用总额。本章测算的非国有企业是指除了国有企业和集体企业之外的其他类企业。另外,2012 年由于指标数据缺失而没有统计①。通过对两类企业净资产收益率测算可知,虽然国有企业在该指标上偏低,但是波动总趋势基本一致,这说明除极个别年份有较大偏差外,两类企业所面临的外部环境并没有实质性差别 (参见附表 6-1 与附表 6-2)。李钢 (2007) 指出,国有企业净资产收益率比较低是事实,但事实是由资产收益率低造成的,而总资产收益率低又是由国有企业的存货周转率较低造成的。张晨和张宇 (2011) 进一步指出,国有企业的净资产中有大量的作为社会功用的物质载体,而这部分并不能用于生产。那么,如果不考虑净资产而从一定时期的成本和收益角度考察,两者的差别又如何呢 (参见附表 6-3 和附表 6-4)?

从成本费用利润率这个角度考察,两者的差别显然要小很多。从附表 3 和附表 4 来看,细分行业后,国有企业在行业间的差别很大,虽然从年度均值上看国有企业仍然比非国有企业明显偏低,但是我们注意到在一些行业中国有企业的表现并不差,这说明行业间国有企业从成本费用利润率上看差异较大。为了更直观地体现出两者在利润项指标上的总体走势,将每年各行业的相关数据加总,得到总体走势如图 6-4 所示。

---

① 限于文章篇幅,2006~2014 年国有即国有控股企业工业细分行业的净资产收益率表放入附表 6-1 中,2006~2014 年非国有企业工业细分行业的净资产收益率放入附表 6-2 中,2006~2014 年国有企业工业细分行业与非国有企业工业细分行业的成本费用利润率分别放在附表 6-3 和附表 6-4 中。

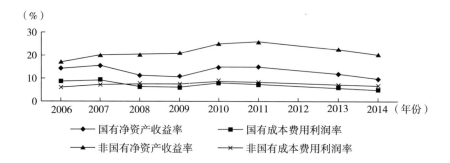

图 6-4　国有企业与非国有企业年度净资产收益率和成本费用利润率总体走势

很明显，如果从一定期限的成本收益效率上看，国有企业的表现并不逊色，只是波动幅度比非国有企业的略大。这说明尽管都是国有企业，但是不同行业在成本费用效率上分化比较严重，同时也印证了如果不考虑国有企业中含有较高比例社会功用的资产总额，单从一定时期经营耗费的成果来看，国有企业表现并不差。然而，利润并不是衡量企业财务效率的唯一指标。一方面，影响利润的因素太多，财务账目也容易受人为影响；另一方面，企业除了生产利润，还提供发放工人的工资、缴纳各项税收等其他贡献。因此，采用企业的增加值可以更加全面地衡量企业的产出。

（二）从增加值角度测算

本章定义企业的总产出＝企业的增加值＝企业的利润总额+职工工资+增值税，并分行业测算了 2006～2014 年总产出/净资产、总产出/主营业务收入以及总产出/主营业务成本。首先，从年度总态势来看，如果用净资产衡量，则国有企业总是低的。如果从一定时期的收入及成本费用等考察，那么直到 2011 年，国有企业在这两项指标上的表现均优于非国有企业，直到 2013 年国有企业才出现偏低的迹象（见图 6-5、图 6-6）。因此，如果我们考察当期的企业投入与产出关系，那么国有企业与其他所有制形式的企业从财务效率的走势上看差异也不大。

用净资产衡量的国有企业财务效率基本上都偏低，而用当期企业的投入与产出关系去衡量，则行业间的差别比较大。我们按照表 6-1 的工业企业大类，分别就采掘业，制造业以及电力、燃气及水的生产和供应业中的各主要行业门类的两类企业财务效率进行了测算和对比分析（参见附表 6-4、附表 6-5、附表 6-6）。采掘业共细分为 5 个行业，根据表 6-1 可知其都属于垄断行业，由附表 6-4 数据可看出，如果从总产出/净资产去衡量，国有企业的指标值都是低的。从产出/收入和产出/成本来看，X1（煤炭开采和洗选业）和 X2（石油和天然气开采业）中的国有企业表现依然不佳，但其余三类行业的国有企业并不比同期非国有企业表现差，甚至还略高，比如 X5（非金属矿采选业）。

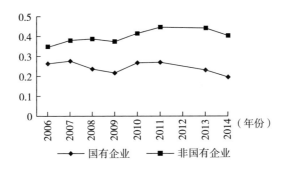

图 6-5　企业总产出/净资产总体走势

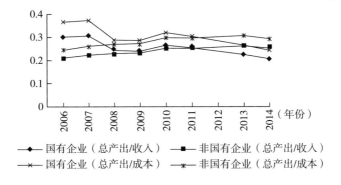

图 6-6　企业总产出/收入和总产出/成本走势

对于制造业，如果从净资产角度考察，国有企业总体上依然全面偏低，但从收入与产出去衡量，则行业间分化比较明显。从附表 6-5 我们注意到，对比当期的收入与成本可发现，在制造业中，两类企业的财务效率大体有六种走势（见表 6-2）。

表 6-2　细分行业的两类型企业当期投入产出的财务效率分类

类别	产业代码
2011 年前后国有企业变差	X6，X9，X11，X14，X16，X19，X26，X27，X32
国有企业一直低于非国有企业	X7，X17，X18，X21，X28，X29，X33，
国有企业逐渐变差	X24，X25，X30

类别	产业代码
2011 年以后国有企业转优	X10, X13, X20, X22
国有企业一直高于非国有企业	X8, X15, X23, X34
未出现分化	X12, X31

注：本章的非国有类型企业也不包括集体企业等公有制企业。

通过表6-2我们进一步明确了在制造业的 29 个细分行业中，有 9 个行业的国有企业于 2011 年前后开始财务效率（从当期的投入产出测算）出现下滑。而与此同时，另有 4 个行业的国有企业财务效率在逐步超过非国有企业，有 7 个行业的国有企业在该项上的财务效率一直偏低。有 3 个行业的国有企业的财务效率从 2006 年开始逐步下滑，与非国有类型企业的差距逐步拉大。而 X12（木材加工及木、竹、藤、棕、草制品业）与 X31（通信设备、计算机及其他电子设备制造业），两类企业在财务效率上"此消彼长"，没有出现明显的分化态势。

从表 6-2 的行业划分我们注意到：

（1）并没有出现如是国有垄断行业，该行业就一定存在超额垄断利润，且行业的财务效率也较高的事实。例如，X21（橡胶制品业）和 X29（交通运输设备制造业）都是垄断行业，但在这两个行业中的国有企业财务效率一直低于其他类型企业。

（2）所谓只要是国有企业，由于存在预算软约束，在竞争型行业中往往表现差的观点，至少从财务效率上看，也与事实不符。例如，X8（饮料制造业）、X15（印刷业和记录媒介的复制）、X23（非金属矿物制品业）、X34（废弃资源和废旧材料回收加工业），都是制造业中的竞争性行业。

（3）只要是国有垄断行业，就存在"寻租"现象，这样的企业就可能存在超额利润。本章实证结果无法支持这一观点。第三大类全部被认定为垄断行业，即 X35（电力、热力的生产和供应业）、X36（燃气生产和供应业）、X37（水的生产和供应业），从附表 6-3 可知，不论从净资产还是从当期的投入产出比看，它们都远远落后于非国有类型企业。结合图 7-3 中的技术效率可知，国有企业远高于非国有企业，特别是燃气生产与供应业。然而，从财务效率上已然看到，三类行业中的国有企业却远低于非国有类型企业。这在一定程度上进一步表明，至少对于国有企业而言，其技术效率的提升并没有带来财务效率的同步提升，或者说在一定时期内，两种效率的关联度并不高。

基于以上的测算分析，我们需要进一步实证分析来回答以下两个方面的问题：①在相同时间段，两类企业（国有企业与非国有企业）的技术效率与财务效率分别对各自企业总产出的贡献如何；②垄断对于国有企业财务效率起到了什么作用。

六、实证检验

（一）样本与数据说明

本章以 2006~2014 年（因数据缺失，空缺 2012 年）共 8 年的中国工业行业面板数据作为样本来构建模型进行实证分析。由于第 34 行业即废弃资源和废旧材料回收加工业在 2012 年发生较大变化，因此将其剔除。原第 16 行业即文教体育用品制造业在 2013 年后变更为文教、工美、体育和娱乐用品制造业，统计口径发生变化，故而对其做了删减，只选用之前样本数据。依照前文的测算行业门类，实证中依然排除掉烟草制造和其他类规模较小的其他采掘业，共选取 36 个工业行业。

对于要探讨的第一个问题，本章考察的经济效率主要为生产效率、资本配置效率、技术效率，将三类效率指标作为解释变量，而将企业总产出（即企业增加值）作为总效率。将预算软约束、财税负担和企业退出壁垒作为控制变量。对于要探讨的第二个问题，本章用到的解释变量为：预算软约束、财税负担、企业退出壁垒，采用资本配置效率作为被解释变量，将行业的国有化程度作为控制变量。

（1）企业的生产效率变量以营业利润除以成本费用总和来加以计算。该变量反映了企业单位成本费用总和下的营业利润率，既是企业财务效率的衡量指标，也是衡量企业经营水平和盈利能力的重要指标，因而将其作为衡量财务效率的一个方面。它可以在一定程度上描述一定时间段的两类企业各自的经营绩效和竞争力水平。

（2）资本配置效率变量是反向测度的指标，代表了一定时期内的企业资本配置效率，又叫资本密集度，以资产合计除以主营业务收入来计算，该指标越值大说明该企业的资本配置率越低。陈林和朱卫平（2012）也曾使用该指标研究地区行政垄断。一方面，它可以用来测度垄断对资本配置的影响；另一方面，它本身也是经营绩效的一个方面。在以资本配置效率作为财务效率的一个方面来解释总产出时，如果其前面的估计系数显著，则说明财务上的资本配置在一定程度上影响企业的总效率。在以资本配置效率为被解释变量的回归中，如果某项垄断解释变量的估计系数为正，则说明某类型企业的垄断损害了资本的配置效率。

（3）技术效率变量可以衡量在相同时期内企业技术水平的高低。在以该指标作为解释变量的回归中，主要考察三点：一是其前面的估计系数是否显著，如果显著说明与总效率有关；二是如果该效率与另外两个效率同时显著，则谁的系数更大说明其对总效率的贡献更大；三是加入技术效率与资本配置效率的交互项，分析技术效率和资本配置效率之间的相互影响。

（4）企业总产出变量衡量了一定时期企业的增加值，它等于当年工人工资、增值税和企业利润总额之和，反映了企业总产出效率。本章将其作为主要的被解释变量，并对其进行对数处理，便于解释变量对其进行测度。

（5）预算软约束变量以利息支出除以负债总额来计算得出。为了考察国有企业财务效率低下是否是由于负债总额较大引起的，林毅夫等（2004）研究认为，对于存在预算软约束的企业，该比值必定远低于同类企业。如果有大量企业在这个财务指标上异常（也就是说，可以赖账不还），则表明该经济中预算软约束的机制是存在的。

（6）财税负担变量以增值税除以当年工业总产值来计算得到，其用于表示财政负担的大小。

（7）企业退出壁垒变量以从业人数来代表。

（8）行业的国有化指数1以行业中国有企业总资产除以全行业总资产得到。

（9）行业的国有化指数2以行业中国有企业主营业务收入除以全行业主营业务收入得到。变量定义及统计特征如表6-3所示。

表6-3　变量定义及统计特征

变量	非国有企业				国有企业			
	均值	标准差	最小值	最大值	均值	标准差	最小值	最大值
总产出	1685.89	1720.21	54.86	9765.25	606.61	1215.01	−952.14	7397.06
预算软约束	0.02	0.01	0.01	0.04	0.02	0.01	0.00	0.04
资本配置效率	0.85	0.59	0.42	4.44	1.67	1.52	0.08	11.66
赋税负担	0.03	0.01	0.01	0.08	0.04	0.02	0.01	0.10
生产效率	0.10	0.10	0.03	1.05	0.08	0.11	−0.08	0.98
从业人数	1.96	1.76	0.02	8.38	0.50	0.71	0.01	3.69
技术效率	0.70	0.18	0.07	0.98	0.62	0.17	0.2	0.93
国有化指数1	0.29	0.27	0.01	0.99	0.29	0.27	0.01	0.99
国有化指数2	0.26	0.32	0.00	1.76	0.26	0.32	0.00	1.76

（二）实证分析方法与策略

我们采用的方法有混合 OLS、面板数据的固定效应和随机效应的估计方法。根据需要探讨的第一个问题，主要构建了由企业的技术效率、资本的配置效率、生产效率以及对企业总产出即总效率的贡献度大小进行衡量的模型。通过相同年份、相同行业中国有企业与非国有企业两类所有制类型企业各自的效率数据得到各自的回归结果，进而加以对比分析。本章提出了如下检验方程：

$$\text{LnTP} = \beta_1 \text{capital} + \beta_2 \text{tech} + \beta_3 \text{efficiency} + \beta_4 \text{budget} + \beta_5 \text{taxatio} +$$
$$\beta_6 \text{employment} + \beta_7 \text{capital} \times \text{tech} + \mu_{it} \tag{6-6}$$

其中，LnTP 代表企业的总产出水平，在回归时取对数；capital 代表企业的资本配置效率；tech 代表企业的技术效率；efficiency 代表生产效率；budget 代表企业的预算软约束；taxation 代表企业的税收负担；employment 代表企业的从业人数；capital×tech 代表技术效率与资本配置效率的交互项，用来剔除两者的交叉影响；μ_{it} 为随机误差项。该方程在这里加入生产效率的同时，控制住了垄断三个方面的影响。回归结果显示，非国有企业的固定效应和国有企业的随机效应解释力比较强。

基于要回答的第二个问题，我们构建了由预算软约束、赋税负担和从业人数为主要解释变量的对资本配置效率产生影响的模型，主要就是为了检测垄断因素对企业资本配置效率的影响。主要的检验方程如下：

$$\text{capital} = \theta_1 \text{budget} + \theta_2 \text{taxation} + \theta_3 \text{employment} + \theta_4 \text{nation\_ 1} +$$
$$\theta_5 \text{nation\_ 2} + \delta_{it} \tag{6-7}$$

其中，capital 代表企业的资本配置效率；budget 代表企业的预算软约束；taxation 代表企业的税收负担；employment 代表企业的用工人数；nation_ 1 和 nation_ 2 分别代表两个国有化程度；δ_{it} 为随机误差项。

对于垄断，本章认为这是一个综合性的概念。它既可能由行政垄断造成，也可能由市场自发形成。对于行政垄断该如何进行考量，学界尚未形成统一认识，主要通过国有企业的资产占该行业总资产的比重进行考察。陈林等（2016）认为，国有经济比重与行政垄断高度相关，国有经济比重是行政垄断的合理变量。然而，随着国有企业改革的不断深入，这种片面、孤立的测量并不能反映外部的客观性与现实的竞争性。本章认为的垄断主要还是指市场垄断，一般意义上的市场垄断主要是指如果企业的市场垄断地位越高，那么该企业对市场的控制力应该越强，就可以操纵商品价格而获取超额剩余价值，其收入就应该保持较高水平。但中国的市场垄断存在很大的变数和不确定因素，由于国有企业改革的不断深入，越是垄断性强的行业，其产品价格往往受到政府行政的干预而不能随意操纵，该行业中的企业盈利越多反而纳税越多，这并不满足西方经典经济学中市场垄断的定义，因而本章采用税收负担变量来衡量。中国的市场经济是从计划经济转轨而来的，中国的国有企业从进入市场经济开始就背负着较重的负债和用人过度等包袱，出于对这一主要影响因素的考量，我们选用企业用工人数和预算软约束两个变量来控制。

（三）实证结果与分析

对于第一个问题，我们将财务效率分为资本配置效率、技术效率和生产效率三个方面来加以测度，利用 Stata14.0 进行了估计，回归结果如表6-4所示。

表6-4　资本配置、技术和生产效率对总产出的影响

	因变量：企业总产出对数（LnTP）					
	非国有企业			国有企业		
	（1）混合 OLS	（2）固定效应	（3）随机效应	（4）混合 OLS	（5）固定效应	（6）随机效应
资本配置效率（capital）	-1.499***	-0.219	-0.357*	0.301	-0.0852	-0.0742
	(0.267)	(0.156)	(0.187)	(0.260)	(0.105)	(0.105)
技术效率（tech）	-1.527***	8.730***	5.264***	1.357*	2.082***	2.029***
	(0.551)	(0.552)	(0.594)	(0.696)	(0.267)	(0.266)
生产效率（efficiency）	1.096**	0.607**	0.674**	5.768***	3.063***	3.106***
	(0.511)	(0.262)	(0.330)	(0.822)	(0.380)	(0.378)
预算软约束（budget）	27.04***	13.90**	32.03***	37.34***	-6.717	-4.541
	(6.812)	(5.898)	(6.986)	(8.117)	(4.762)	(4.687)
赋税负担（taxation）	18.81***	1.942	4.609	-5.054	20.10***	19.35***
	(3.896)	(3.095)	(3.620)	(5.149)	(2.784)	(2.745)
从业人数（employment）	0.476***	0.164***	0.327***	1.615***	1.424***	1.464***
	(0.0243)	(0.0435)	(0.0424)	(0.0978)	(0.275)	(0.191)
资本密集度×技术效率（capital×tech）	2.323***	-2.109***	-0.675*	-0.272	0.183	0.169
	(0.519)	(0.303)	(0.358)	(0.370)	(0.139)	(0.139)
常数项	5.708***	1.404***	2.318***	2.301***	2.070***	2.070***
	(0.362)	(0.319)	(0.371)	(0.512)	(0.267)	(0.302)
观察值	286	286	286	282	282	282
R^2 统计量	0.659	0.848		0.641	0.593	
F 统计量	76.88	193.8		69.82	49.70	
统计序列		36	36		36	36

注：回归方法为固定效应回归；括号中是回归系数标准差；***、** 和 * 分别表示 1%、5%、10% 的显著性水平。

对回归结果进行考察后发现，总体上三个主要的解释变量分别对两类企业总效率产生了不同程度的贡献。其中，技术效率和生产效率显著影响了国有企业和非国有企业的总产出水平；非国有企业的技术效率对自身企业总产出的影响效应大于国有企业的技术效率对自身企业总产出的影响效应，而国有企业的生产效率对自身企业总产出的影响效应大于非国有企业生产效率对自身企业总产出的影响效应。对于两类企业的资本配置效率，国有企业不论从混合 OLS，固定效应还是随机效应上看均不显著，而非国有企业也只有混合 OLS 回归上显著。因此，从总体上看，可以认为两类企业的资本配置效率估计系数均不显著。这意味着企业财务效率中的资本配置方面并不能很好地体现企业的总产出水平，或者说资本配置效率对企业总产出效率的贡献度不足。一方面，这说明对于国有企业来讲，资本配置效率的高低对企业总产出效率的影响并不显著，而其更多地受到经济效益中生产效率的影响，而对于非国有企业来说，这意味着在创造相同利润的同时，国有企业对财务效率中的成本费用选项更为敏感，其中成本费用包括营业费用、财务费用、主营业务成本、税金及附加和管理费用，可见成本税费在国有企业总产出中权重较大。另一方面，对于非国有企业来说，技术效率的高低成为更为重要的因素，这说明非国有企业在创造利润过程中虽然也受到成本费用的较大影响，但是相对于国有企业来说，它们的总产出水平更多地受到技术效率提升的影响。

表 6-4 中列（1）到列（3）对比了对非国有企业子样本采用不同估计方法的结果差异，为了衡量是否采用混合 OLS 回归和面板数据回归，通过似然比检验方法发现，面板数据的固定效应模型和随机效应模型相对于混合 OLS 回归能更加有效地反映变量内部的差异。进一步通过 Hausman 检验发现，结果拒绝采用随机效应模型，因而我们采用固定效应模型来说明资本配置效率、生产效率和生产效率对企业产出的影响。而列（4）到列（6）对比了对国有企业子样本采用不同估计方法的结果差异，Hausman 检验结果接受"固定效应模型和随机效应模型的系数之间不存在系统性差别"，因而采用随机效应模型更有效。结果显示，在非国有企业子样本中，技术效率显著影响了非国有企业的总产出（见列（2）固定效应模型），技术效率增加 1 个单位，能引起非国有企业总产出增加 8.73 个百分点，而非国有企业生产效率增加 1 个单位，则能引起非国有企业总产出增加 0.61 个百分点。在国有企业的子样本中，技术效率和生产效率也显著影响了国有企业总产出水平的增加，国有企业的技术效率每增加 1 个单位，能引起自身企业总产出增加 2.03 个百分点，而国有企业的生产效率每增加 1 个单位，能引起自身企业总产出增加 3.11 个百分点。

通过实证分析，我们回答了第一个问题，即在同一段时间内，在同一行业中的两类企业，其技术效率对自身企业总产出都具有比较积极、重要的影响，且对非国有企业的总产出贡献度更高。我们可以得出以下结论：一方面，两类企业都充分认识到了技术效率对于增强企业竞争能力和绩效有重要的拉动作用，因而两类企业也都进行了较为深入的技术改造和提升，虽然在许多行业中国有企业与非国有企业还存在差距，但是从发展趋势上看呈现逐渐缩小态势；另一方面，技术效率对于两类企业在总产出效率上的贡献程度存在较大差别，其对非国有企业的影响远大于国有企业，那么国有企业在此效率上的提升积极性可能会低于非国有企业。在财务效率上，则主要是生产效率而非资本密集度对两类企业的总产出产生了较大作用，说明国有企业更注重在财务效率上的成本和费用。换句话说，为了创造相同的营业利润，国有企业更多地放在节省成本费用上，而并非资本配置上。而对于非国有企业来说，虽然单位成本费用也十分重要，但是敏感程度显然不如国有企业，这说明为了创造相同营业利润，非国有企业在成本和费用上的回旋空间比国有企业要大。

对于第二个问题，回归结果如表6-5所示。

表6-5　行业垄断对资本配置效率的影响

	因变量：资本配置效率（capital）					
	非国有企业			国有企业		
	（1）混合 OLS	（2）固定效应	（3）随机效应	（4）混合 OLS	（5）固定效应	（6）随机效应
预算软约束（budget）	24.82*** (3.900)	0.374 (2.483)	2.327 (2.455)	9.910 (8.877)	40.00** (15.65)	25.20** (11.96)
赋税负担（taxation）	-6.766** (2.694)	-6.070*** (1.622)	-6.191*** (1.617)	4.480 (4.658)	-8.783 (9.145)	-1.114 (6.693)
从业人数（employment）	-0.00271 (0.0168)	-0.00111 (0.0196)	-0.00658 (0.0184)	-0.426*** (0.128)	-0.0358 (0.962)	-0.407* (0.235)
国有化指数1（nationa_1）	1.231*** (0.190)	0.379** (0.180)	0.634*** (0.161)	5.915*** (0.570)	6.048*** (1.404)	5.791*** (0.725)
国有化指数2（nationa_2）	0.320** (0.146)	0.118** (0.0466)	0.134*** (0.0471)	-3.894*** (0.410)	-3.551*** (0.368)	-3.702*** (0.349)
常量	0.0675 (0.140)	0.901*** (0.0969)	0.791*** (0.118)	0.767*** (0.233)	0.446 (0.785)	0.700** (0.355)
观测值	286	286	286	286	286	286

续表

	因变量：资本配置效率（capital）					
	非国有企业			国有企业		
	（1） 混合 OLS	（2） 固定效应	（3） 随机效应	（4） 混合 OLS	（5） 固定效应	（6） 随机效应
R^2 统计量	0.462	0.080		0.336	0.340	
F 统计量	48.09	4.234		28.35	25.27	
统计序列		36	36		36	36

注：回归方法为固定效应回归；括号中是回归系数标准差；＊＊＊、＊＊和＊分别表示1％、5％、10％的显著性水平。

表6-5展示了垄断的三个约束方面（即预算软约束、赋税负担和从业人数）分别对不同企业类型资本配置的影响。结果显示，对于非国有企业而言，赋税负担对其自身的资本配置效率产生了影响，而其估计系数为负，说明财政负担因素不仅没有损害非国有企业的资本配置效率，反而有利于资本配置效率的提升。而预算软约束和从业人数没有对其资本配置效率产生显著影响，说明无论是企业负债还是退出壁垒，都没有对非国有企业资本配置效率造成损害。从以上垄断的三个方面来看，垄断对非国有企业的资本配置并未产生负面效应，或者说非国有企业不仅没有因为处于垄断行业中而使得赋税增加，反而获利。相反，对于国有企业来讲，预算软约束对国有企业的资本配置产生了重要影响，且估计系数为正，说明预算软约束损害了国有企业的资本配置效率；退出壁垒因素（即从业人数）也对国有企业的资本配置效率产生了一定程度的影响，且估计系数为负，说明退出壁垒不仅没有损害国有企业的资本配置效率，反而有利于资本配置效率的提升。

这一结论与之前李钢（2007）的结论，即国有企业财务效率低下是由于承担了更多的社会责任（如解决就业等）、国有企业退出壁垒较高相矛盾。这意味着，越是垄断行业中的国有企业，用工人数越少，其资本配置效率反而越低，而用人越多的国有企业，其资本配置效率反而越高。由此可见，如今的国有企业越来越倾向于吸纳高端人才，人才也越发成为当今国有企业提升自身水平的重要方面。越是垄断行业，企业招收的人才越少，其盈利水平和经营绩效越发低下，反而阻碍了企业的扩大发展。

具体来看，表6-5的列（1）到列（3）分别采用不同方法估计了垄断对非国有企业资本配置的影响，似然比检验和 Hausman 检验的结果认为，采用面板数据模型会优于混合 OLS 回归，且固定效应模型比随机效应模型更有效，因而数据分析主要采用列（2）的固定效应分析结果。从列（4）到列（6）似然比检验结果支持采用面板数据回归，且 Hausman 检验认为固定效应模型结果和随机效应模型结果不存在系统性差异，采用随机效应结果更有效，因而结果分析主要采用列（6）的随机效应结果。结果显示，非国有企业的赋税负担与资本配置效率呈现反向关联关系，即赋税负担每下降 1 个单位，资本配置效率上升 6.07 个单位，而资本配置效率是一个反向测度指标，说明关于非国有企业的赋税负担，越是垄断型行业，其产品的价格越有可能升高，换句话说，越是垄断行业，行业中的非国有企业反而容易从税费负担中获利。从业人数和预算软约束对资本密集度的影响不存在统计显著性，说明这两个指标也没有对非国有企业的资本配置效率带来明显的影响。相反，在国有企业子样本中，预算软约束和从业人数对企业的资本密集度存在显著影响，企业预算软约束每增加 1 个单位或从业人数每下降 1 个单位，分别能引起企业资本密集度增加 25.2 个或 0.41 个单位。赋税负担对国有企业资本配置的影响不存在统计显著性。

七、主要研究结论与启示

本章利用 2006~2014 年相关数据，对工业的细分行业按国有企业与非国有企业分别测算了各自的技术效率，运用随机前沿分析法研究发现随着时代的发展，两者在该效率上呈现总体收敛态势。

（一）主要研究结论

（1）分行业测算了国有企业与非国有企业的技术效率。其一，国有企业的技术效率高于其他类型企业的大多为垄断型行业。这说明，在垄断行业中，国有企业的技术效率并不低。其二，技术效率偏低的除了化学纤维制造业是垄断型行业外，其他几个行业都是传统的竞争性行业。其三，在大部分的行业中，国有企业与其他类型企业在技术效率上的差距并不大，且从发展趋势上看，两者的差距还会进一步缩小。

（2）从利润量和企业增加值两个维度对 37 个工业行业的相关效率进行了测算和分析。结果显示：其一，在利润量测度方面，如果采用企业净资产来衡量，国有企业总是低下的，但如果采用一定期限的投入产出去比较，则国有企业的表现并不逊色，只是波动更大，说明国有企业在不同行业间差异明显。其二，从企业增加值维度考察，如果采用企业净资产去测算，国有企业远远落后于非国有企业，而如果从当期的耗费成本与收入情况去分析，则直到 2011 年，国有企业不论从收入还是成本去测算，都高于同期非国有企业，因而国有企业财务效率低下的结论在当前看来不成立。

（3）分析并实证了技术效率与财务效率在两类企业总产出中的贡献大小。分析发现，存在有的行业中的国有企业在技术效率上明显高于非国有企业，但在财务效率上远落后于非国有企业的现象。相反，在一些行业中也存在国有企业技术效率表现较差，而财务效率并不差的现象。因此，进一步实证检验了在相同时间段内，同一行业中的两类企业（国有企业与非国有企业）技术效率对其企业自身总产出都具有比较积极、重要的影响，且对非国有企业而言更为突出。生产效率对两类企业有较大影响，且国有企业对其更为敏感。

（4）实证比较了垄断对财务效率的影响。实证结果表明，赋税负担因素对于非国有企业的资本配置有正面影响，而预算软约束和退出壁垒对于国有企业有较大影响，用工人数越多，对国有企业的财务效率越有利，说明人才在国有企业中的作用越发重要。

（二）启示

综合以上的分析发现，不论是国有企业还是非国有企业，各行业间的效率差别很大。在同一行业中，两类企业由于各自的发展条件和先天要素禀赋不同，发展理念甚至发展空间也不尽一致。企业国有的属性，并不是造成自身效率低下的原因。两类企业各有自身发展的优势和劣势。因此，不能武断地说因为企业的国有属性而认为其效率低下。垄断本身无关所有制属性，或者说，既存在国有企业垄断的行业，也存在非国有企业垄断的可能。另外，我国市场经济从计划经济转轨而来，因而造成的国有垄断行业并非市场化的结果。通过实证检验发现，垄断可能并不能为国有企业带来制度红利，反而有碍于国有企业绩效的提升。过去普遍认为的国有企业用工人数过度、退出壁垒较高等负面包袱已经转变为绩效提升的主要方面，人才正逐步成为企业发展壮大的宝贵资源。

附 录

附表 6-1　2006~2014 年国有及国有控股类企业工业细分行业的净资产收益率

	2006 年	2007 年	2008 年	2009 年	2010 年	2011 年	2013 年	2014 年
X1	0.117	0.151	0.236	0.175	0.224	0.227	0.109	0.034
X2	0.722	0.589	0.597	0.229	0.316	0.418	0.340	0.263
X3	0.110	0.151	0.233	0.099	0.091	0.116	0.066	0.050
X4	0.393	0.394	0.239	0.161	0.278	0.365	0.209	0.148
X5	0.121	0.125	0.138	0.117	0.105	0.156	0.104	0.069
X6	0.143	0.184	0.104	0.127	0.189	0.242	0.165	0.107
X7	0.090	0.094	0.080	0.140	0.165	0.142	0.129	0.153
X8	0.135	0.185	0.195	0.198	0.229	0.276	0.096	0.140
X9	0.015	0.037	0.005	0.018	0.075	0.091	0.031	0.039
X10	0.062	0.108	0.126	0.165	0.142	0.166	0.111	0.112
X11	0.171	0.136	0.185	0.147	0.133	0.110	0.189	0.194
X12	0.031	0.068	0.073	0.058	0.140	0.108	0.089	0.111
X13	0.191	0.295	0.280	0.339	0.428	0.415	0.522	0.463
X14	0.049	0.066	0.061	0.043	0.077	0.045	0.026	0.004
X15	0.081	0.127	0.134	0.120	0.145	0.160	0.141	0.132
X16	0.049	0.064	0.040	0.078	0.137	0.130	0.263	0.242
X17	-0.176	-0.018	-0.429	0.193	0.184	-0.029	0.020	-0.057
X18	0.080	0.132	0.036	0.046	0.089	0.108	0.030	0.014
X19	0.091	0.120	0.146	0.157	0.171	0.169	0.136	0.119
X20	0.022	0.038	-0.082	0.105	0.133	0.098	0.128	0.152
X21	0.050	0.085	0.022	0.169	0.127	0.073	0.097	0.061
X22	-0.072	0.066	0.141	0.093	0.129	0.112	0.091	0.095
X23	0.036	0.088	0.098	0.133	0.170	0.214	0.128	0.118
X24	0.136	0.133	0.042	0.028	0.056	0.035	0.003	0.004
X25	0.315	0.263	0.081	0.063	0.125	0.144	0.048	0.007
X26	0.109	0.129	0.128	0.133	0.173	0.177	0.076	0.064

续表

	2006 年	2007 年	2008 年	2009 年	2010 年	2011 年	2013 年	2014 年
X27	0.145	0.137	0.152	0.140	0.160	0.148	0.106	0.067
X28	0.086	0.132	0.125	0.130	0.137	0.131	0.060	0.021
X29	0.109	0.158	0.159	0.188	0.252	0.249	0.212	0.233
X30	0.133	0.166	0.146	0.173	0.164	0.116	0.103	0.111
X31	0.020	0.064	0.058	0.062	0.116	0.087	0.109	0.088
X32	0.135	0.140	0.109	0.134	0.159	0.149	0.117	0.114
X33	0.068	0.099	0.121	0.110	0.118	0.111	0.072	0.100
X34	0.238	0.205	0.226	0.304	0.211	0.205	0.177	0.152
X35	0.082	0.086	0.021	0.047	0.074	0.068	0.114	0.104
X36	0.013	0.062	0.062	0.082	0.117	0.142	0.145	0.114
X37	−0.003	−0.002	0.000	−0.007	0.006	0.008	0.013	0.025
年度均值	0.111	0.137	0.110	0.127	0.155	0.154	0.124	0.107

附表 6-2　2006~2014 年非国有企业工业细分行业的净资产收益率

	2006 年	2007 年	2008 年	2009 年	2010 年	2011 年	2013 年	2014 年
X1	0.329	0.312	0.443	0.361	0.403	0.470	0.259	0.188
X2	0.183	0.291	0.411	0.479	0.607	1.225	1.316	1.367
X3	0.354	0.495	0.567	0.366	0.508	0.585	0.452	0.321
X4	0.542	0.498	0.387	0.315	0.409	0.493	0.332	0.274
X5	0.246	0.267	0.292	0.276	0.353	0.390	0.336	0.281
X6	0.198	0.240	0.254	0.254	0.321	0.316	0.280	0.229
X7	0.178	0.208	0.213	0.247	0.301	0.302	0.293	0.262
X8	0.172	0.200	0.189	0.239	0.269	0.279	0.254	0.238
X9	0.131	0.148	0.152	0.163	0.217	0.231	0.226	0.206
X10	0.153	0.177	0.190	0.217	0.251	0.272	0.231	0.215
X11	0.185	0.223	0.239	0.266	0.323	0.329	0.242	0.258
X12	0.179	0.214	0.217	0.232	0.278	0.322	0.312	0.264
X13	0.146	0.145	0.159	0.184	0.227	0.241	0.209	0.200
X14	0.139	0.164	0.154	0.163	0.191	0.178	0.157	0.142
X15	0.135	0.147	0.155	0.175	0.196	0.228	0.221	0.213
X16	0.109	0.118	0.107	0.146	0.187	0.203	0.251	0.240

续表

	2006 年	2007 年	2008 年	2009 年	2010 年	2011 年	2013 年	2014 年
X17	0.120	0.253	0.255	0.190	0.235	0.223	0.185	0.112
X18	0.185	0.219	0.218	0.209	0.265	0.266	0.223	0.196
X19	0.137	0.181	0.209	0.209	0.226	0.224	0.223	0.209
X20	0.087	0.156	0.099	0.134	0.230	0.197	0.121	0.117
X21	0.140	0.165	0.148	0.213	0.229	0.220	0.226	0.192
X22	0.137	0.158	0.163	0.175	0.220	0.229	0.214	0.196
X23	0.146	0.190	0.208	0.211	0.262	0.273	0.236	0.208
X24	0.188	0.274	0.251	0.200	0.246	0.253	0.183	0.156
X25	0.238	0.236	0.191	0.197	0.262	0.294	0.220	0.190
X26	0.167	0.178	0.187	0.184	0.238	0.241	0.219	0.183
X27	0.196	0.215	0.215	0.202	0.239	0.250	0.207	0.194
X28	0.195	0.213	0.208	0.209	0.251	0.251	0.207	0.176
X29	0.160	0.210	0.205	0.254	0.298	0.275	0.247	0.243
X30	0.171	0.195	0.215	0.219	0.241	0.224	0.203	0.199
X31	0.167	0.173	0.153	0.160	0.176	0.187	0.191	0.191
X32	0.176	0.201	0.188	0.187	0.220	0.212	0.213	0.201
X33	0.170	0.188	0.204	0.197	0.251	0.273	0.228	0.189
X34	0.232	0.276	0.226	0.270	0.385	0.350	0.318	0.289
X35	0.119	0.118	0.039	0.109	0.087	0.073	0.135	0.131
X36	0.142	0.163	0.218	0.234	0.277	0.265	0.212	0.191
X37	0.086	0.091	0.072	0.075	0.096	0.113	0.115	0.113
年度均值	0.182	0.214	0.216	0.220	0.270	0.296	0.262	0.237

附表6-3　2006~2014年国有企业工业细分行业的成本费用利润率

	2006 年	2007 年	2008 年	2009 年	2010 年	2011 年	2013 年	2014 年
X1	0.097	0.130	0.193	0.129	0.165	0.159	0.071	0.021
X2	0.975	0.751	0.761	0.327	0.415	0.512	0.508	0.396
X3	0.195	0.223	0.349	0.112	0.123	0.129	0.080	0.065
X4	0.279	0.271	0.181	0.131	0.198	0.257	0.111	0.083
X5	0.091	0.102	0.125	0.077	0.101	0.144	0.087	0.075
X6	0.042	0.051	0.038	0.041	0.052	0.051	0.032	0.024

续表

	2006 年	2007 年	2008 年	2009 年	2010 年	2011 年	2013 年	2014 年
X7	0.045	0.040	0.036	0.062	0.068	0.049	0.057	0.069
X8	0.132	0.164	0.185	0.170	0.200	0.230	0.016	0.028
X9	0.001	0.015	−0.005	0.004	0.026	0.031	−0.002	0.007
X10	0.025	0.051	0.062	0.058	0.045	0.048	0.045	0.058
X11	0.065	0.062	0.115	0.070	0.080	0.094	0.052	0.067
X12	−0.003	0.040	0.021	0.017	0.052	0.034	0.011	0.023
X13	0.060	0.072	0.096	0.081	0.090	0.147	0.230	0.223
X14	0.040	0.058	0.053	0.036	0.047	0.025	0.002	−0.013
X15	0.072	0.091	0.104	0.114	0.124	0.132	0.123	0.121
X16	0.010	0.039	0.021	0.048	0.088	0.075	0.047	0.052
X17	−0.030	−0.003	−0.084	0.044	0.039	−0.004	0.004	−0.010
X18	0.051	0.078	0.025	0.022	0.047	0.048	0.010	0.001
X19	0.081	0.101	0.135	0.136	0.137	0.128	0.105	0.101
X20	0.019	0.022	−0.065	0.042	0.069	0.043	0.066	0.089
X21	0.017	0.027	−0.001	0.051	0.032	0.015	0.037	0.025
X22	−0.011	0.032	0.043	0.044	0.071	0.054	0.047	0.045
X23	0.016	0.051	0.054	0.080	0.102	0.125	0.065	0.065
X24	0.065	0.067	0.021	0.022	0.027	0.016	−0.001	−0.002
X25	0.118	0.103	0.044	0.034	0.061	0.056	0.011	0.006
X26	0.039	0.045	0.046	0.056	0.075	0.079	0.066	0.027
X27	0.058	0.071	0.071	0.066	0.073	0.069	0.058	0.037
X28	0.031	0.056	0.050	0.059	0.070	0.074	0.030	0.008
X29	0.039	0.060	0.065	0.075	0.095	0.096	0.087	0.096
X30	0.040	0.052	0.059	0.066	0.063	0.045	0.044	0.048
X31	0.008	0.022	0.043	0.028	0.065	0.046	0.042	0.031
X32	0.086	0.079	0.076	0.095	0.102	0.110	0.066	0.067
X33	0.016	0.029	0.032	0.032	0.054	0.030	0.027	0.047
X34	0.047	0.036	0.088	0.072	0.036	0.031	0.023	0.023
X35	0.062	0.066	0.017	0.031	0.046	0.037	0.066	0.069
X36	−0.016	0.024	0.022	0.050	0.066	0.073	0.080	0.061
X37	−0.038	−0.034	−0.047	−0.051	−0.036	−0.020	0.007	0.023
年度均值	0.076	0.085	0.082	0.068	0.086	0.088	0.065	0.058

附表 6-4　2006~2014 年非国有企业工业细分行业的成本费用利润率

	2006 年	2007 年	2008 年	2009 年	2010 年	2011 年	2013 年	2014 年
X1	0.177	0.176	0.236	0.192	0.197	0.196	0.119	0.089
X2	0.243	1.010	1.054	0.405	0.388	0.576	0.288	0.296
X3	0.161	0.229	0.252	0.163	0.191	0.210	0.147	0.109
X4	0.283	0.252	0.211	0.159	0.175	0.185	0.126	0.113
X5	0.110	0.121	0.132	0.102	0.110	0.115	0.100	0.088
X6	0.062	0.072	0.071	0.069	0.080	0.076	0.065	0.058
X7	0.085	0.093	0.098	0.096	0.107	0.105	0.099	0.093
X8	0.089	0.099	0.104	0.100	0.107	0.104	0.098	0.094
X9	0.045	0.052	0.056	0.055	0.067	0.067	0.065	0.061
X10	0.054	0.060	0.065	0.067	0.077	0.080	0.070	0.067
X11	0.055	0.062	0.069	0.075	0.088	0.090	0.078	0.076
X12	0.063	0.076	0.082	0.075	0.084	0.088	0.080	0.072
X13	0.058	0.061	0.057	0.064	0.071	0.076	0.068	0.067
X14	0.065	0.074	0.069	0.074	0.080	0.074	0.068	0.059
X15	0.079	0.084	0.082	0.086	0.093	0.097	0.084	0.083
X16	0.041	0.046	0.040	0.053	0.064	0.060	0.063	0.061
X17	0.035	0.072	0.067	0.064	0.073	0.059	0.044	0.028
X18	0.072	0.085	0.089	0.080	0.096	0.092	0.074	0.066
X19	0.108	0.128	0.153	0.121	0.131	0.125	0.114	0.111
X20	0.025	0.058	0.034	0.045	0.078	0.060	0.036	0.037
X21	0.062	0.070	0.063	0.083	0.084	0.077	0.083	0.076
X22	0.056	0.064	0.063	0.066	0.076	0.073	0.072	0.066
X23	0.066	0.083	0.089	0.088	0.102	0.099	0.085	0.076
X24	0.053	0.078	0.070	0.063	0.072	0.060	0.045	0.039
X25	0.058	0.066	0.063	0.065	0.073	0.075	0.060	0.055
X26	0.057	0.061	0.065	0.067	0.081	0.077	0.071	0.065
X27	0.075	0.081	0.081	0.079	0.091	0.090	0.078	0.075
X28	0.082	0.096	0.092	0.087	0.105	0.096	0.085	0.078
X29	0.059	0.074	0.074	0.085	0.099	0.092	0.083	0.082
X30	0.055	0.064	0.074	0.076	0.083	0.077	0.069	0.067
X31	0.040	0.042	0.041	0.044	0.055	0.048	0.049	0.050

续表

	2006 年	2007 年	2008 年	2009 年	2010 年	2011 年	2013 年	2014 年
X32	0.063	0.074	0.072	0.081	0.090	0.086	0.094	0.092
X33	0.060	0.060	0.066	0.068	0.073	0.073	0.078	0.063
X34	0.066	0.065	0.061	0.059	0.075	0.082	0.057	0.056
X35	0.128	0.120	0.028	0.101	0.076	0.051	0.119	0.134
X36	0.067	0.101	0.137	0.137	0.146	0.127	0.110	0.100
X37	0.185	0.185	0.127	0.121	0.143	0.166	0.155	0.155
年度均值	0.085	0.116	0.116	0.095	0.105	0.108	0.089	0.083

附表 6-5　2006~2014 年采掘业细分行业后其财务成本效率

X1		2006 年	2007 年	2008 年	2009 年	2010 年	2011 年	2013 年	2014 年
产出/净资产	国有	0.332	0.364	0.451	0.384	0.430	0.431	0.244	0.139
	非国有	1.022	0.909	0.931	0.827	0.869	0.987	0.853	0.736
产出/收入	国有	0.224	0.238	0.278	0.251	0.270	0.258	0.153	0.096
	非国有	0.377	0.353	0.347	0.338	0.330	0.331	0.328	0.313
产出/成本	国有	0.319	0.350	0.419	0.344	0.381	0.359	0.192	0.114
	非国有	0.538	0.501	0.509	0.470	0.463	0.331	0.417	0.385
X2		2006 年	2007 年	2008 年	2009 年	2010 年	2011 年	2013 年	2014 年
产出/净资产	国有	0.91	0.75	0.77	0.33	0.44	0.57	0.50	0.41
	非国有	2.52	1.15	1.12	1.68	1.87	2.13	4.03	4.12
产出/收入	国有	0.60	0.54	0.54	0.35	0.40	0.45	0.48	0.43
	非国有	1.68	1.12	0.93	0.99	0.83	0.64	0.69	0.70
产出/成本	国有	1.43	1.13	1.20	0.58	0.74	0.97	1.07	0.93
	非国有	2.45	2.71	2.28	1.54	1.30	0.67	0.98	0.98
X3		2006 年	2007 年	2008 年	2009 年	2010 年	2011 年	2013 年	2014 年
产出/净资产	国有	0.206	0.248	0.331	0.213	0.149	0.192	0.125	0.100
	非国有	0.562	0.704	0.784	0.538	0.705	0.812	0.701	0.535
产出/收入	国有	0.272	0.304	0.334	0.222	0.184	0.184	0.137	0.130
	非国有	0.191	0.234	0.252	0.183	0.213	0.221	0.193	0.160
产出/成本	国有	0.414	0.492	0.558	0.302	0.231	0.233	0.170	0.158
	非国有	0.250	0.325	0.350	0.235	0.279	0.217	0.242	0.194

续表

X4		2006 年	2007 年	2008 年	2009 年	2010 年	2011 年	2013 年	2014 年
产出/净资产	国有	0.551	0.560	0.369	0.267	0.395	0.490	0.290	0.219
	非国有	0.749	0.717	0.546	0.443	0.558	0.682	0.517	0.429
产出/收入	国有	0.305	0.294	0.225	0.178	0.237	0.279	0.145	0.117
	非国有	0.276	0.263	0.215	0.173	0.193	0.205	0.169	0.154
产出/成本	国有	0.458	0.436	0.301	0.225	0.317	0.397	0.179	0.142
	非国有	0.398	0.369	0.288	0.223	0.252	0.194	0.210	0.187
X5		2006 年	2007 年	2008 年	2009 年	2010 年	2011 年	2013 年	2014 年
产出/净资产	国有	0.332	0.348	0.310	0.275	0.223	0.284	0.208	0.144
	非国有	0.437	0.457	0.486	0.455	0.547	0.609	0.552	0.469
产出/收入	国有	0.213	0.231	0.225	0.219	0.210	0.237	0.184	0.165
	非国有	0.142	0.144	0.152	0.134	0.141	0.141	0.141	0.130
产出/成本	国有	0.310	0.327	0.334	0.306	0.292	0.343	0.252	0.226
	非国有	0.183	0.190	0.199	0.170	0.178	0.145	0.176	0.160

附表 6-6　制造业细分行业后其财务成本效率

X6		2006 年	2007 年	2008 年	2009 年	2010 年	2011 年	2013 年	2014 年
总产出/净资产	国有	0.272	0.311	0.245	0.231	0.312	0.391	0.272	0.190
	非国有	0.319	0.360	0.391	0.375	0.450	0.455	0.438	0.364
总产出/收入	国有	0.067	0.070	0.060	0.061	0.076	0.074	0.051	0.041
	非国有	0.073	0.080	0.082	0.082	0.097	0.093	0.093	0.084
总产出/成本	国有	0.075	0.079	0.067	0.067	0.086	0.082	0.055	0.044
	非国有	0.084	0.092	0.093	0.093	0.111	0.087	0.105	0.095
X7		2006 年	2007 年	2008 年	2009 年	2010 年	2011 年	2013 年	2014 年
总产出/净资产	国有	0.214	0.193	0.226	0.291	0.306	0.264	0.225	0.254
	非国有	0.354	0.391	0.397	0.413	0.474	0.498	0.504	0.446
总产出/收入	国有	0.101	0.116	0.085	0.124	0.114	0.097	0.105	0.112
	非国有	0.123	0.129	0.129	0.138	0.147	0.151	0.156	0.147
总产出/成本	国有	0.127	0.150	0.106	0.159	0.141	0.121	0.132	0.144
	非国有	0.156	0.164	0.165	0.176	0.188	0.148	0.198	0.184

续表

X8		2006 年	2007 年	2008 年	2009 年	2010 年	2011 年	2013 年	2014 年
总产出/净资产	国有	0.242	0.303	0.306	0.306	0.338	0.393	0.987	0.625
	非国有	0.371	0.388	0.373	0.438	0.462	0.480	0.594	0.572
总产出/收入	国有	0.192	0.217	0.226	0.228	0.254	0.274	0.246	0.152
	非国有	0.144	0.150	0.153	0.157	0.162	0.160	0.211	0.210
总产出/成本	国有	0.298	0.338	0.346	0.347	0.407	0.452	0.328	0.213
	非国有	0.198	0.205	0.208	0.212	0.216	0.169	0.274	0.271
X9		2006 年	2007 年	2008 年	2009 年	2010 年	2011 年	2013 年	2014 年
总产出/净资产	国有	0.172	0.187	0.182	0.143	0.191	0.204	0.106	0.102
	非国有	0.281	0.299	0.309	0.305	0.368	0.402	0.410	0.380
总产出/收入	国有	0.078	0.084	0.079	0.077	0.092	0.087	0.046	0.052
	非国有	0.086	0.088	0.094	0.093	0.104	0.106	0.110	0.106
总产出/成本	国有	0.086	0.094	0.088	0.085	0.103	0.097	0.050	0.056
	非国有	0.096	0.099	0.107	0.105	0.118	0.103	0.125	0.120
X10		2006 年	2007 年	2008 年	2009 年	2010 年	2011 年	2013 年	2014 年
总产出/净资产	国有	0.270	0.344	0.395	0.406	0.376	0.442	0.271	0.258
	非国有	0.386	0.440	0.447	0.466	0.490	0.551	0.517	0.488
总产出/收入	国有	0.126	0.133	0.166	0.140	0.124	0.129	0.145	0.182
	非国有	0.118	0.122	0.126	0.129	0.139	0.147	0.146	0.144
总产出/成本	国有	0.151	0.161	0.206	0.168	0.150	0.154	0.185	0.241
	非国有	0.138	0.143	0.149	0.152	0.166	0.152	0.173	0.168
X11		2006 年	2007 年	2008 年	2009 年	2010 年	2011 年	2013 年	2014 年
总产出/净资产	国有	0.516	0.508	0.409	0.440	0.330	0.304	0.395	0.346
	非国有	0.429	0.468	0.487	0.487	0.543	0.577	0.511	0.547
总产出/收入	国有	0.167	0.200	0.238	0.181	0.202	0.176	0.106	0.114
	非国有	0.103	0.108	0.119	0.120	0.133	0.144	0.149	0.145
总产出/成本	国有	0.200	0.248	0.289	0.226	0.234	0.209	0.121	0.130
	非国有	0.118	0.125	0.138	0.140	0.157	0.140	0.175	0.169
X12		2006 年	2007 年	2008 年	2009 年	2010 年	2011 年	2013 年	2014 年
总产出/净资产	国有	0.156	0.216	0.252	0.227	0.301	0.258	0.266	0.264
	非国有	0.318	0.364	0.357	0.374	0.414	0.479	0.489	0.423

续表

X12		2006 年	2007 年	2008 年	2009 年	2010 年	2011 年	2013 年	2014 年
总产出/收入	国有	0.087	0.130	0.113	0.102	0.118	0.109	0.088	0.087
	非国有	0.094	0.099	0.106	0.100	0.108	0.110	0.114	0.107
总产出/成本	国有	0.102	0.159	0.133	0.113	0.136	0.123	0.099	0.100
	非国有	0.109	0.116	0.124	0.117	0.126	0.103	0.134	0.123
X13		2006 年	2007 年	2008 年	2009 年	2010 年	2011 年	2013 年	2014 年
总产出/净资产	国有	0.338	0.497	0.411	0.618	0.620	0.589	0.647	0.530
	非国有	0.295	0.295	0.339	0.333	0.388	0.422	0.423	0.408
总产出/收入	国有	0.109	0.119	0.127	0.141	0.124	0.199	0.261	0.248
	非国有	0.094	0.092	0.098	0.099	0.111	0.119	0.128	0.127
总产出/成本	国有	0.125	0.138	0.149	0.164	0.145	0.240	0.347	0.328
	非国有	0.111	0.110	0.115	0.117	0.132	0.114	0.152	0.151
X14		2006 年	2007 年	2008 年	2009 年	2010 年	2011 年	2013 年	2014 年
总产出/净资产	国有	0.152	0.167	0.138	0.138	0.156	0.130	0.080	0.050
	非国有	0.263	0.293	0.283	0.278	0.305	0.296	0.291	0.273
总产出/收入	国有	0.088	0.115	0.111	0.094	0.111	0.077	0.059	0.037
	非国有	0.107	0.113	0.108	0.112	0.116	0.112	0.116	0.109
总产出/成本	国有	0.102	0.140	0.129	0.108	0.129	0.088	0.067	0.042
	非国有	0.125	0.133	0.125	0.131	0.136	0.115	0.136	0.126
X15		2006 年	2007 年	2008 年	2009 年	2010 年	2011 年	2013 年	2014 年
总产出/净资产	国有	0.237	0.284	0.290	0.257	0.281	0.307	0.252	0.236
	非国有	0.263	0.282	0.299	0.314	0.331	0.392	0.428	0.410
总产出/收入	国有	0.214	0.231	0.239	0.234	0.232	0.238	0.213	0.218
	非国有	0.135	0.136	0.139	0.140	0.143	0.151	0.150	0.150
总产出/成本	国有	0.280	0.302	0.312	0.308	0.306	0.315	0.281	0.288
	非国有	0.163	0.165	0.166	0.169	0.173	0.158	0.179	0.179
X16		2006 年	2007 年	2008 年	2009 年	2010 年	2011 年	2013 年	2014 年
总产出/净资产	国有	0.120	0.139	0.137	0.211	0.244	0.252	0.388	0.378
	非国有	0.310	0.313	0.303	0.331	0.389	0.449	0.528	0.496
总产出/收入	国有	0.099	0.116	0.092	0.134	0.147	0.146	0.069	0.080
	非国有	0.095	0.095	0.092	0.102	0.112	0.123	0.122	0.117
总产出/成本	国有	0.120	0.148	0.112	0.167	0.190	0.185	0.076	0.089
	非国有	0.109	0.110	0.105	0.117	0.129	0.127	0.140	0.134

续表

X17		2006 年	2007 年	2008 年	2009 年	2010 年	2011 年	2013 年	2014 年
总产出/净资产	国有	-0.074	0.107	-0.304	0.384	0.416	0.181	0.286	0.202
	非国有	0.414	0.567	0.594	0.402	0.445	0.433	0.416	0.324
总产出/收入	国有	-0.015	0.024	-0.058	0.080	0.080	0.032	0.050	0.037
	非国有	0.099	0.139	0.127	0.112	0.110	0.091	0.092	0.075
总产出/成本	国有	-0.016	0.025	-0.057	0.103	0.098	0.036	0.059	0.043
	非国有	0.111	0.163	0.147	0.130	0.127	0.089	0.103	0.083
X18		2006 年	2007 年	2008 年	2009 年	2010 年	2011 年	2013 年	2014 年
总产出/净资产	国有	0.157	0.220	0.119	0.117	0.167	0.189	0.092	0.071
	非国有	0.345	0.380	0.380	0.351	0.403	0.417	0.386	0.352
总产出/收入	国有	0.090	0.123	0.064	0.069	0.089	0.084	0.042	0.033
	非国有	0.112	0.118	0.121	0.116	0.128	0.125	0.118	0.112
总产出/成本	国有	0.105	0.147	0.072	0.080	0.104	0.098	0.048	0.037
	非国有	0.134	0.142	0.146	0.138	0.154	0.120	0.138	0.130
X19		2006 年	2007 年	2008 年	2009 年	2010 年	2011 年	2013 年	2014 年
总产出/净资产	国有	0.185	0.217	0.253	0.260	0.265	0.260	0.217	0.187
	非国有	0.293	0.341	0.378	0.365	0.378	0.385	0.413	0.386
总产出/收入	国有	0.156	0.171	0.197	0.202	0.194	0.187	0.162	0.155
	非国有	0.170	0.184	0.191	0.187	0.192	0.187	0.194	0.189
总产出/成本	国有	0.232	0.256	0.302	0.313	0.290	0.271	0.233	0.224
	非国有	0.247	0.269	0.277	0.269	0.276	0.209	0.274	0.266
X20		2006 年	2007 年	2008 年	2009 年	2010 年	2011 年	2013 年	2014 年
总产出/净资产	国有	0.086	0.098	-0.025	0.169	0.196	0.171	0.181	0.200
	非国有	0.180	0.260	0.199	0.228	0.334	0.314	0.243	0.243
总产出/收入	国有	0.050	0.057	-0.015	0.096	0.098	0.070	0.100	0.118
	非国有	0.051	0.075	0.063	0.073	0.105	0.091	0.073	0.078
总产出/成本	国有	0.055	0.063	-0.016	0.109	0.113	0.078	0.118	0.142
	非国有	0.054	0.082	0.068	0.080	0.118	0.086	0.080	0.085
X21		2006 年	2007 年	2008 年	2009 年	2010 年	2011 年	2013 年	2014 年
总产出/净资产	国有	0.146	0.207	0.157	0.281	0.230	0.165	0.171	0.116
	非国有	0.285	0.322	0.316	0.373	0.384	0.376	0.605	0.541
总产出/收入	国有	0.043	0.054	0.041	0.086	0.058	0.039	0.067	0.055
	非国有	0.098	0.113	0.106	0.126	0.125	0.113	0.204	0.200

续表

X21		2006 年	2007 年	2008 年	2009 年	2010 年	2011 年	2013 年	2014 年
总产出/成本	国有	0.049	0.061	0.046	0.102	0.065	0.043	0.079	0.064
	非国有	0.114	0.133	0.124	0.151	0.147	0.116	0.240	0.234
X22		2006 年	2007 年	2008 年	2009 年	2010 年	2011 年	2013 年	2014 年
总产出/净资产	国有	−0.003	0.170	0.236	0.203	0.208	0.194	0.343	0.327
	非国有	0.257	0.286	0.300	0.300	0.348	0.382	0.460	0.439
总产出/收入	国有	−0.001	0.073	0.103	0.087	0.112	0.095	0.187	0.169
	非国有	0.090	0.093	0.097	0.099	0.108	0.112	0.143	0.138
总产出/成本	国有	−0.002	0.084	0.118	0.101	0.129	0.109	0.217	0.196
	非国有	0.103	0.109	0.113	0.115	0.126	0.113	0.167	0.160
X23		2006 年	2007 年	2008 年	2009 年	2010 年	2011 年	2013 年	2014 年
总产出/净资产	国有	0.144	0.220	0.223	0.242	0.268	0.316	0.281	0.243
	非国有	0.299	0.352	0.371	0.357	0.412	0.435	0.418	0.367
总产出/收入	国有	0.124	0.146	0.135	0.153	0.163	0.181	0.167	0.156
	非国有	0.118	0.131	0.133	0.130	0.141	0.140	0.138	0.126
总产出/成本	国有	0.149	0.181	0.171	0.187	0.203	0.232	0.205	0.191
	非国有	0.141	0.157	0.159	0.155	0.171	0.136	0.164	0.149
X24		2006 年	2007 年	2008 年	2009 年	2010 年	2011 年	2013 年	2014 年
总产出/净资产	国有	0.267	0.261	0.164	0.120	0.152	0.124	0.060	0.050
	非国有	0.400	0.506	0.483	0.391	0.430	0.453	0.333	0.301
总产出/收入	国有	0.126	0.121	0.065	0.061	0.060	0.045	0.024	0.023
	非国有	0.093	0.107	0.093	0.085	0.091	0.085	0.072	0.068
总产出/成本	国有	0.145	0.140	0.071	0.067	0.065	0.048	0.025	0.024
	非国有	0.102	0.120	0.103	0.093	0.101	0.079	0.079	0.074
X25		2006 年	2007 年	2008 年	2009 年	2010 年	2011 年	2013 年	2014 年
总产出/净资产	国有	0.486	0.407	0.191	0.147	0.214	0.239	0.109	0.067
	非国有	0.422	0.421	0.361	0.338	0.418	0.462	0.436	0.385
总产出/收入	国有	0.158	0.147	0.077	0.065	0.075	0.075	0.030	0.018
	非国有	0.090	0.091	0.085	0.087	0.097	0.096	0.099	0.095
总产出/成本	国有	0.192	0.175	0.086	0.071	0.084	0.083	0.031	0.019
	非国有	0.099	0.101	0.095	0.097	0.109	0.086	0.110	0.105

续表

X26		2006 年	2007 年	2008 年	2009 年	2010 年	2011 年	2013 年	2014 年
总产出/净资产	国有	0.252	0.262	0.270	0.268	0.296	0.273	0.172	0.148
	非国有	0.313	0.332	0.345	0.319	0.378	0.401	0.455	0.391
总产出/收入	国有	0.092	0.092	0.093	0.108	0.121	0.112	0.087	0.084
	非国有	0.090	0.090	0.096	0.096	0.110	0.111	0.135	0.130
总产出/成本	国有	0.105	0.105	0.106	0.124	0.141	0.130	0.100	0.095
	非国有	0.103	0.104	0.111	0.112	0.129	0.110	0.156	0.150
X27		2006 年	2007 年	2008 年	2009 年	2010 年	2011 年	2013 年	2014 年
总产出/净资产	国有	0.304	0.268	0.276	0.258	0.297	0.270	0.179	0.127
	非国有	0.370	0.391	0.386	0.356	0.382	0.412	0.375	0.352
总产出/收入	国有	0.121	0.116	0.110	0.115	0.134	0.119	0.106	0.080
	非国有	0.121	0.122	0.122	0.120	0.128	0.128	0.129	0.127
总产出/成本	国有	0.146	0.142	0.132	0.135	0.161	0.143	0.129	0.097
	非国有	0.144	0.146	0.145	0.142	0.153	0.130	0.155	0.151
X28		2006 年	2007 年	2008 年	2009 年	2010 年	2011 年	2013 年	2014 年
总产出/净资产	国有	0.257	0.283	0.247	0.254	0.244	0.225	0.216	0.181
	非国有	0.381	0.383	0.383	0.375	0.410	0.428	0.495	0.445
总产出/收入	国有	0.113	0.124	0.105	0.107	0.122	0.114	0.126	0.111
	非国有	0.139	0.146	0.143	0.139	0.151	0.148	0.189	0.186
总产出/成本	国有	0.134	0.150	0.124	0.126	0.146	0.138	0.148	0.129
	非国有	0.168	0.180	0.174	0.169	0.186	0.147	0.228	0.222
X29		2006 年	2007 年	2008 年	2009 年	2010 年	2011 年	2013 年	2014 年
总产出/净资产	国有	0.220	0.271	0.258	0.311	0.384	0.361	0.323	0.321
	非国有	0.355	0.419	0.418	0.462	0.513	0.500	0.481	0.465
总产出/收入	国有	0.093	0.107	0.104	0.117	0.132	0.132	0.129	0.128
	非国有	0.120	0.129	0.133	0.142	0.154	0.152	0.153	0.148
总产出/成本	国有	0.110	0.128	0.123	0.140	0.160	0.160	0.157	0.158
	非国有	0.140	0.152	0.156	0.169	0.184	0.152	0.181	0.175
X30		2006 年	2007 年	2008 年	2009 年	2010 年	2011 年	2013 年	2014 年
总产出/净资产	国有	0.251	0.298	0.254	0.311	0.285	0.211	0.202	0.217
	非国有	0.320	0.342	0.373	0.363	0.377	0.372	0.499	0.496

续表

X30		2006 年	2007 年	2008 年	2009 年	2010 年	2011 年	2013 年	2014 年
总产出/收入	国有	0.089	0.101	0.107	0.118	0.108	0.085	0.085	0.087
	非国有	0.090	0.093	0.107	0.111	0.117	0.113	0.157	0.159
总产出/成本	国有	0.106	0.121	0.129	0.144	0.130	0.100	0.103	0.108
	非国有	0.104	0.109	0.126	0.132	0.139	0.116	0.185	0.186
X31		2006 年	2007 年	2008 年	2009 年	2010 年	2011 年	2013 年	2014 年
总产出/净资产	国有	0.076	0.113	0.126	0.098	0.168	0.173	0.198	0.156
	非国有	0.310	0.321	0.308	0.310	0.316	0.393	0.297	0.283
总产出/收入	国有	0.039	0.064	0.063	0.060	0.102	0.115	0.106	0.090
	非国有	0.068	0.069	0.073	0.077	0.090	0.091	0.074	0.074
总产出/成本	国有	0.045	0.076	0.078	0.073	0.125	0.141	0.130	0.110
	非国有	0.075	0.077	0.081	0.086	0.101	0.088	0.083	0.083
X32		2006 年	2007 年	2008 年	2009 年	2010 年	2011 年	2013 年	2014 年
总产出/净资产	国有	0.258	0.233	0.193	0.233	0.270	0.251	0.205	0.187
	非国有	0.374	0.382	0.363	0.350	0.388	0.395	0.325	0.305
总产出/收入	国有	0.166	0.156	0.149	0.175	0.185	0.186	0.136	0.130
	非国有	0.117	0.121	0.126	0.138	0.145	0.147	0.135	0.132
总产出/成本	国有	0.228	0.209	0.193	0.230	0.245	0.243	0.166	0.162
	非国有	0.137	0.143	0.149	0.166	0.174	0.148	0.168	0.164
X33		2006 年	2007 年	2008 年	2009 年	2010 年	2011 年	2013 年	2014 年
总产出/净资产	国有	0.193	0.193	0.263	0.180	0.193	0.184	0.107	0.126
	非国有	0.369	0.397	0.405	0.379	0.435	0.481	0.379	0.332
总产出/收入	国有	0.081	0.080	0.084	0.071	0.074	0.068	0.066	0.084
	非国有	0.111	0.109	0.113	0.111	0.115	0.113	0.118	0.104
总产出/成本	国有	0.094	0.093	0.095	0.079	0.083	0.077	0.076	0.099
	非国有	0.128	0.127	0.132	0.129	0.134	0.107	0.140	0.121
X34		2006 年	2007 年	2008 年	2009 年	2010 年	2011 年	2013 年	2014 年
总产出/净资产	国有	0.363	0.440	0.326	0.451	0.974	0.746	0.939	0.615
	非国有	0.437	0.492	0.467	0.463	0.622	0.546	0.633	0.566
总产出/收入	国有	0.066	0.083	0.091	0.106	0.124	0.116	0.161	0.138
	非国有	0.061	0.063	0.063	0.070	0.080	0.097	0.108	0.108
总产出/成本	国有	0.072	0.090	0.106	0.116	0.131	0.124	0.172	0.148
	非国有	0.069	0.072	0.071	0.077	0.090	0.081	0.119	0.120

附表 6-7　电力、燃气及水的生产和供应业细分行业后其财务成本效率

X35		2006 年	2007 年	2008 年	2009 年	2010 年	2011 年	2013 年	2014 年
总产出/净资产	国有	0.179	0.188	0.130	0.139	0.174	0.173	0.227	0.208
	非国有	0.319	0.335	0.258	0.305	0.265	0.311	0.503	0.476
总产出/收入	国有	0.160	0.158	0.095	0.097	0.108	0.101	0.133	0.139
	非国有	0.290	0.300	0.224	0.276	0.244	0.238	0.441	0.491
总产出/成本	国有	0.182	0.182	0.103	0.106	0.119	0.110	0.150	0.157
	非国有	0.367	0.378	0.255	0.342	0.290	0.274	0.560	0.640
X36		2006 年	2007 年	2008 年	2009 年	2010 年	2011 年	2013 年	2014 年
总产出/净资产	国有	0.086	0.168	0.171	0.155	0.196	0.243	0.197	0.158
	非国有	0.333	0.302	0.365	0.363	0.414	0.389	0.380	0.342
总产出/收入	国有	0.082	0.116	0.119	0.118	0.122	0.136	0.111	0.096
	非国有	0.152	0.170	0.193	0.187	0.185	0.166	0.184	0.169
总产出/成本	国有	0.091	0.132	0.133	0.136	0.141	0.156	0.128	0.108
	非国有	0.172	0.202	0.234	0.229	0.239	0.177	0.220	0.198
X37		2006 年	2007 年	2008 年	2009 年	2010 年	2011 年	2013 年	2014 年
总产出/净资产	国有	0.067	0.070	0.069	0.067	0.082	0.087	0.072	0.076
	非国有	0.174	0.195	0.193	0.190	0.220	0.278	0.369	0.369
总产出/收入	国有	0.204	0.205	0.196	0.188	0.211	0.232	0.187	0.194
	非国有	0.296	0.312	0.273	0.302	0.312	0.363	0.472	0.472
总产出/成本	国有	0.263	0.268	0.255	0.239	0.271	0.296	0.237	0.252
	非国有	0.481	0.494	0.414	0.455	0.463	0.454	0.661	0.659

第七章 国有企业对产业升级关系的影响

陈明明 李 钢

本章摘要：自 1978 年以来，在国有企业取得一系列发展成就的同时，我国产业结构趋于合理化和高级化。为了探究两者之间的关系，2018 年 8 月《中国经济学人》杂志从国有企业在产业升级中的地位与不足、国有企业改革、对外投资等维度展开了问卷调查。结果显示，大部分经济学人认为：首先，国有企业与民营企业在产业升级中的地位不分伯仲，且前者兼具促进和阻碍双重作用；其次，国有企业在推进产业升级过程中存在自主创新能力不足、官员型管理者的企业家精神缺失、晋升锦标赛与既得利益者阻碍导致产能过剩等问题；再次，竞争改革比产权改革更有利于国有企业推动产业升级，且国有企业完全私营化不是最有效激发国有企业创新的方式；最后，并购外企是国有企业促进产业升级最有效的对外直接投资方式。

关键词：国有企业；产业结构升级；地位与问题；国有企业改革；对外投资

一、引言

产业结构升级是一个国家，尤其是大国经济持续快速发展的关键。产业是由众多的企业个体构成的，产业结构的升级需要企业来推动。国有企业是我国国民经济的重要组成部分，对产业结构升级具有举足轻重的作用。国有企业对产业结构升级的影响一直以来都是政府部门和学术界关注的热点问题之一。

改革开放 40 多年来，我国国有企业改革和发展已经取得了斐然的成绩，同时中国产业结构持续优化升级，那么国有企业与产业结构升级之间存在怎样的关系呢？对于该问题，经济学人是如何看待的呢？2018 年 8 月，工业经济研究所

《中国经济学人》杂志对经济学人数据库中近 1 万名经济学家和"中国经济学人"微信公众号 10 万多读者进行了邮件问卷调查和定向调查，共收回 117 份问卷，有效样本为 115 份。从参与者身份来看，44.1%为高校老师，29.8%为企业、咨询公司、金融机构，17.1%为高校学生，9.0%为社会科学院、党校、政府及其下属研究机构。

二、国有企业在产业升级中的地位及成就

企业是市场经济活动的主体，也是社会财富创造的主体。企业的发展，尤其是大企业的发展，很大程度上决定了一个国家或地区经济发展的质量与水平。国有企业大多处于关系国家安全、经济命脉和民生的关键领域或重要行业，是国民经济发展的中坚力量，对我国产业结构的优化与升级具有重要意义。基于此，《中国经济学人》就国有企业在产业升级中的地位和取得的成就等对经济学人展开了问卷调查。

（一）国有企业与民营企业在产业升级中的地位不分伯仲

"公有制为主体、多种所有制经济共同发展"是我国的基本经济制度，党的十九大指出，要"毫不动摇巩固和发展公有制经济，毫不动摇鼓励、支持、引导非公有制经济发展"。民营经济和国有经济都是社会主义市场经济的重要组成部分，是推动我国产业升级的力量之源。哪类所有制企业在推动产业升级过程中的地位更高呢？

如图 7-1 所示，大部分经济学人（91.4%）认为国有企业和民营企业是我国产业升级的主导性力量，其中认为国有企业在推动我国产业升级的过程中占主导地位的经济学人占总参与调查人数的 45.2%，而认为民营企业占主导地位的经济学人占 46.2%。这说明国有企业或民营企业在产业升级中的地位并非一枝独秀，而是"双花齐放，争相斗艳"。仅 4.3%的经济学人认为联营企业、2.6%的经济学人认为外资企业和 1.7%的经济学人认为其他类型企业在产业结构优化与升级中占主导地位，这说明大部分经济学人认为脱离民营企业和国有企业的产业升级是空谈。从区域与职业结构看，在市场化程度较高的东部地区和企业中，认为国有企业在推进我国产业结构升级中占主导地位的经济学人占比高于认为民营企业占主导地位的经济学人占比；在市场化程度较低的中西部地区和高校中，认为民营企业占主导地位的经济学人占比高于认为国有企业占主导地位的经济学人占比。

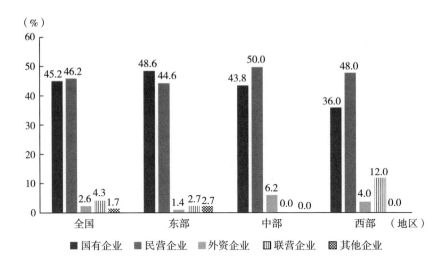

图 7-1　不同所有制企业在产业升级中的地位

（二）国有企业对产业升级兼具促进与阻碍双重作用

虽然国有企业在我国国民经济中处于重要地位，对产业结构升级具有举足轻重的作用，但是学术界对国有企业在产业结构升级过程中到底发挥怎么样的作用看法不一。部分观点认为，国有企业因生产与创新效率较低、政府干预以及对非国有企业创新资源的挤出，阻碍了我国产业结构的升级（褚敏、靳涛，2013；郭丽丽、李勇，2015）。也有部分观点认为，由于国有企业具有战略控制、组织整合等优势，在产业共性技术方面代表国家先进水平，在以创新推动产业升级过程中发挥着重要的龙头作用（贾根良、李家瑞，2018）。国有企业在产业升级中发挥什么作用呢？

如图 7-2 所示，大部分经济学人（76.5%）认为国有企业对我国产业升级同时存在促进和阻碍双重作用，其中认为以阻碍作用为主的经济学人占比 39.1%，认为以促进作用为主的占比 37.4%。另外，17.4% 的经济学人认为国有企业对产业升级的促进作用和抑制作用大致相抵，3.5% 的经济学人认为国有企业的存在对产业升级仅有阻碍作用，1.7% 的经济学人认为国有企业对产业升级没有任何影响，0.9% 的经济学人认为国有企业对产业升级仅有促进作用。从区域与职业结构看，对东中部地区与企业的调查结果与全国调查结果相同，而在西部地区与高校中，认为以促进作用为主的经济学人占比最高。

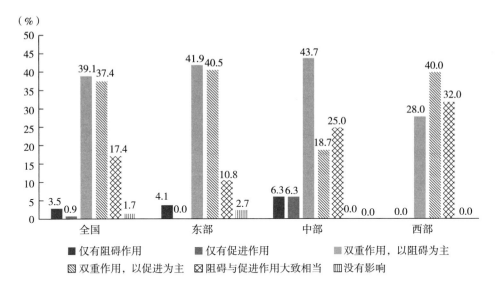

图 7-2　国有企业在产业升级中的作用

（三）国有企业在促进产业升级中的最大成就是对关键领域核心技术的突破

国有企业虽然存在诸多令人诟病的问题，但是在技术创新与突破、发展高新技术产业、淘汰落后和过剩产能等方面仍然取得令人瞩目的成就，这些成就有效地促进了我国产业结构的优化和升级。国有企业在推动产业升级过程中取得的最大成就是什么？

如图 7-3 所示，31.3%的经济学人认为国有企业在推动我国产业升级过程中取得的最显著成就是建立了一批实力较强的科研机构，主导了重点行业和关键领

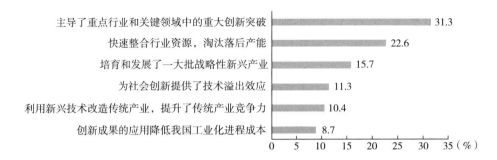

图 7-3　国有企业在促进产业升级中取得的成就

域中的重大创新突破。另外，22.6%的经济学人认为国有企业在推动产业升级过程中最大的成就是能够快速整合行业资源，淘汰落后产能；15.7%的经济学人认为是国有企业利用自身拥有的创新资源优势培育和发展了一大批战略性新兴产业；11.3%的经济学人认为是国有企业通过模仿、示范、合作、人员流动等途径，为社会创新提供了技术溢出效应；10.4%的经济学人认为是国有企业利用新兴技术改造传统产业，提升了传统产业竞争力；8.7%的经济学人认为是国有企业创新成果的应用降低了我国工业化进程成本。

（四）低成本获取资源是国有企业促进产业升级的最大优势

在推动产业升级过程中，国有企业之所以能够取得非凡成就是有自身原因的。国有企业在推动产业升级中最大的优势是什么？

如图7-4所示，一半以上的经济学人（51.3%）认为国有企业在促进产业升级过程中最主要的优势是能够以较低的政治和经济成本获取技术进步所需要的各种创新资源。剩余的经济学人对此则持不同观点：22.6%的经济学人认为是国有企业借助行政手段搭建行业协同创新平台和联盟，突破了产业发展的短板和提升了集成创新的能力；21.7%的经济学人认为是国有企业总量大，并且拥有雄厚的资本、技术和人才；仅有4.4%的经济学人认为在推动产业升级中，国有企业的品牌知名度和市场认可度高所引致的创新产品市场不确定性较低是其最大的优势。

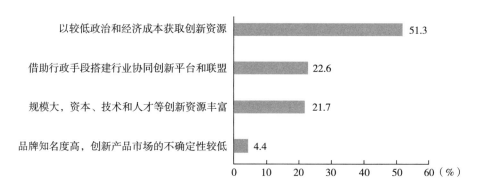

图7-4 国有企业在推动产业升级中的优势

三、国有企业促进产业升级的不足

国有企业在推动我国产业结构优化与升级的过程中凭借自身优势取得显著成

绩的同时，也由于自身固有的缺陷制约了产业升级进程。为了全面准确了解国有企业在推动我国产业升级的作用，我们也需要认识国有企业制约产业升级的瓶颈和问题。基于此，本次调查就国有企业促进产业升级所面临的主要问题、影响管理者企业家精神发挥的因素、在人力资本建设中存在的障碍、产能过剩等方面的问题对经济学人进行调查。

（一）自主创新能力不足成为国有企业促进产业升级面临的主要问题之一

国有企业对推进我国产业优化升级具有举足轻重的作用，但是由于国有企业自身存在的短板导致了激励作用不足、资源利用率低下、对非公有制企业创新的挤出效应等问题，进而使得国有企业推动我国产业升级的作用大大被减弱。国有企业在推动产业升级过程中面临的主要问题是什么呢？

在本次调查问卷中，关于该问题设置了七个选项，并规定每个参与调查的经济学人限选三项。如图7-5所示，大部分经济学人认为国有企业在促进产业升级过程中面临三个主要问题：一是自主创新动力不足，在培育和发展高精尖技术产业中的主导作用不明显（81.2%）；二是软预算约束挤占了公共资源，对非国有企业的创新产生挤出效应（53.0%）；三是存在大量的过剩和落后产能，且难以被淘汰（50.4%）。另外，排位在后面的企业面临的问题是：国有企业大批人才更偏好于管理岗位，造成人才资源配置与利用率低下（47.9%）；相对于效率，国有企业工资更注重公平，缺乏对一流人才的吸引力（34.2%）；有限的就业吸纳限制了产业升级所需的市场规模（3.4%）。认为国有企业不存在任何问题的仅占0.9%。

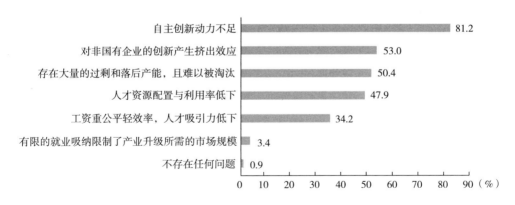

图7-5　国有企业在推动产业升级中遇到的问题

（二）官员型管理者是抑制国有企业的企业家精神发挥的主要因素之一

产业结构升级的关键是市场经济中的创新活动，而创新活动的引擎是企业家精神，由此可以说企业家精神是产业升级的原动力。鉴于国有企业在我国国民经济中占有重要地位，是我国产业升级不可或缺的力量，因此国有企业管理者的企业家精神对产业升级的推动具有重大的意义。然而，由于公有制的国有企业兼有经济和社会双重属性，管理者的企业家精神会因受到诸多因素的影响而在一定程度上被压制。影响国有企业管理者企业家精神发挥的主要因素是什么呢？

关于该问题问卷设置了七个选项，并规定每位参与者限选三项。如图7-6所示，大部分经济学人认为存在诸多影响国有企业管理者充分发挥企业家精神的因素。排名前三位的因素包括：第一，官员型的管理者本身不具备企业家精神（59.1%）；第二，因处于垄断地位，管理者的危机意识较弱（50.4%）；第三，政府干预管理者的决策（49.6%）。经济学人认为排在后面的影响国有企业管理者发挥企业家精神的因素包括：频繁的人事更迭，管理者的短视行为严重（46.1%）；创新的风险和不确定性大，担忧创新失败所带来的问责（31.3%）；经营权与所有权分离，管理者的创新激励不足（29.6%）；经营目标多元化，决策需兼顾社会责任（20.9%）。从区域来看，与全国和东部地区不同，中部与西部

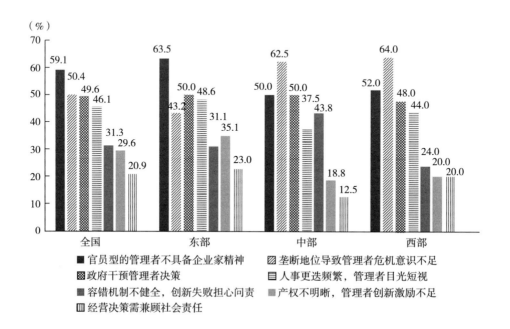

图 7-6　抑制国有企业发挥企业家精神的因素

地区大部分经济学人都认为排在首位的影响国有企业管理者发挥企业家精神的因素是国有企业处于垄断地位导致的管理者危机意识不强，两者分别占各自地区参与调查的经济学人总数的 62.5%、64.0%。

（三）论资排辈的晋升机制降低了国有企业员工的创造性

一个企业中，企业家精神分为管理者的企业家精神和员工的企业家精神。因此，由企业家精神驱动的员工生产性创新活动也就成了影响推动产业结构优化升级的重要因素。目前，国有企业在企业人力资本建设、员工主动性和创新性调动方面存在着诸多问题。抑制国有企业员工创造性的最主要因素是什么？

如图 7-7 所示，一半的经济学人（50.0%）认为论资排辈的晋升机制使创新人才把主要精力由创造性工作转移至人际关系，这成为国有企业在人力资本建设方面面临的最主要问题。其他经济学人对此持不同观点：22.4% 的经济学人认为在人力资本建设方面，国有企业面临的最主要问题是退出机制缺乏，难以通过"优胜劣汰"的机制来提升创新效率；11.2% 的经济学人认为是收入低、激励机制不完善导致了创新人才频繁跳槽；8.6% 的经济学人认为是终生雇佣制降低了劳动者提高自身技能的积极性；7.8% 的经济学人认为是政治晋升机制造成的短视行为降低了国有企业管理者对员工人力资本投资的意愿。

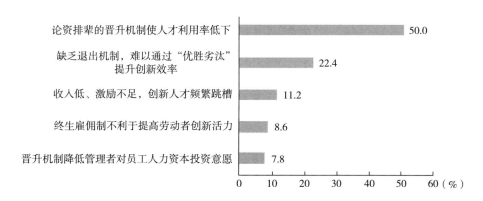

图 7-7　抑制国有企业员工创造性的因素

（四）上游行业垄断带来的高额利润导致了国有企业创新动力不足

在关系国家安全、国民经济命脉的重要行业和领域，国有企业往往处于垄断地位。由于这些领域往往是一个产业的上游环节，是支撑我国经济发展的支柱产业，因此国有企业对上游行业的垄断不仅直接影响着整个行业的发展，而且对我国产业结构的优化具有重要意义。国有企业在行业上游的垄断对产业结构升级产生的最主要影响是什么?

如图 7-8 所示,40.5% 的经济学人认为国有企业对上游行业的垄断对产业升级产生的最主要影响是上游国有企业缺乏竞争对手并且持续获得垄断利润,导致了其自身的创新动力不足。33.6% 的经济学人则认为是上游获得巨额垄断利润提高了下游企业的生产成本,挤出了下游企业创新资源的投入;22.4% 的经济学人认为是上游垄断阻碍了下游企业对关键创新资源(人才、资本等)的获取;仅3.5% 的经济学人认为是上游国有企业的垄断利润支撑了战略新兴产业的培育与发展。

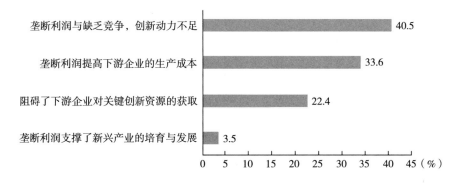

图 7-8　国有企业垄断上游行业产生的影响

(五) 既得利益者抵制是阻碍产能过剩国有企业被淘汰的主要因素之一

落后产能的过剩是制约产业升级的重要因素,因此国有企业过剩落后产能的淘汰是我国产业结构优化的重要组成部分。虽然国有企业在淘汰落后产能方面取得了一系列成就,但是在这一过程中依然遇到了一系列的困难和障碍。阻碍国有企业淘汰落后产能的主要因素有哪些?

在本次调查问卷中,关于该问题设置了 7 个选项,且规定每个参与者限选三项。如图 7-9 所示,大部分经济学家认为阻碍效率低下、产能过剩的国有企业退出市场的前三个主要因素是:既得利益者的阻碍(69.8%);下岗职工安置困难,影响社会稳定(56.9%);国有企业发展形成路径依赖,转型升级意识薄弱(45.7%)。排在后四位的阻碍因素是:资产专用性较强,沉没成本较大,陷入"自我锁定"困局(43.1%);债务负担沉重,退出资金匮乏(26.7%);对国有资产流失的顾虑(24.1%);地方政府的挽留(23.3%)。

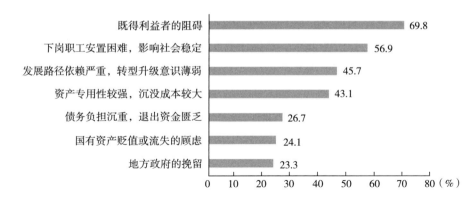

图 7-9　阻碍国有企业淘汰落后产能的因素

四、国有企业改革与产业升级

国有企业自身固有的缺陷不仅严重制约了企业的发展和竞争力的提高，而且不利于社会资源的有效利用、产业结构的优化与升级。自 1978 年党的十一届三中全会以来，国有企业便走上了改革之路。伴随着市场经济的不断发展，国有企业改革的步伐不断加快，我国产业结构也发生了巨大变迁。基于此，本次调查就国有企业改革与产业结构优化升级之间的关系对经济学人展开了调查。

（一）竞争改革是提高国有企业创新效率的最有效改革模式

国有企业通过改革建立有效的激励机制，提高技术创新效率和促进落后产能的淘汰，对推动我国产业结构优化与升级具有重要意义。目前，国有企业改革的模式主要分为产权改革（所有权改制）和竞争改革（取消行业行政垄断壁垒，允许非国有企业进入并参与竞争）两种。前者是一种从内部产权激励角度提出的改革模式，后者是一种从外部竞争激励角度提出的改革模式。哪种国有企业改革模式更有利于促进我国产业结构的升级呢？

如图 7-10 所示，大部分经济学人（70.2%）认为，相对于产权改革而言，竞争改革更有利于提高国有企业创新效率。仅有 29.8% 的经济学人认为产权改革比竞争改革更有利于提高国有企业的创新效率。这说明在经济学人看来，国有企业创新能力提高和落后产能的化解与产权的归属没有必然的关系，而是与市场竞争程度有关。国有企业面对的市场竞争程度越激烈，竞争对手越多，那么国有企业对产业结构升级的促进作用越明显。这也反映出了竞争中性原则不仅对国有企业配置资源具有重要的意义，而且事关我国产业结构优化。分区域来看，相比较于东部和西部地区，在中部地区，认为国有企业竞争改革比产权改革更有利于推动产业结构升级的经济学人比重更高，东部和西部占比分别为 66.2% 和 68.0%，中部地区占比为 93.3%。

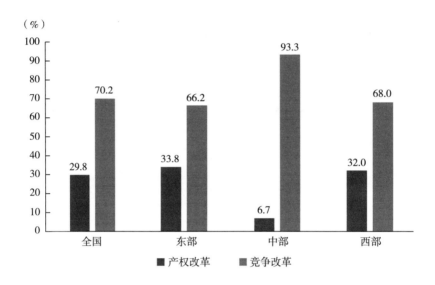

图 7-10　提高国有企业创新效率的改革模式

（二）非国有控股的产权改革模式最能有效激发企业创新活力

国有企业产权改革能够有效提升企业的创新效率，对推进我国产业结构的优化与升级具有积极的作用。目前，国有企业所有权改制模式主要分为三种：一是以国有资本控股的改制模式；二是以非国有资本控股的改制模式；三是国有企业私有化的改制模式。哪类改制模式最有利于国有企业促进我国产业结构的升级呢？

如图 7-11 所示，61.1% 的经济学人认为最有利于激发国有企业创新活力的产权改革模式是以非国有控股的改制模式，而 27.4% 的经济学人则认为是以国有控股的产权改革模式，仅有 11.5% 的经济学人认为完全私营的产权改革模式最能激发国有企业创新活力。这说明大部分经济学人比较认可非国有控股的改制模式能够有效促进产业升级。分区域来看，相比于中部和西部地区，东部地区认为完全私营的国有企业产权改革更能促进我国产业升级的经济学人占比更高一些；相比于东部和西部，在西部地区，认为国有股份仍占主导地位的产权改革更能有效推动产业结构优化升级的经济学人占比更高一些。

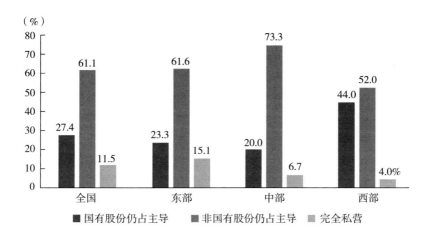

图 7-11 激发企业创新活动的产权改革模式

（三）民营产权保护问题是国有企业混改受阻的最主要因素

作为国有企业产权改革最新举措，混合所有制改革通过引入社会资本等措施激发国有企业的创新活力和加速落后产能的淘汰。目前，虽然国有企业混改取得了一系列的显著成果，但是不断出现的新问题延缓了混改进程，如授权机制约束、本位思想、经验不足等。造成国有企业混合所有制改革受阻的最主要因素是什么？

如图 7-12 所示，53.9%的经济学人认为国有企业混合所有制改革进程受阻

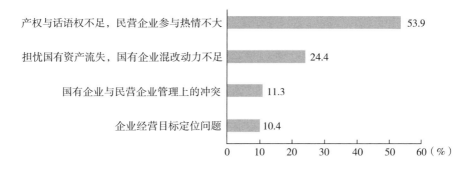

图 7-12 国有企业混改受阻的因素

的最主要因素是产权保护不到位，民营企业话语权不足，参与热情不高。而24.4%的经济学人则认为是担忧国有资产流失，国有企业混改动力不足；11.3%的经济学人则认为是国有企业与民营企业之间的技术和文化上的管理冲突；10.4%的经济学人则认为是国有企业经营目标的定位问题。这说明大部分经济学人比较担忧国有企业混改过程中的民营企业产权问题。

如图7-13所示，大部分经济学人（60.4%）认为国有企业分类改革有利于我国产业结构升级，而39.6%的经济学人对此持怀疑态度，其中，认为国有企业分类改革不利于产业升级的经济学人占比为10.3%，不确定两者关系的经济学人占比为29.3%。这说明大部分经济学人对深化国有企业改革举措促进我国产业升级的预期影响效果比较乐观。

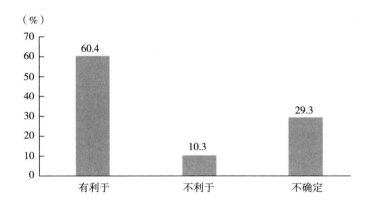

图7-13　国有企业分类改革是否有利于促进产业升级

五、对外投资、国有企业与产业升级

自2001年加入WTO以来，对外投资为国有企业的发展带来了重大战略机遇。国有企业不仅能够通过外资进入引进先进技术，而且能够"走出去"到国外设立子公司、并购外海企业。对外投资为国有企业提高自身技术水平、化解落后产能提供了广阔空间，并以此助推我国产业结构优化与升级的进程。基于此，本次调查就对外投资、国有企业与产业升级之间的关系对经济学人展开了调查。

（一）并购外企是国有企业促进产业升级最有效的对外直接投资方式

发达国家的先进技术溢出效应是新兴国家技术进步和产业升级的重要渠道之

一，而后发国家发展基础薄弱，为新兴国家转移过剩产能提供了转接地。国有企业因熟知国际贸易规则而成为我国实施开放式创新的重要力量。国有企业不仅具有较强的国际化经营能力，而且在海外广泛设立了分支机构，是借助海外市场和技术推动我国产业结构优化和升级的重要主体。目前，对外直接投资分为海外并购、绿地投资、设立海外分支机构等多种模式。国有企业采取哪种对外直接投资方式会对我国产业结构升级产生最大的积极作用呢？

如图 7-14 所示，超过一半的经济学人（52.2%）认为并购发达国家先进企业，获取技术能力，以支撑国有企业创新，是国有企业促进本土产业升级最有效的对外直接投资方式。20.0% 的经济学人则认为国有企业最有效的对外直接投资方式是对发达国家进行绿地投资，吸收先进技术；18.2% 的经济学人认为是在发达国家设立研发中心，实现技术创新；仅有 9.6% 的经济学人认为是对发展中国家进行绿地投资，转移过剩产能。

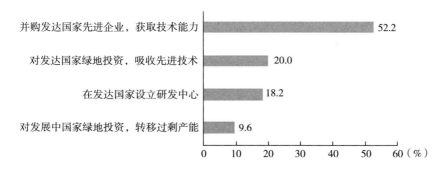

图 7-14　国有企业促进产业升级的对外直接投资方式

（二）以市场换技术的外资引进未能使国有企业形成具有自身特色的创新体系

将外资引入国有企业不仅是外国资本的单纯流入，也是将发达国家的先进技术和管理经验引进来，这样有利于建立起国际化的科学研发、制造和销售服务网络，加快技术、管理及商业模式的创新，因此外资成为激发国有企业创新活力的催化剂。外资进入国有企业带来利好的同时，也带来了核心技术严重依赖外企、一些民族品牌消失、部分外资借此垄断国内市场等诸多问题。旨在以市场换技术，将外资引进国有企业的战略产生的最主要结果是什么？

关于该问题问卷设置了五个选项，且每个参与者限选三项。如图 7-15 所示，大部分经济学人认为旨在以市场换技术，将外资引进国有企业的战略所产生的结果排名前三位的是：国有企业消化吸收和二次创新能力不足，未能形成具有自身特色的创新体系（61.9%）；引进了先进技术与管理经验，产生了技术溢出效应，带动了国有企业技术水平和治理绩效的提高（54.9%）；外企利用国有企业资源降低进入中国市场的风险，达到了顺利进军中国市场的目的（45.1%）。排在后面的其他后果还包括：外资品牌代替民族知名品牌，民族品牌被"雪藏"或被消灭（37.2%）；外企消灭了竞争对手，弱化了市场竞争程度，取得垄断地位（29.2%）。

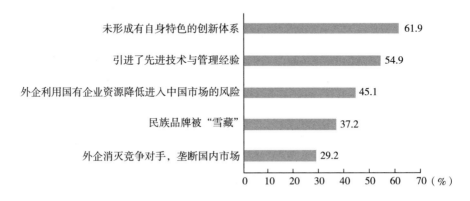

图7-15 旨在以市场换技术的外资引进对国有企业产生的影响

（三）外企在华设立研发机构对国有企业技术溢出效应不大

外企除了以参与国有企业改制的方式促进国有企业技术进步和创新活动，还可以通过在华设立研发机构对国有企业产生技术外溢效果。2016年在华外资企业中拥有研发机构的企业共1429家，占全国总数量的13%，设立1656个研发机构，占全国的比重为12%，研发机构人员数为12.8万，占比15%，机构研发经费高达371.4亿元，占比14%。[①] 根据技术外溢理论，外企在华设立研发中心对我国国有企业科研机构发挥了示范作用，能够对我国产业结构升级起到催化作用。外企在华设立研发中心对国有企业创新活动会产生怎样的作用呢？

如图7-16所示，43.4%的经济学人认为外企在华研发机构针对中国市场进行适当技术调整，不涉及核心技术，创新层次比较低，对国有企业的技术研发示范带动作用很小；26.5%的经济学人认为是外企在华研发中心与国有企业合作较少，且合作交流不通畅，技术溢出效应不明显；16.8%的经济学人认为是发达国家制造业再造和产业回归战略减缓了外企在华研发机构对国有企业的技术输出；

---

① 资料来源：根据《中国高技术产业统计年鉴》（2017）整理计算得到。

8.0%的经济学人认为是外企在华研发机构吸引了国内大批人才，人才单向流动到外企，加大了国内人才需求竞争程度，提高了国有企业研发的成本；5.3%的经济学人认为是研发机构规模小、研发投入少，对国有企业技术提高作用不大。

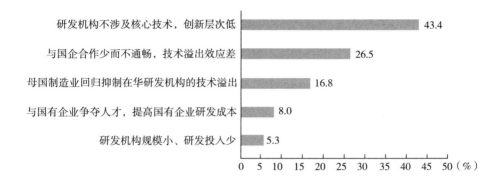

图7-16　外企在华研发机构对国有企业创新的影响

六、结论

改革开放40多年来，在国有企业发展取得辉煌成就的同时，我国产业结构趋于合理化和高级化。为了了解经济学人对于两者关系的看法，《中国经济学人》为此展开了问卷调查。结果显示，大部分经济学人有以下四点共识：

第一，国有企业是我国经济发展的中坚力量，在产业优化与升级过程中具有重要地位。在经济学人看来：首先，国有企业与民营企业都是推动产业结构升级的重要力量；其次，国有企业对产业升级兼具促进和阻碍作用；又次，建立一批实力较强的科研机构和主导重点行业与关键领域中的重大创新突破，是国有企业对产业升级最大的贡献；最后，国有企业取得的成就主要得益于以较低政治和经济成本获得各种创新资源。

第二，在推动产业升级的过程中，国有企业因自身缺陷表现出了诸多不足。在经济学人看来：首先，自主创新能力不足等是国有企业在推动产业升级中遇到的主要问题之一；其次，官员型管理者是导致国有企业缺失企业家精神的主要因素之一；再次，论资排辈的晋升机制抑制了国有企业员工从事创新活动的积极性；又次，对上游行业垄断产生的高额利润造成了国有企业创新动力不足；最后，导致国有企业落后产能难以化解的主要因素之一是既得利益者的阻碍。

第三，国有企业改革对产业结构升级产生了重要影响。在经济学人看来：一是相比于产权改革，国有企业通过竞争改革更能够有效推进我国产业结构的升级；二是非国有控股的产权改革模式最能激发国有企业创新活力，国有企业完全私有化并非是促进其创新效率提高的最有效方式；三是非国有资本担心得不到话语权成为阻碍国有企业通过混改提升创新效率的最主要因素；四是国有企业分类改革能够有效助力我国产业升级；五是有效的反腐倡廉有利于国有企业促进产业结构的升级。

第四，对外投资为国有企业技术创新、过剩产能的化解提供了重要的机遇，但也带来诸多问题。在经济学人看来：首先，并购外企被视为助力我国产业升级最为有效的国有企业对外投资模式；其次，将外资引入国有企业是为了以市场换技术，但结果是因国有企业消化吸收和二次创新能力不足，未能形成具有自身特色的创新体系；最后，外资企业在华设立研发机构对国有企业产生的技术溢出效应不大。

第八章　比较优势与不同所有制产业升级的路径

李　钢

本章摘要： 在国有企业及非国有企业并存的经济结构下，我国存在明显的要素市场分割，国有企业的资金成本低于非国有企业，而劳动力成本高于非国有企业，从而使国有企业在资本密集型产业具有比较优势，而非国有企业在劳动密集型产业具有比较优势。本章用全国经济普查的数据证实了上述理论假设。本章认为，国有企业及非国有企业将沿着不同的路线进行产业升级：国有企业产业升级的路线是从增加值率低的资本密集型产业逐步过渡到增加值率高的资本密集型产业；非国有企业产业升级的路线是从增加值率低的劳动密集型产业逐步过渡到增加值率高的劳动密集型产业，要在相当长时间后才能向增加值率高的资本密集型产业过渡。

关键词： 产业升级；新二元经济结构；竞争力；比较优势

一、引言

目前中国学者对中国工业化道路有较大的争论。有些学者认为，目前中国仍旧是资本稀缺的国家，中国仍旧在劳动密集型产业具有比较优势，因而目前中国仍旧应鼓励发展劳动密集型产业，甚至有些学者认为中国可以越过重化工业发展的阶段。而有些学者认为，目前中国已经到了重化工业需要快速发展的时期，应鼓励重化工业的发展。中国工业化的道路究竟应如何走？中国产业升级的路线究竟如何呢？我们认为中国工业化道路选择必须要考虑中国国情，特别是中国新二元经济结构的特点。二元经济结构一般是指以社会化生产为主要特点的城市经济和以小生产为主要特点的农村经济并存的经济结构，而新二元经济结构是指国有企业及非国有企业并存的经济结构。

目前学者们较为关注城乡要素市场（包括劳动力、资金等）分割，但对国有及非国有要素市场分割重视不够。我们认为目前中国城乡要素市场分割在减弱，也可以说城乡要素市场分割已经主要演变为了国有及非国有要素市场的分割，甚至可以说城乡要素市场分割主要是由国有及非国有要素市场分割引起的。以劳动力市场为例，卢向虎等（2006）的研究表明，随着改革的深入和经济的不断发展，城乡劳动力市场分割的某些制度已经消亡（如食品配给制度），而有些制度作用在减弱（如户籍制度、城市用工制度）。我们判断目前城乡劳动力市场分割在不断减弱，而且这种分割在很大程度上是由劳动者的人力资本及社会资本所决定的[①]；而国有企业（特别是垄断性国有企业）与非国有企业劳动力市场的分割程度却降低得不多。

本章的研究不是分析新二元经济结构的优缺点及如何减弱国有及非国有企业要素市场的分割，而是讨论新二元经济结构对中国产业结构升级的影响。

二、产业升级的概念

目前国内很多学者都在研究产业升级，但究竟什么是产业升级，在《帕尔格雷夫经济学大词典》中并没有查到，在《现代经济辞典》（刘树成主编）中却有相应的解释，该辞典中产业升级全称是产业结构升级，是指"产业结构由低级向高级提升"[②]。这一定义的前提应是产业有高级与低级之分。那么，什么产业是高级产业，什么产业又是低级产业呢？更一般地说，划分产业等级是否有一般性的标准，从而使我们能列出一个从低到高的产业序列呢？实际上，不同的学者有不同的划分标准。英国经济学家科林·克拉克于 1940 年提出的"克拉克法则"中指出，收入水平及消费结构的变化必然导致第一产业比重下降，第二、第三产业比重顺次逐步提高。美国经济学家库兹涅茨在克拉克研究的基础上提出，随着经济的发展，一国产业结构的比重会从"一二三"演变为"二一三"，最后会演

---

① 如果我们认为由劳动者的人力资本及社会资本所决定的社会职业的分层也是劳动力市场的分割一种体现，那么世界上任何国家劳动力市场都是分割的。实际上，目前城市私营企业在聘用员工时基本不关注员工是否有城市户口。目前北京等大多数城市，没有城市户口及档案关系也可以上三险一金。就笔者所知，有不少通过自学高考等取得学历的人目前还是农村户口，但他们目前在城市也有自己的住房及稳定工作。因此，从这种意义上讲，笔者认为城乡劳动力市场分割主要不是因为制度上的障碍，而主要是由劳动者的人力资本及社会资本所决定的。

② 该辞典将产业升级等同于产业结构升级，而有些学者却认为产业升级与产业结构升级是两个有区别的概念。例如，黄茂兴和冯潮华（2007）认为，产业升级是产业结构升级的基础，产业结构升级是产业升级的必然结果。本章采取前一种提法，即认为产业升级与产业结构升级是同一概念。

变为"三二一"。美国经济学家钱纳里也得出了相似的结论。因此，我们一般认为第二、第三产业比重降低，特别是第一产业比重降低，是产业升级的表现。在大的产业内部，特别是第二产业（尤其是制造业）内部如何判断产业升级呢？我们一般认为服装产业比 IT 产业级别要低，因而从服装产业变为 IT 产业一般也被认为是产业升级。有的学者从产业的技术含量来划分，认为从技术含量低的产业向技术含量高的产业变化是产业升级[①]。例如，杜传忠和李建标（2001）等认为，所谓产业结构升级是指产业结构从技术层次低的结构形态转向技术层次高的结构形态，从生产率低的产业占主体转向生产率高的产业占主体的结构形态。王岳平（2004）也认为，产业结构升级是产业结构从较低级的形态向较高级的形态变化，主要反映在技术水平和生产率的提升上。也有学者认为产业重型化是产业升级的表现。德国经济学家霍夫曼提出一个国家在工业化进程中消费资料净产值与生产资料净产值（霍夫曼比例）是不断下降的。黄茂兴和冯潮华（2007）认为，产业结构升级是"产业结构从劳动密集型产业为主，到资本密集型产业为主，最后到技术密集型产业为主的演变过程"。也有学者认为产业升级不是目的而是结果，进一步地说，产业没有高低之分，而是要看它是否与一国的国情相适应。例如，林毅夫等（1999）认为，产业结构和技术结构的升级都是经济发展过程中的内生变量，是一国"资源禀赋结构变化的结果"。也有的学者认为产业的增加值率可以衡量产业的高级化程度。例如，隆国强（2007）认为，产业结构升级通常是指高生产率产业（高附加价值产业）比重不断提高的过程。

本章主要以产业增加值率作为划分产业升级的标准，我们认为产业升级是指企业平均增加值率提高的过程。一方面，该指标有公认的概念内涵，不会引起歧义；另一方面，该指标值相对易于获得，能够方便衡量产业升级的方向。更重要的是，我们认为产业升级的本质是从增加值率低的产业向增加值率高的产业升级。增加值率高的产业才可能保证企业较高的利润水平、员工较高的工资及政府较高的税收水平，增加值较高的产业才有可能承受较高的环境保护成本及较高的资源价格。

三、决定中国产业升级路径的三个因素

（一）中国产业升级必须放在开放经济条件下进行考虑

我国重要资源人均占有量可以用"主食不足，副食有余"来描述。从图 8-1

---

①　这涉及如何衡量产业的技术含量，而且同一产业企业技术水平也可能有较大的差异。

中可以看出，中国超过世界人均拥有量的矿产资源主要是工业用量总量不大的矿产，如钨、锡、锑、稀土、石墨等，而一些战略性矿产资源如铁、金、铜、石油、天然气、铝土，甚至包括煤都低于世界平均水平。

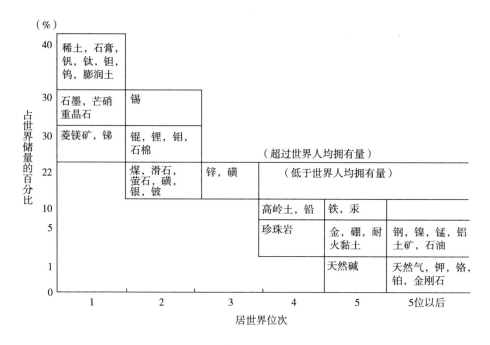

图 8-1　中国主要矿产储量世界地位

资料来源：李润田，李永文. 中国资源地理 [M]. 北京：科学出版社，2003.

　　发达国家在工业化时期拥有大量的海外殖民地，从而获得大量的原料供给，并且向海外殖民地销售制成品，这一方面保证了发达国家原料的供应，另一方面也为经济发展提供了巨大的需求和消费体。表 8-1 是 1914 年主要资本主义国家本国与殖民地的对比情况。从表 8-1 中可以看出，发达国家面积与殖民地面积的比例一般为 1∶5 到 1∶100；发达国家人口与殖民地人口的比例一般为 1∶1 到 1∶10。其中，德国无论是本国面积与殖民地面积的比例，还是人口与殖民地人口的比例均小于平均水平，因而随着德国工业化的完成，国力的强大必然要求更大的殖民地。这说明了海外原料供应地及制成品销售地对一国工业化进程的作用。

（二）目前劳动密集型产业仍旧是中国最具比较优势的产业

　　中国社会科学院工业经济研究所（以下简称工经所）从 1996 年开始一直持

续进行中国产业国际竞争力的研究，2006 年工经所利用相关统计数据对中国产业国际竞争力进行了研究。研究结果①表明，虽然中国正在进行产业结构升级，优势产业正从传统的劳动密集型产业向资本密集型产业和技术密集型产业转变，但是彼时中国最具国际竞争力的仍旧是能充分发挥自己比较优势的劳动密集型产业。

表 8-1　1914 年主要资本主义国家本国与海外殖民地情况

国别	殖民地数（个）	面积（百万平方千米）			人口（百万）		
		本国	殖民地	殖民地为本国的倍数	本国	殖民地	殖民地为本国的倍数
英国	55	0.31	31.23	100.74	46.05	391.58	8.50
法国	29	0.54	10.66	19.74	39.60	62.35	1.57
德国	10	0.54	3.19	5.91	64.93	13.07	0.20
比利时	1	0.03	2.36	78.67	7.57	15.00	1.98
葡萄牙	8	0.09	2.09	23.22	5.96	9.68	1.62
荷兰	8	0.03	1.98	66.00	0.76	37.41	49.22
意大利	4	0.29	1.53	5.28	0.59	1.40	2.37
俄国		5.40	17.4	3.22	136.2	33.2	0.24

资料来源：斯塔夫里阿诺斯．全球通史：1500 年以后的世界［M］．上海：上海社会科学院出版社，1992；杨异同．世界主要资本主义国家工业化的条件、方法和特点［M］．上海：上海人民出版社，1955。笔者进行了单位换算及简单计算。

有学者分析了中国主要生产要素占全球的份额变化（见表 8-2）。从表中可以看出，中国投资额及研发投入二十多年来的确有较大的提高，但从全球的视角来看，中国此阶段最丰富的生产要素仍旧是劳动力，最具比较优势的产业仍旧是劳动密型产业。但如何解释目前中国某些资本密集型产业（如钢铁、医药）已经在全球具有了较强的竞争优势呢？我们认为本章新二元经济结构下中国产业升级的模型可以较好地解释这一问题。

---

① 金碚，李钢，陈志．加入 WTO 以来中国制造业国际竞争力的实证分析［J］．中国工业经济，2006（10）5-14.

表 8-2　中国主要生产要素占全球的份额变化　　　　　单位:%

年份	劳动力	耕地和水	石油天然气	投资额	研发投入
1980	22	7	3	1	0.5
2004	22	7	3	8	3.5

资料来源：江小涓等. 中国经济的开放与增长 1980~2005 年 ［M］. 北京：人民出版社，2007.

四、国有企业及非国有企业比较优势不同

目前我国国有企业与非国有企业的要素成本存在较大差别。总体而言，国有企业资金成本低于非国有企业的资金成本，而国有企业的劳动力成本高于非国有企业的劳动力成本。

（一）国有企业资金成本较低

中国虽然是一个资金相对不足的国家，但是中国正规银行体系的利率并不高，甚至在很长时间内低于美国的利率。从图 8-2 可以看出，2002 年以来中国实际利润水平一般在 3% 以下，甚至在有些时期中国的利率为负。虽然官方利率水平较低，但是目前中国民间金融的利率水平却较高。中国人民银行发布的《2005 年中国区域金融运行报告》披露，浙江省 1 年期以内（含 1 年期）民间借贷

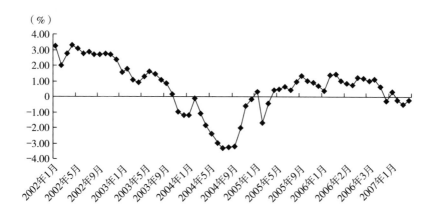

图 8-2　2002 年以来中国实际利率走势

资料来源：中国人民银行、国家统计局；贝多广，朱晓莉. 试析人民币对外升值对内贬值并存 ［J］. 经济研究，2007（9）：32-48.

加权平均利率为 13.2% 左右；《2006 年中国区域金融运行报告》提到，辽宁省民间借贷加权平均利率有所上升，由上半年的 11.9% 上升至下半年的 14.0%。国有企业相对于非国有企业更容易取得银行贷款，因而从间接融资来看，国有企业的资金成本要远低于非国有企业。

总之，我们可以判断国有企业资金成本要远低于非国有企业资金成本，甚至国有企业的资金成本在全球都是较低的（见表 8-3）。

表 8-3 世界主要货币银行间拆放利率

币种	一个月	两个月	三个月	六个月	一年
美元	5.2519	5.1700	5.1500	4.9088	4.4231
英镑	6.7488	6.6994	6.6494	6.3506	6.0494
日元	0.9813	0.9750	1.0013	1.0488	1.1088
瑞士法郎	2.6717	2.6450	2.7600	2.8017	2.9000
欧元	4.8488	4.8556	4.8550	4.7931	4.7244
人民币	4.6646		4.3522	4.3405	4.4636

注：人民币为 2007 年 12 月 5 日上海银行间同业拆放利率，其他币种为 2007 年 12 月 5 日伦敦国际银行间拆放利率。

（二）国有企业的劳动力成本较高

2004 年全国经济普查数据显示，2004 年全国制造业平均工资为 1.35 万元，而国有企业的平均工资为 1.98 万元，国有企业职工工资是全国制造业平均工资收入的 1.47 倍。另外，国有企业的员工不仅有货币工资，还有较高的隐性福利收入，因而国有企业员工的实际收入要远高于非国有企业的员工。

我们测算了制造业内部不同行业的职工平均工资及该行业的国有资本比例。

某行业职工平均工资=（从业人员劳动报酬+劳动和失业保险费）/全部从业人员年平均人数 (8-1)

某行业国有企业的比例=国家资本/实收资本 (8-2)

按上述公式我们计算出工业各行业的职工平均工资及各行业国有企业的比例，如附表 8-1 所示。各个行业职工平均工资及各行业国有企业的比例关系如图 8-3 所示，可以看出，职工工资高的行业国有经济比例也较高，两者的相关系数为 0.7855，R^2 为 0.633，由此可知两者有很高的相关性。当然，我们可以解释为是国有经济的比例高导致了职工的高工资，但我们认为正是国有企业本身的性质决定了国有企业面临较高的劳动力成本。

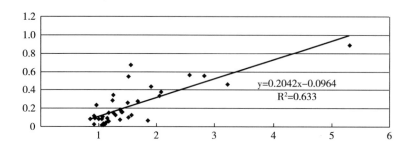

图8-3 行业职业平均工资与行业内国有经济比例的关系

（三）公有制与非公有制的比较优势不同

由上文可知，国有企业的资金成本低于非国有企业，而国有企业的劳动力成本低于非国有企业，因此我们能得出以下推论：国有企业在资本密集型产业有比较优势，而非国有企业在劳动密集型产业有比较优势。如果上述推论正确，我们看到的竞争结果应是国有企业在资本密集型产业有更高的比例，而非国有企业在劳动密集型产业有更高的比例。

我们用人均总资产来测量一个产业是劳动密集型还是资本密集型，其计算方式为：

人均总资产=总资产/全部从业人员年平均人数 （8-3）

以计算出的人均总资产（见附表8-1）作为衡量产业资本密集程度的指标，并将行业的资本密集程度与行业内国有经济的比例关系绘在图8-4中。从图8-4可以看出，一个行业内的国有经济比例确实与一个行业资本密集程度高度正相关，也就是说，资金密集型产业的国有经济比例高，从而表明国有企业在资金密集型产业具有比较优势，而非国有企业在劳动密集型产业具有比较优势。也许有些学者会认为，非国有企业在资本密集型产业比例较高是由于存在非国有企业行政性进入壁垒。然而笔者认为，目前这些行业对非国有企业的进入壁垒远小于20世纪80年代至90年代工业领域改革初期劳动密集型产业对非国有企业的进入壁垒，但20世纪80年代至90年代非国有企业在劳动密集型产业快速发展。这说明这些壁垒不足以解释目前非国有企业在资本密集型产业比例较低的事实。

从全球来看，中国具有比较优势的产业是劳动密集型产业，但由于中国的经济制度安排，不同所有制的产业在国内有不同的比较优势。更进一步地说，可能某些在我国国有比例较高的资金密集型产业已开始在全球具有竞争优势。将不同所有制企业比较优势分开可以在很大程度上解释为什么在劳动力比较优势还很明显的时期，我国的一些资本密集型产业（如钢铁）已经开始具有了全球竞争优势。

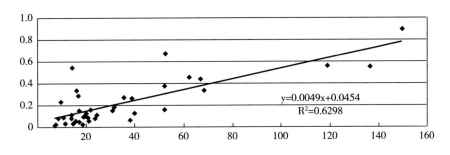

图8-4　资本密集程度与行业内国有经济比例的关系

五、中国新二元经济结构下产业升级路线

(一) 中国产业的划分

下面对中国产业按两个维度进行划分，一个维度是劳动密集程度，另一个维度是产业的增加值率。我们将产业按劳动密集程度划分为五类：一是劳动密集程度高的产业；二是劳动密集程度较高的产业；三是劳动密集程度一般的产业；四是劳动密集程度较低的产业，也就是资本密集程度较高的产业；五是劳动密集程度低的产业，也就是资产密集程度高的产业。

我们按人均资产额来衡量一个产业的劳动密集程度，但如何划分劳动密集程度的等级呢？我们将各产业的人均资产求对数后标准化，并假设标准化后服从标准正态分布①。按标准正态分布概率分布函数可以计算出：标准值分布（−∞，−0.84162）的概率为0.2；标准值分布（−0.84162，−0.25335）的概率为0.2；标准值分布（−0.25335，0.253347）的概率为0.2；标准值分布（0.253347，0.841621）的概率为0.2；标准值分布（0.253347，+∞）的概率为0.2。

标准值落在上述区间可以将等级分别划为劳动密集程度高的产业、劳动密集程度较高的产业、劳动密集程度一般的产业、劳动密集程度较低的产业及劳动密集程度低的产业。

增加值率直接标准化后，假设也服从标准正态分布。按上述相似的等级划分

---

① 笔者假设工业各产业的劳动密集度服从对数正态分布及增加值率服从正态分布。实际上这一假设仅是为了下文论述的方便。我们也可以假设劳动密集度及增加值率服从其他分布。该假设仅是影响了产业等级的划分标准，而并不影响产业之间的相对位势，因而不影响下文分析的结论。

方法，也可以对各个产业增加值率的等级进行划分。

我们按上述维度将产业划分为25类。有些类别里有不止一个产业，而有些类别中没有产业，具体的产业划分如表8-4所示。

表8-4　目前中国产业类型的划分

	增加值率低	增加值率较低	增加值率平均水平	增加值率较高	增加值率高
资本密集型	化学纤维制造业	电力、热力的生产和供应业；电力、燃气及水的生产和供应业；石油加工、炼焦及核燃料加工业；燃气生产和供应业；黑色金属冶炼及压延加工业		水的生产和供应业	烟草制品业；石油和天然气开采业
偏资本密集型		有色金属冶炼及压延加工业；通信设备、计算机及其他电子设备制造业；交通运输设备制造业	化学原料及化学制品制造业		医药制造业；饮料制造业
中性		造纸及纸制品业；电气机械及器材制造业；农副食品加工业	专用设备制造业；食品制造业		
偏劳动密集型		橡胶制品业；废弃资源和废旧材料回收加工业；塑料制品业；纺织业	通用设备制造业；仪器仪表及文化、办公用机械制造业；印刷业和记录媒介的复制；其他采矿业；非金属矿物制品业	有色金属矿采选业	黑色金属矿采选业；煤炭开采和洗选业
劳动密集型		家具制造业；木材加工及木、竹、藤、棕、草制品业；工艺品及其他制造业；文教体育用品制造业；纺织服装、鞋、帽制造业；皮革、毛皮、羽毛（绒）及其制品业		非金属矿采选业	

资料来源：笔者整理。

在表 8-4 中我们注意到，整个表格左下角的（也就是劳动密集度较高、增加值率较低的产业）产业均是中国国际竞争力较高的产业，而整个表格右上角的（也就是资本密集度较高、增加值率较高的产业）或者是区域性产业（如水的生产和供应业、饮料制造业），或者是国家管制性很强的产业（如烟草制品业），或者是地区资源禀赋十分重要的产业（如石油和天然气开采业），总之是区域性很强但并没有形成全球竞争优势的产业。这也说明目前中国资本密集度高且增加值率高的产业国际竞争力很弱，而这些产业在中国 10~20 年后将会占据较高的比例。

（二）中国产业升级路线

中国产业升级的方向应是提高中国产业的增加值率，在有限的投入（包括原材料、能源、土地及资金等要素）下获得尽可能多的产出，从而更好地提高中国居民生活水平。同时，我们必须要考虑到未来中国的比较优势将会从劳动密集型产业转变为资本密集型产业。

我们认为中国产业升级的方向将至少沿两条路线展开。一条是国有企业的升级路线（即图 8-5 中上面一条曲线），这是可以充分发挥社会主义制度优势，进而可以有效保证中国作为一个大国的产业安全的升级路线，我们称之为中国特色的国有企业升级路线；另一条是非国有企业的升级路线（即图 8-5 中下面一条曲线），这是发挥市场配置资源机制，在目前条件下能充分利用中国劳动力比较优势的市场经济条件下非国有企业的产业升级路线。这两条升级路线合并在一起可以称为中国特色社会主义市场经济条件下多种所有制并存的中国产业升级路线图。国有企业在资本密集型产业具有比较优势，且目前国有企业在资本密集型产业比重也较大，但中国目前相对有竞争优势的资本密集型产业只是增加值率较低

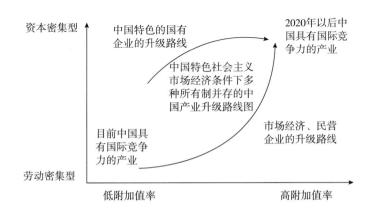

图 8-5　新二元经济结构下产业升级路线

的产业，因此国有企业产业升级的路线是从增加值率低的资本密集型产业逐步过渡到增加值率高的资本密集型产业。非国有企业在劳动密集型产业具有比较优势，且目前非国有企业在劳动密集型产业比重也较大，但中国目前相对有竞争优势的劳动密集型产业也只是增加值率较低的产业，因此非国有企业产业升级的路线是从增加值率低的劳动密集型产业逐步过渡到增加值率高的劳动密集型产业，要在相当长时间后才能向增加值率高的资本密集型产业升级。

这两条不同的升级路线，对目前中国而言意义是不同的。国有企业的升级路线表明，中国目前有必要集中力量建立一批关系中国产业安全的企业（产业），这些企业目前虽然可能不符合中国的比较优势，但是能保证整个民族的长远利益，这些企业的存在也减少了劳动密集型产业的过度进入，用经济学的语言表达就是有较大的正的外部性。非国有企业的升级路线表明，在经济全球化时代，在中国以市场为资源配置主要手段的条件下，中国大多数企业只有遵循比较优势才能获得竞争优势。特别在中国目前就业形势不容乐观的情况下，发展劳动密集型产业对于有效吸收劳动力、建设和谐社会有重要的意义。

六、结论及政策建议

产业结构升级是近年来学者们较为关注的重大理论问题，也是政府有关部门关注的重大现实问题。中国产业结构升级的方向是近年来学者们争论的问题，但过去学者的研究是将中国经济看作一个整体来讨论中国产业升级。本章的研究结果表明，中国的要素市场是分割的，国有企业的资金成本低于非国有企业，国有企业劳动力成本高于非国有企业，从而使得国有企业在资本密集型产业具有比较优势，而非国有企业在劳动密集型产业具有比较优势。

在上述研究的基础上，我们认为国有企业及非国有企业将沿着不同的路线进行产业升级。国有企业产业升级的路线是从增加值率低的资本密集型产业逐步过渡到增加值率高的资本密集型产业；非国有企业产业升级的路线是从增加值率低的劳动密集型产业逐步过渡到增加值率高的劳动密集型产业，要在相当长时间后才能向增加值率高的资本密集型产业过渡。

制定推动中国产业升级的产业政策时，应考虑不同所有制企业的比较优势，并充分利用不同所有制企业的比较优势。在让不同所有制企业共同发展的同时，让不同所有制企业为中国产业升级做出不同的贡献，解决不同的问题。另外，在国有经济进行布局调整时，应充分考虑国有企业的比较优势，使国有经济更多地向其具有比较优势的行业集中，以增加国有企业的竞争力。

附录

附表 8-1　中国工业相关数据　　　　　　　　　单位：万元

	人均总资产	人均固定资产	国有比例	人均工资	增加值率（包括折旧）	增加值率（不包括折旧）
煤炭开采和洗选业	14.44	7.62	0.54	1.51	0.33	0.39
石油和天然气开采业	62.25	46.54	0.46	3.22	0.51	0.66
黑色金属矿采选业	16.97	6.65	0.29	1.24	0.29	0.32
有色金属矿采选业	16.35	7.37	0.34	1.25	0.26	0.29
非金属矿采选业	9.83	5.39	0.24	0.96	0.22	0.26
其他采矿业	14.73	6.57	0.03	0.92	0.21	0.25
农副食品加工业	20.93	8.46	0.09	0.93	0.11	0.12
食品制造业	21.28	8.68	0.06	1.16	0.20	0.24
饮料制造业	30.83	12.60	0.15	1.17	0.30	0.34
烟草制品业	149.45	36.05	0.89	5.31	0.63	0.67
纺织业	14.12	5.91	0.08	1.00	0.10	0.13
纺织服装、鞋、帽制造业	7.38	2.37	0.02	1.09	0.13	0.16
皮革、毛皮、羽毛（绒）及其制品业	7.30	2.25	0.02	1.05	0.10	0.13
木材加工及木、竹、藤、棕、草制品业	10.87	5.24	0.09	0.84	0.13	0.16
家具制造业	11.61	4.13	0.03	1.08	0.15	0.17
造纸及纸制品业	24.41	11.69	0.11	1.06	0.14	0.18
印刷业和记录媒介的复制	17.37	8.11	0.15	1.25	0.20	0.24
文教体育用品制造业	7.67	2.57	0.02	1.08	0.12	0.15
石油加工、炼焦及核燃料加工业	68.30	35.19	0.34	2.05	0.11	0.14
化学原料及化学制品制造业	31.76	13.89	0.19	1.37	0.18	0.22
医药制造业	39.87	14.21	0.13	1.57	0.35	0.39
化学纤维制造业	52.11	25.90	0.16	1.41	0.08	0.13
橡胶制品业	19.13	8.40	0.09	1.14	0.15	0.19
塑料制品业	17.43	7.09	0.04	1.12	0.13	0.16
非金属矿物制品业	13.85	6.69	0.11	0.92	0.18	0.22

续表

	人均总资产	人均固定资产	国有比例	人均工资	增加值率（包括折旧）	增加值率（不包括折旧）
黑色金属冶炼及压延加工业	52.15	24.36	0.37	2.08	0.12	0.16
有色金属冶炼及压延加工业	38.72	16.92	0.26	1.50	0.11	0.14
金属制品业	15.80	5.26	0.06	1.16	-0.19	-0.17
通用设备制造业	20.21	6.24	0.13	1.29	0.16	0.19
专用设备制造业	22.10	6.60	0.16	1.40	0.17	0.20
交通运输设备制造业	35.71	10.74	0.28	1.68	0.15	0.18
电气机械及器材制造业	23.86	6.13	0.08	1.37	0.15	0.17
通信设备、计算机及其他电子设备制造业	38.25	10.46	0.07	1.85	0.10	0.13
仪器仪表及文化、办公用机械制造业	19.69	5.23	0.10	1.51	0.16	0.18
工艺品及其他制造业	8.67	3.34	0.08	1.05	0.14	0.17
废弃资源和废旧材料回收加工业	18.60	4.57	0.02	1.10	0.09	0.10
电力、燃气及水的生产和供应业	119.01	73.45	0.56	2.56	0.13	0.24
电力、热力的生产和供应业	136.28	83.55	0.56	2.82	0.12	0.23
燃气生产和供应业	66.89	38.55	0.44	1.90	0.10	0.18
水的生产和供应业	52.48	35.81	0.67	1.56	0.24	0.45

资料来源：第一次全国经济普查。

第九章 行业特性与不同所有制创新优势

李 钢 马丽梅

本章摘要：市场机制与非市场机制均可以激励企业进行创新，两种手段各有其适用的产业空间；作为发展大国，中国特别需要建立协调两种激励手段的国家创新政策体系，从而通过企业的不断创新推动中国经济的转型升级。创新政策决定于国家技术水平的高低；大多数发达国家采取市场化的激励政策是以前期非市场化的政策为基础的，而国家在其发展的早期阶段都会频繁地借助国有企业等非市场化手段。研究表明，技术不确定性能够较好地概括产业技术特征，技术不确定性越低的行业，创新政策中非市场化手段越可能成功，进而使国有企业在有此类特征的行业更有可能推进技术进步与产业升级，而技术不确定性高的行业，更要发挥市场机制推进创新，进而使民营企业更有可能推进技术进步与产业升级。本章最后运用技术水平与产业技术特征两个维度对两种激励机制适用的产业范围进行了量化分析，并将其划分为四个区域，进而探讨市场激励与非市场激励的边界问题，探寻如何实现政府与市场的良性互动，如何发挥不同所有制企业的优势，共同促进创新，不断推进中国的产业升级。

关键词：创新激励机制；技术水平；技术不确定性

一、引言与文献综述

我国长期主要依靠物质要素投入的经济增长方式目前正面临着资源枯竭与环境污染的双重压力。从长期来看，经济增长方式向创新驱动转变是缓解上述压力最可行的路径；国家"十二五"规划明确提出，将科技进步和创新作为加快转变经济发展方式的重要支撑。2013 年，党的十八届三中全会将经济体制改革作为重点，提出深化科技体制改革，建设新型国家创新体系。《中共中央关于全面深化改革若干重大问题的决定》提出，要"发挥市场对技术研发方向、路线选择、要素价格、各类创新要素配置的导向作用"，"建立主要由市场决定技术创新项目和经费分配、评价成果的机制"，但同时又提出要"整合科技规划和资源，完善政府对基础性、战略性、前沿性科学研究和共性技术研究的支持机制"。上述要求从理念上讲都是十分正确的，但在实践中如何处理好市场在资源配置中起决定性作用（市场激励）与政府对创新的规划与引导作用（非市场激励），如何推进企业创新，健全技术创新激励机制，获取新的可持续发展竞争力是十分不容易的，这需要在理论研究中细化与量化两者的边界及其关系。

现代经济增长理论强调，科技创新是决定经济增长的主要动力源泉（Romer，1990）。由于技术的公共产品属性很容易引发市场失灵与投资不足等问题（Tassey，2004），因此整合科技规划和资源，完善政府对共性技术以及战略性、基础性、前沿性科学研究的支持机制，是保障经济可持续发展的必然选择。1942年，约瑟夫·熊彼特在其著作《资本主义、社会主义和民主》中最早提出了企业创新理论的概念，在该书中他还着重强调创新政策是决定企业创新的关键。真正对创新政策进行系统性的研究始于20世纪80年代，创新政策被看作一个系统，系统内存在着多个组成要素，要素之间相互作用、彼此联系，其中较有代表性的研究有 Rothwell 和 Zegveld（1981）、Nelson（1993）、Wegloop（1995）。Rothwell 和 Zegveld（1981）指出，科技政策与产业政策密切关联，并将两者统称为创新政策，根据作用层面的不同，创新政策可分为三类，即环境面、供给面和需求面；Nelson 研究了创新政策系统的具体构成，他认为创新政策主要包括专利制度、市场制度、政府和大学支持产业创新的政策以及相关研究和开发制度；Wegloop 对政府扶持协助产业创新发展行为进行了深入研究，指出创新政策实质上是政府施政行为的总和。

关于创新政策之于创新的作用，Kuznets（1973）研究了大量的资料，认为经济发展的两个必要因素为技术创新和创新政策结构，两者必须相互协调才能推动经济的发展。Nelson（1993）首次提出了一个概念——技术进步的制度结构，他指出技术进步的制度结构是影响技术创新的重要因素，其作用不可忽视。20世纪中期兴起的发展经济学特别强调了运用非市场化激励手段推进战略性新兴产业的发展。由于存在市场失灵等问题，发展经济学的经典理论模型，如主导产业发展理论、筱原三代平的动态比较成本理论和两基准理论等，均主张政府培育扶持有显著外部性的战略性产业，即用非市场化手段达到推动产业结构高端化和经济发展的目的（Rosenstein-Rodan，1943；Hirschman，

1958）。Amsden（1989）、Chang（2006）通过研究美国、日本、欧洲等发达国家和地区的产业发展史，说明在产业发展初期非市场化激励是促成企业创新成长的主要动力，相对于市场激励，非市场激励在资本主义初期占有绝对优势。Chang 和 Bad（2008）运用大量的事实研究指出，发达国家目前虽然对创新主要采取市场化的激励手段，但是在其发展的早期阶段都会频繁地借助于国有企业。各国创新的历史表明，政府在企业创新中也是可以有所作为的，非市场化的激励也可以促进企业创新。近年来，我国政府着重强调发展技术市场，不断加大对企业创新的扶持力度，然而大量文献与事实显示，获得大部分政府资助的国有企业在创新投入、创新效率等方面与民营及外资企业相比，均缺乏竞争力。Zhang 等（2003）以新产品销售收入作为创新效率测度指标，运用中国1995 年规模以上工业企业数据对外资企业、港澳台企业、股份企业、集体企业和国有企业进行研究，结果显示国有企业创新效率最低；吴延兵（2006）运用中国工业行业面板数据研究发现，国有产权对创新效率存在负效应；安同良等（2009）研究 R&D 补贴与企业自主创新效率的关系，指出我国政府的大部分 R&D 补贴用于国有企业，但其 R&D 成果与私营企业和外资企业相差甚远；Lin 等（2010）运用世界银行调查数据对中国私有企业、合资企业以及国有企业进行研究，发现私有企业、合资企业研发投资趋向相对更明显；吴延兵（2012）从创新投入、创新效率和生产效率三个角度研究不同所有制企业的技术创新表现，发现国有企业均表现欠佳。这些研究表明，简单依靠非市场化的手段激励企业创新成效并不好。

综上所述，市场化手段与非市场化手段都可以有效激励企业创新，但同时也各有其"失灵"的表现。政府何时放手采取市场激励政策，打破行政主导和部门分割，充分发挥市场导向作用，以及何时更多地采取市场之外强有力的非市场化激励，把握时机做出正确的判断，是提高政府推进创新效率、完善创新激励机制的关键所在。以往对于创新政策的研究更专注于政策本身对于创新的作用，或仅是对市场以及非市场化激励政策的优势与劣势进行探讨，针对两者边界问题的研究也仅停留在案例探讨阶段。本章刻画了创新激励机制作用的产业差异，运用技术水平与产业技术特征两个维度对其进行度量，特别探讨了激励机制中市场激励与非市场激励的边界问题，提出创新激励政策选择方案以实现政府与市场的有机交融和正向互动。本章试图提出一套量化分析方法，建立创新政策决策模型，探讨创新激励机制中政府和市场的边界与互动关系。

本章第二部分对企业创新的市场激励与非市场激励进行界定，同时阐述国际公认创新型国家的创新激励机制选择以及创新体系建设在国家战略中的重要地位；第三、第四部分分别探讨国家技术水平和产业技术特征与国家创新政策的关系，在此基础上对两者进行量化分析；第五部分以国家技术水平和产业技术特征的量化指标为二维结构构建创新政策决策模型，基于模型讨论市场激励与非市场激励的边界与互动，同时指出政策选择机制对后发国家的意义以及当前边界的变化趋势；第六部分运用上述模型对国家重大科技专项进行实证分析；第七部分为结论与进一步的讨论。

二、企业创新的市场激励与非市场激励

（一）企业创新的市场激励与非市场激励

市场机制是以市场为中心，通过市场自身的供求机制、价格机制和竞争机制，自发地使资源达到优化配置并推进技术进步与创新。非市场机制就是除市场机制以外的机制，主要是发挥政府的调控作用。市场化机制虽能够实现资源的优化配置，但其也存在着诸多弊端和缺陷，突出表现为不能够实现公共产品的开发创新。此外，它在资源配置上也存在着如外部效应、风险和不确定性以及竞争不充分等问题，即所谓的"市场失灵"。在宏观经济运行中，市场机制不可避免地会出现失业、物价不稳定和经济衰退期等经济社会问题。对于市场机制中存在的"失灵"或者说是"负效应"，必须借助非市场机制维护市场的运营秩序，保证企业健康成长，实现创新发展。

企业创新的市场激励，就是以市场为主体，充分发挥市场的作用，在国家制定的保障市场公平、有序运行的法律政策规范下，通过"看不见的手"调节推进企业创新的发展，发挥市场对技术研发方向、路线选择、要素价格、各类创新要素配置的导向作用，这是市场激励在创新方面的重要体现。企业创新的非市场激励就是除市场激励以外的政府激励政策。国家通过对市场形势以及某一行业自身发展水平的判断，在某一特定时期对某一特定行业实施激励政策，如对某一创新项目设立专项基金进行资助等。它具有非市场机制的属性，通过政府的补贴或政策上的扶持推进企业的成长与创新发展。为克服市场的失灵，政府通过整合科技规划和资源，对基础性、战略性、前沿性科学研究以及共性技术研究进行支持，是非市场激励在推动创新方面的重要体现。

（二）创新型国家的市场激励与非市场激励

国际学术界通用的对于创新型国家的定义主要是基于现阶段创新对于经济发展的推动作用，据此可知，目前世界上公认的创新型国家主要有美国、德国、丹麦、法国、芬兰、瑞典、英国、日本、新加坡和韩国等。衡量创新型国家的三个重要指标有研发投入占 GDP 的比重、科技进步贡献率以及技术对外依存度，以上国家在上述指标的排名均在世界的前列。综合比较分析创新型国家的特点可以看到，创新已经逐步成为国家发展的深层驱动力，成为各国国家战略的核心内容。各国政府也都在不遗余力地进行国家创新体系建设的战略设计，使创新战略上升到国家战略的核心位置，以便使本国能够在日趋激烈的国际竞争中争得一席之地。

尽管各个国家都将构建国家创新体系作为社会经济制度的核心，但是由于各个国家存在着经济、社会、文化以及自身资源禀赋等方面的差异，因此形成了各个国家独特的国家创新体系建设和运行模式。美国的创新体系主要是以"硅谷"为典型代表的"科技创新工业园"。对美国创新战略进行分析发现，在创新体系中，企业能够感知并产生具有商业价值的想法，充当创新引擎的角色。通过市场中竞争机制的作用，好的创新通过检验并传播，企业在这一过程中不断重塑自身，创新不断产生，为美国带来更大的繁荣。[①] 由于市场无法凭借自身优势产生充分的创新流，因此就需要政府在创新体系中充当推动者的角色。政府在选择创新政策时并不拘泥于政府不参与或是政府干涉，而是选用最佳方式充当合适的角色来支持企业的创新活动。可以看出，美国的企业创新机制并非是单纯地采用市场激励或是非市场化激励，而是两者的有机结合，政府在合适的时机充当不同的角色。日本的创新体系呈现出产业集群式的特点，代表性的地区有东京、大阪、名古屋以及北九州。20 世纪 50 年代的日本在技术创新方面存在着一系列的困难，如不健全的市场机制、企业几乎毫无自主创新能力以及不完善的技术创新基础设施等，在这样的情况下，日本政府几乎完全承担了构建与完善技术创新体系的全套工作。政府在技术创新过程中的作用不仅仅是克服市场失灵，而且主导引领了技术创新的方向。一方面，日本政府制定各项国家技术发展计划指导企业的技术创新活动；另一方面，政府充分运用自身优势以各种角色参与企业的创新，在必要时直接进行行政干预，以达到影响企业创新行为的目的。因此，日本形成了"强政府"与技术创新追赶过程紧密联系的技术创新体系。显然在这一时期，非市场激励是日本克服技术创新困难的关键。

---

① National Economic Council of Economic Advisers, and Office of Science and Technology Policy. A Strategy for American Innovation: Securing Our Economic Growth and Prosperity [R]. Washington, 2011.

三、国家技术水平、创新政策与测量

（一）技术水平与创新政策

需要明确的是，这里的技术水平是指一国各行业在世界的技术竞争力，为国际间的纵向对比。虽然从目前来看发达国家对创新主要采取了市场化的激励手段，但是其中的逻辑是由于发达国家采取了市场化的激励手段，且发达国家技术领先，因此采取了市场化的手段，从而可以在国内及全球获取更大的利益。

要解释这一问题，首先从公有企业与私有企业的关联谈起。许多普遍的经验表明，建立公有企业的目的不是更好地发展公有经济进而取代资本主义，而是启动资本主义。历史上，国家在其发展的早期阶段都会频繁地借助于国有企业（Chang and Bad，2008）。18 世纪，普鲁士在腓特烈大帝时期建立了很多公有企业来稳固经济，如纺织行业、冶炼行业、军工、瓷器、丝绸和炼糖等行业。19世纪末期，日本效仿普鲁士，建立了包括造船、钢铁、采矿、纺织以及军工等方面的国有企业。在这些企业建立后不久，日本政府就实行了私有化，但有些企业即便在私有化之后也继续获得大量的补贴，尤其是造船企业。更近期的现代化的例子是韩国的钢铁制造商浦项制铁公司。1960 年初，韩国政府专门建立了一个国有企业来开展钢铁项目，使得没有发展钢铁行业先天优势的韩国拥有了世界上效率较高的钢铁企业之一。也就是说，为了避免资本主义失灵，即市场失灵，在不具备市场优势的行业发展初期，首先采用公有制的方法建立公有企业，然后将其慢慢市场化，是获取经济利益、取得成功的必经之路。特别要说明的是，此处的市场失灵与经济学中常说的市场失灵（不完全竞争、外部效应、信息不充分、交易成本、偏好不合理等）不同。经济学中常讲的市场失灵是以发达国家市场运行为依据进行的概括与总结，并不能完全反映发展中国家经济运行的实际，而我们这里的市场失灵主要是指，由于价格机制不能反映经济发展的动态效果，从而使发展中国家的幼稚产业不能发展的经济现象。

从目前来看，技术水平领先的国家多采取市场化的手段激励企业进行创新，但我们不能就此得出市场化手段是导致这些国家技术领先的原因，而可能相反的是，由于这些国家处于技术领先地位，因此可以采取市场化的手段激励企业进行技术创新。可以说，市场化的手段不是决定发达国家技术水平先进的根源，而仅是促进推动技术水平发展的途径，真正的根源在于发达国家通过非市场化的手段为其技术领先积累了一定的资本，进而运用市场化手段激励技术水平的发展。回到上面的问题，实际上创新政策决定于国家技术水平的高低，目前大多数发达国家采取市场化的激励政策是以前期有一个非市场化政策为基础的，国家的非市场化政策是技术水平发展的根基，市场化政策仅是辅助工具。大量的事实进一步说明了上述观点，许多欧洲经济体，像第二次世界大战后的奥地利、芬兰、法国、挪威和意大利，它们经济的成功至少在 1980 年以前是依靠非市场化的手段换取的。尤其是法国和芬兰，政府借助于国有企业运用非市场化手段始终引领着本国的技术现代化。在法国，许多家喻户晓的品牌过去都是国有企业，比如，雷诺（汽车）、阿尔卡特（电信设备）、圣戈班（玻璃及其他建筑材料）、尤西诺（钢铁）并入到阿赛洛，现在是阿赛洛-米塔尔的一部分，是世界上最大的钢铁企业）、泰雷兹（国防电子）、埃尔夫阿奎坦（石油和天然气）、罗纳普朗克（制药）。在 1986~2004 年不同时期的私有化之前，政府凭借这些国有企业运用非市场化手段主导了法国的技术进步和工业发展。在芬兰，公有企业被看作非市场化的重要工具，在林业、矿业、交通设备、钢铁、化工业和造纸机械等行业都处于技术现代化前沿。即便在 21 世纪初的私有化之后，芬兰政府也只在很少企业中放弃了控股权（Chang，2006）。

（二）一国在某一领域技术水平的度量

大量文献指出，R&D 强度是衡量一国科技投入和创新能力的主要指标。从 Solow（1985）开始，经济学家们就已经注意到 R&D 投入对经济增长的贡献。新经济增长理论的经济学家 Romer（1990），Lucas（1988）也认为，技术进步的动力在于 R&D 投入。Griliches（1979）则指出，象征技术水平的所有生产效率方面的提升很大程度上依赖于 R&D 投入。Lee（2002）通过对发达程度不同的六个国家七个行业中企业的 R&D 强度进行研究发现，行业内企业技术水平的高低决定了企业间 R&D 强度的分布。安同良等（2006）测算了江苏省制造业企业各行业 2002 年的 R&D 强度，通过与经济合作与发展组织（OECD）（1991）提供的同类数据相比发现，中国的技术水平与其相去甚远。例如，2002 年江苏医药制造业的 R&D 强度是各行业中最高的，为 10.5%，而 2000 年美国在该行业已高达 19.9%，1998 年日本的数据为 21.5%。此外，2000 年美国高技术产业的平均研发强度高达 22.5%，其中电子设备制造业的研发强度为 19.6%，而作为我国较发达省份的江苏，其电气及电子产品制造业仅为 3.32%。综合以上分析，本章采用以下公式度量一国在某一行业的技术水平：

$$TL_{ij} = \frac{RD_{ij}}{RD_j} \tag{9-1}$$

其中，TL_{ij} 表示 i 国 j 行业的技术水平；RD_{ij} 表示 i 国 j 行业的 R&D 强度，用 R&D 投入与行业总产值之比表示；RD_j 表示 j 行业的世界平均或发达国家的 R&D 强度，该比值越高，说明 i 国 j 行业技术水平相对较高。鉴于数据的可得性，本章用七国集团（G7）（美国、日本、英国、法国、德国、意大利、加拿大）R&D 强度表示 RD_j，测算结果如表 9-1 所示。

由表 9-1 可以看到，中国仅食品、饮料、纺织等相关行业技术水平相对较高，医药、化学以及高新技术设备制造业等大多处于较低水平。

表 9-1　中国各行业 R&D 强度及技术水平测度值

行业（GB/T4754—2002）	Industry（ISIC/Rev3）	中国	G7	中国/G7
农副食品加工业	Food products, beverages and tobacco（15-16）	0.31	0.47	0.65
食品制造业	Food products, beverages and tobacco（15-16）	0.62	0.47	1.31
饮料制造业	Food products, beverages and tobacco（15-16）	0.68	0.47	1.43
烟草制品业	Food products, beverages and tobacco（15-16）	0.29	0.47	0.62
纺织业	Textiles, textile products, leather and footwear（17-19）	0.42	0.50	0.84
纺织服装、鞋、帽制造业	Textiles, textile products, leather and footwear（17-19）	0.41	0.50	0.81
皮革、毛皮、羽毛（绒）及其制品业	Textiles, textile products, leather and footwear（17-19）	0.31	0.50	0.61
家具制造业	Manufacturing n.e.c. and recycling（36-37）	0.29	0.66	0.44
文教体育用品制造业	Manufacturing n.e.c. and recycling（36-37）	1.06	0.66	1.62
石油加工、炼焦及核燃料加工业	Coke, refined petroleum products and nuclear fuel（23）	0.22	0.31	0.70
化学原料及化学制品制造业	Chemicals and chemical products（24）	0.91	6.11	0.15
医药制造业	Pharmaceuticals（2423）	1.90	15.92	0.12
化学纤维制造业	Chemicals and chemical products（24）	0.95	6.11	0.16
橡胶和塑料制品业	Rubber and plastics products（25）	0.75	1.18	0.64
非金属矿物制品业	Other non-metallic mineral products（26）	0.41	0.84	0.49
黑色金属冶炼及压延加工业	Basic metals（27）	0.98	0.55	1.80

续表

行业（GB/T4754—2002）	Industry（ISIC/Rev3）	中国	G7	中国/G7
有色金属冶炼及压延加工业	Basic metals（27）	0.76	1.55	0.49
金属制品业	Fabricated metal products（28）	0.80	0.45	1.78
通用设备制造业	Machinery and equipment, n. e. c. （29）	1.16	2.53	0.46
专用设备制造业	Machinery and equipment, n. e. c. （29）	1.63	2.53	0.64
交通运输设备制造业	Transport equipment（34–35）	1.44	4.54	0.32
电气机械及器材制造业	Electrical machinery and apparatus, n. e. c. （31）	1.37	3.43	0.40
通信、计算机及其他电子设备	Electrical and optical equipment（30–33）	1.67	8.78	0.19
仪器仪表及文化、办公用机械	Office, accounting and computing machinery（30）	1.62	12.50	0.13
电力、热力的生产和供应业	Electricity gas and water supply（40–41）	0.10	0.14	0.71
燃气生产和供应业	Electricity gas and water supply（40–41）	0.06	0.14	0.46
水的生产和供应业	Electricity gas and water supply（40–41）	0.28	0.14	2.04

注：本章参考向铁梅等（2008）将按国家标准《国民经济行业分类》（GB/T4754—2002）与《全部经济活动的国际标准产业分类》第三版（ISIC/Rev3）进行对应，括号内数字为ISIC/Rev3中的两位数分类码。中国R&D强度的测算为2011年数据，G7为2005年数据。

资料来源：《中国科技统计年鉴》（2012）、OECD统计数据库以及笔者计算整理。

四、产业技术特征、创新政策与测量

与第三部分不同，第四部分对行业特征进行描述，为行业间的横向比较。由于市场失灵等多方面因素的存在，私有投资者不会青睐于技术路线明确但规模大且成熟期长的项目，那么这些私有投资者不感兴趣但对国民经济发展有益的行业就需要非市场化的手段来维持。而对于技术路线不明确的行业，虽存在风险，但也可能有较高的收益，市场则能充分调动私有投资者的主观能动性。因此，不同的产业技术特征应对应不同的创新政策，而对于怎样衡量产业的技术特征，技术不确定性包含的四个维度能够更好地对其进行概括描述。

（一）技术不确定性的定性度量

不确定性是指人们缺乏对事件基本知识的了解，对事件可能的结果知之甚少，因此不能通过现有理论或经验进行预见和定量分析。技术不确定性的产生不仅是因为缺乏与已知事件发生有关的信息，更根本的是还存在着尚不知道如何解决的技术经济难题，而且准确地追踪行动的结果是不可能的。

为了更深入地研究技术不确定性，实现部门间的横向对比，本书将其分解为四个维度进行分析：技术机会、创新的可收益性、技术进步的累积性和创新知识基础（Breschi and Malerba，1997；吕铁、贺俊，2013）。一是技术机会。技术机会越大，技术的不确定性越高。技术机会是指给定研发投资规模时成功实现创新的概率，概率越大表示技术机会越大。二是创新的可收益性。创新的可收益性越大，技术的不确定性越低。三是技术进步的累积性。技术进步的累积性越低，技术的不确定性越高。技术进步的累积性表示下一期的技术对当期技术的依赖程度。四是创新知识基础。创新知识基础门槛越高，技术的不确定性越低。

（二）技术不确定性的定量度量

由技术不确定性的四个维度可以看到，这种不确定性与创新紧密相连。Acs和Varga（2002）指出，技术变化的衡量对应创新过程的三个环节：一是创新的投入，主要表现为人力和资金的投入；二是创新中间产出，表现为新的发明等；三是创新终端产出，表现为利润的提高。对于创新的量化，经济学界一般采用两种近似指标：一种是基于投入视角的研发投入，通常用 R&D 表示；另一种是基于产出角度的专利活动，通常用行业或企业专利数表示。

很多文献对于行业技术不确定性的研究仅仅停留在定性分析阶段，本章在以上分析的基础上运用工业总产值与 R&D 经费的比值从投入角度对其进行度量。研发成功概率越低的行业，研发投入占销售收入（本章用总产值代替）的比重越高。在美国，许多传统行业如食品工业和主要金属加工业中，其研发成本通常仅占销售收入的 0.4%，而在医药制造业中，较低的成功率使得研发成本经常要占去销售收入的 20% 或者 16%（F. M. 谢勒，2001）。行业的技术越不确定，企业就需要把越来越多的资源投入到 R&D 上，这包括资金投入的不断增大，原有的熟练工人被越来越多的专业技术人员所代替，以及增加对 R&D 管理的资源分配等。因此，工业总产值与 R&D 经费的比值越低，就表示行业技术不确定性越高。

专利数据在量化创新方面显得越来越重要。大量的文献运用专利研究创新问题，如技术进步与经济发展的互动关系、国家的创新演化过程以及企业的创新策略等（李柏洲、朱晓霞，2007）。本章尝试从产出角度提出一个度量技术不确定性的指标，以便与先前学者的定性分析相互印证，计算公式如下：

$$TU = \frac{IOV}{PQ} \tag{9-2}$$

其中，TU 表示行业的技术不确定性；IOV 表示行业总产值，即行业产出；PQ 表示行业发明专利数。该比值越高表示行业的技术不确定性越低；反之，技术不确定性越高，计算结果如表 9-2 所示。可以看出，排名靠前的行业多数为新兴行业，而排名靠后的多为传统行业，若将这些行业进一步细分为具体的产业，技术不确定性的划分会进一步明确。

表 9-2 工业行业技术不确定性排名

按专利数排名	行业名称	TU	工业总产值/R&D 经费	按 R&D 经费排名
1	通信设备、计算机及其他电子设备制造业	1.03	65.35	3
2	仪器仪表及文化、办公用机械制造业	1.13	60.23	2
3	医药制造业	1.42	58.24	1
4	专用设备制造业	1.60	69.77	4
5	电气机械及器材制造业	2.14	79.05	6
6	文教体育用品制造业	2.61	230.77	21
7	通用设备制造业	3.05	90.30	7
8	家具制造业	4.62	546.28	32
9	金属制品业	4.89	204.82	17
10	化学原料及化学制品制造业	5.10	123.52	11
11	交通运输设备制造业	5.24	72.84	5
12	非金属矿物制品业	6.31	282.36	23
13	橡胶制品业	7.34	111.73	9
14	有色金属冶炼及压延加工业	7.72	181.49	14
15	化学纤维制造业	9.11	111.69	8
16	饮料制造业	9.55	163.77	13
17	食品制造业	9.79	216.79	20
18	水的生产和供应业	10.16	604.84	34
19	烟草制品业	13.89	331.49	26
20	黑色金属冶炼及压延加工业	15.55	119.78	10
21	纺织业	16.64	233.79	22

续表

按专利数排名	行业名称	TU	工业总产值/R&D 经费	按 R&D 经费排名
22	电力、热力的生产和供应业	19.61	915.08	35
23	纺织服装、鞋、帽制造业	19.74	440.52	27
24	皮革、毛皮、羽毛（绒）及其制品业	23.68	544.05	31
25	农副食品加工业	27.36	456.91	28
26	石油加工、炼焦及核燃料加工业	30.04	537.90	30
27	燃气生产和供应业	65.46	1899.42	37

资料来源：根据《中国工业统计年鉴》(2012)、《中国科技统计年鉴》(2012)计算整理得出。

经比较发现，R&D 经费对于行业不确定性的划分敏感度更高一些，这表现在各计算数值的变异系数上。其中，按 R&D 经费计算的各行业变异系数为 115.13%，而按专利数计算的变异系数为 107.96%；按 R&D 经费计算的技术不确定性离散程度更高一些，进而灵敏度更高，但两者十分接近。然而值得关注的是，无论从产出角度还是从投入角度进行度量，被判断为不确定性高的行业几乎未发生变化，如医药制造业，仪器仪表及文化、办公用机械制造业，通信设备、计算机及其他电子设备制造业等；被判断为不确定性低的行业虽有不同，但未发生显著变化，仅排在中间部位的极个别行业有较为显著的变化。综合以上对比可以看到，本章选用的指标能够对这种不确定性进行判断，特别是当行业的技术不确定性较高或者较低时，该指标的判断更为精准。再考虑到 R&D 经费在财务计量上有较大的随意性，而发明专利数是一个较为准确的数值，因而本章下面以发明专利数为基础进行研究。

五、创新政策决策模型与两种激励的边界与互动

（一）创新激励决策模型

需要再次强调的是，技术水平的比较可以分为横向与纵向的比较。横向的比较是指各行业之间技术水平的比较，如 IT 行业与餐饮业技术水平的比较；纵向的比较是指不同地区的同一行业技术水平的比较，如美国的制造业与中国制造业技术水平的比较。本章所指的技术水平的高低属于后者，为中国某一行业与国际水平的比较。技术的不确定性为行业间的横向比较。

一国在某领域技术水平较低，在国际市场不具有比较优势，市场失灵就越明显，此时非市场化手段就显得至关重要。此外，技术路线的明确程度也与市场存在着紧密的联系，对于技术路线较为清楚且目标明确的行业，只需不断追加资本的投入，目的在于项目的成功，市场在这一行业发挥的作用就较为微弱。然而，对于技术路线不明确的行业，因为没人知道什么是技术方向，市场则能充分发挥在技术研发方向、路线选择以及各类创新要素配置等方面的导向作用。以上可以概括为，技术水平的高低以及技术路线的明确程度决定着创新政策的选择，如图9-1所示。需要注意的是，本章所建立的选择机制模型仅用于说明某一行业适用于何种激励手段，具体的实施还需进一步考虑某一行业在一国所处的战略性地位。

图9-1的横轴表示技术不确定性，纵轴表示一国在某一行业的技术水平，将两轴的交点记为原点，横轴方向上离原点越远表示行业的技术不确定性程度越高；反之，则技术不确定性越低；同理，纵轴方向上也是如此，离原点越远表示一国在该行业的技术水平越高；反之，则在该行业的技术水平越低。表9-3为按照该框架分析的我国工业行业所处的政策选择象限划分。

图9-1 政策选择机制

表9-3 工业行业政策选择机制象限划分

政策选择象限	行业所处象限位置
第Ⅰ象限	通信设备、计算机及其他电子设备制造业，仪器仪表及文化、办公用机械制造业，医药制造业，专用设备制造业，电气机械及器材制造业，通用设备制造业，家具制造业，化学原料及化学制品制造业，交通运输设备制造业，非金属矿物制品业，橡胶制品业，有色金属冶炼及压延加工业
第Ⅱ象限	文教体育用品制造业，金属制品业

续表

政策选择象限	行业所处象限位置
第Ⅲ象限	食品制造业，饮料制造业，黑色金属冶炼及压延加工业，水的生产和供应业
第Ⅳ象限	化学纤维制造业，烟草制品业，纺织业，电力、热力的生产和供应业，纺织服装、鞋、帽制造业，皮革、毛皮、羽毛（绒）及其制品业，农副食品加工业，石油加工、炼焦及核燃料加工业，燃气生产和供应业

注：TL 大于 1 表示中国在该行业的技术水平高，TL 小于 1 表示中国在该行业的技术水平低；技术不确定性指数小于 9 表示该行业技术不确定性高，大于 9 则表示技术不确定性低。

由图 9-1 可以看到政策选择机制分为四类：第一类，该行业的技术不确定性高且技术水平也相对较高，即位于右上角的第Ⅱ象限。私有企业、小企业在这些行业存在着比较优势，且这些行业多为劳动密集型行业，如设计、IT 行业等，市场对创新的导向作用能够得到充分发挥，位于该象限的行业应采取市场激励手段，政府重在维护公平的竞争市场，加强知识产权运用和保护力度以维护市场的有序运行，打破行政主导和部门分割，建立主要由市场决定技术创新项目和经费分配、评价成果的机制；第二类，该行业在一国的技术水平较低且有较为明确的技术发展方向，即位于左下角的第Ⅳ象限。在这些行业中公有制企业拥有比较优势，且这些行业多为资本密集型行业，如石化、煤炭开采及部分制造业等，在这些行业中市场的失灵尤为明显，政府的作用至关重要，政府可以采取新型举国体制，整合科技规划和资源，通过建立科技重大专项等方式，推动某一产业从第Ⅳ象限向第Ⅲ象限转变；第三、第四类，一国技术水平高且技术路线清晰的行业以及技术路线不清晰但该国技术水平低的行业，即左上角及右下角的第Ⅰ和第Ⅲ象限。在这些行业，应采用两者结合的手段，双管齐下，即市场与非市场激励充分互动的混合机制。

（二）市场激励与非市场激励的边界与互动

从图 9-1 中可以看到，虽然两个混合机制区域需同时采取两种激励手段，但是哪一种手段处于主导地位以实现混合机制的效率是值得再探讨的问题，即政府如何实现市场激励与非市场激励的有机互动以达到推动企业创新的目的。实际上，单纯从技术不确定性角度进行分析，可将行业分为传统行业和新兴行业，技术不确定性高意味着该企业为新兴行业，技术不确定性低则为传统行业。毋庸置疑，对于某一新兴行业，其在国际水平上处于领先地位，位于决策模型的第Ⅱ象限，那么采取市场激励是明智之举。对于技术水平处于较弱地位的战略性新兴行业，其政策选择无疑是当前我国乃至新兴发展中国家迫切需要解决的难题。

在这个问题上可以列举不少选择失败的案例。日本政府的"强政府"特征引领日本走上了创新强国的道路，但是由政府主导的人工智能计算机计划以及模拟高清电视研发等项目不但没有使日本实现技术水平领先，而且在一定程度上阻碍了相关产业的发展；中国政府大力支持电动汽车产业的发展，试图将新能源汽车的主要技术路线集中于电动汽车项目，但是在该项目上很多被扶持企业自力更生的能力较差，产业发展存在较大的隐患和不确定性，电动汽车产业的发展目前处于尴尬境地。

Geroski（2003）指出，探索性、多样性的创新投资是产业成长的必然要求。进入 21 世纪，创新领域正发生着质的变化，关键知识由高度集中逐渐分散化，创新组织也呈现出生态化的趋势，那么以往我国政府所采取的传统的重点培育少数骨干精英的做法可能已经越来越不适应产业发展的创新要求。因此，强化市场作用，弱化政府干预，强调政府的"服务"功能，实现政府与市场的互动是推进处于弱势地位的战略性新兴产业发展的必然选择。借鉴欧美国家成功经验，这种互动主要体现在四个方面：首先，加强知识产权运用和保护，保证市场的有序进行，同时努力打造产学研创新协同平台，为企业创新提供智力资本支撑；其次，由市场决定技术创新项目和经费分配、评价成果，避免行政主导和部门分割，政府给予创新项目资金上的支持或政策上的鼓励；再次，积极促进探索各种形式的合作，推动关键性技术的突破；最后，激发民营企业创新活力，改善科技型中小企业融资条件，创新商业模式，促进科技成果资本化、产业化。科技政策不是培育少数精英，而是推进各类创新主体的合作和多形式的探索，实现政府的"服务"功能，强化企业在技术创新中的主体地位，为企业创新提供良好的商业环境。例如，美国"先进制造业伙伴计划"的基本政策思路主要是营造有利的商业环境，如积极促成多形式的产业合作，提供稳定的人才通道，增加物质资本等，并不是具体扶持某一特定企业或科研院所（AMP Steering Committee，2013）。

与新兴行业不同，针对传统型且在国际上处于较领先地位的行业，应发挥市场的基础性作用，同时由于其技术路线的明确性，还应强化非市场机制以实现国际竞争力的进一步提升，将上述互动讨论归结为表 9-4。

表 9-4　新兴行业与传统行业的混合机制选择

技术不确定性决定的行业类型	新兴行业		传统行业	
国际地位分类	国际领先地位	国际弱势地位	国际领先地位	国际弱势地位
政策机制选择	市场激励	混合机制	混合机制	非市场激励

续表

技术不确定性决定的行业类型	新兴行业	传统行业
混合机制说明	以市场为主，弱化非市场激励	以市场为基础，强化非市场激励
非市场化激励方向	补供方，主要通过科技项目等方式推进科技成果转化，推动该产业向图9-1所示的第Ⅱ象限转化	补需方，如采用政府采购等方式进一步提升产业的国际竞争力

（三）政策抉择机制对后发国家的意义

技术不确定性高的产业多为国家战略性新兴行业，对经济增长的带动作用强，很大程度上决定着国家未来的竞争优势，其突出特点是技术进步快、R&D比重高，同时初始投资巨大、成长潜力大以及风险高等。带有这些特点的经济活动具有动态的不完全竞争性，能够产生动态超额利润（即经济租），将一国送入快速发展的轨道。而技术不确定性较低的产业特点表现为技术创新慢、研发投入低、风险低，进而创造的经济租也相对较低，对经济发展的带动作用较弱。经济学家约瑟夫·熊彼特更是将企业的技术竞争（而非价格竞争）引申成为国家之间的竞争，解释了不同国家之间经济活动的差异如何决定国家之间经济发展的先进与落后。对于不同的国家而言，如果一国集中了更多的技术不确定性高的产业，宏观经济中创新、技术进步和产业升级的重要性更为突出，那么相比于其他更多发展技术不确定性低的产业的国家而言，该国更具国际技术和经济竞争优势，能够通过国际贸易等方式将经济交换所创造的剩余更多地集中于本国。

综上分析可见，技术不确定性高的产业为后发国家打开了成功实现赶超的"机会窗口"，如地理大发现时代航海业之于西班牙海上霸主地位的确立，18世纪工业革命时代纺织业之于英国的辉煌，19世纪末化工业、钢铁工业等新兴产业之于德国、美国的崛起，"二战"后半导体产业、汽车工业与日韩的经济腾飞等。在这些国家经济发展的历史事实中，航海业、纺织业、化工、钢铁和半导体等，都属于当时技术路线不确定的产业，即战略性新兴产业。

对于后发国家来说，由于人力资本等因素的影响，其战略性新兴产业往往处于国际弱势地位，即位于图9-1中的第Ⅰ象限，属混合机制区域，因此，把握并掌控好混合机制的运用，实现市场激励与非市场激励的有机互动，是后发国家实现经济飞跃的关键所在。

（四）政府与市场的边界趋势

通过上文的分析发现，市场化的手段通过引入竞争机制能极大地推进创新的发展，非市场化的手段通过政府的保护与支持能够对创新行业起到扶持作用。那么，目前市场激励与非市场化激励是否存在着严格的边界并不可逾越，是否这一边界在渐渐淡化、模糊不断融合呢？理论上，两者的融合能够促进创新产业更加健康高效地发展，市场化保证了经济的高效率，非市场化避免了市场的失灵，保证了经济的健全。现实中，欧盟采用的创新券政策颇具两者融合的意味。

创新券政策是一项政府激励创新政策，其目的是满足中小型企业的创新发展需求。中小型企业存在着创新资源缺乏以及经济实力不足等缺陷，自身的创新活动难以实现，创新券的应用为企业解决了这一难题。政府给企业发放的创新券实际上是另一种形式的"货币"，企业可以运用政府补贴的"货币"实现与高校和科研机构的合作，完成企业自身的创新活动。2004 年以来，创新券在欧洲得到了广泛的推广，包括意大利、荷兰等十余个国家相继出台了创新券政策以扶持中小企业的创新发展。荷兰在创新券政策方面具有较为丰富的经验，近年来政府累计发放上万张创新券以支持企业的创新活动（郭丽峰、郭铁成，2012）。

这种创新券政策存在两大优势：首先，解决了市场对创新资源配置的"失灵"问题，实现了公共科技投入的公平性。在市场机制的作用下，在看似公平竞争的市场上，中小型企业实际上面临着很多不公平的待遇。然而，中小型企业是国民经济的基础，不但很大程度上解决了国家的就业难题，而且在技术创新方面也有着突出的贡献。这就要求政府的政策体现公平性，在关注大项目、大企业的同时，兼顾对中小企业的支持，在市场失灵的地方给予政策倾斜以推进中小型企业的创新。其次，避免了政府投入的挪用和浪费，提升了政府科技投入的效率。一是创新券只能用于购买创新服务，政府投入流失用以他用的现象得以避免，同时创新券不同于真正的货币，未被使用也不会造成财务上的浪费；二是企业自主选择购买创新服务，那么创新券所支持的项目就具有用户需求导向和市场导向的性质，企业通过创新券项目解决了自身的创新难题，获得了新的技术，取得了高的附加值。在整个创新活动中，不存在闲置的科研成果，更不会出现科研成果转化的难题，政府科技投入效率得到提升。在购买实施中，无形地引导了社会投资，影响了高校与科研机构的研发方向，能够真正实现研发与市场的紧密结合，放大了政府投入的效能。

大量的事例虽极力倡导市场化手段，但都不同程度地使用了政府保护的非市场化手段。日本在经济发展中虽以"强政府"为特征，但也相应地引入了市场化手段。尤其是 2008 年国际金融危机后，新自由主义强调的"市场"暴露出了很多缺陷，社会主义制度体现了强大的优势，全面使用新自由主义充分强调市场的作用引发了各方质疑，发达国家开始通过不同程度的非市场化手段来维持自身经济发展。也就是说，政府与市场的边界正在逐渐模糊淡化，呈现出相互融合的趋势。

值得强调的是，这种相互融合是两种手段相互结合以激励创新企业的发展，并不代表边界的不清晰。所谓的边界不清晰，是指政府的政策选择失误，本应较多地使用非市场激励，却过度地使用了市场激励，或者本应发挥市场对创新的导向作用，却给予企业太多的保护。所谓的"融合"，实际上是政府在正确判断经济形势的前提下，实现非市场激励与市场激励的有机结合以推动创新企业健康、良性地发展。

六、对于中国科技重大专项的分析

表9-3 给出的分类只是工业行业的大致分类，具体考虑某一行业采取何种激励政策，还需要对该行业的具体数据加以分析。运用本章第五部分的分析框架将国家重大科技专项归类于某一具体行业中进行实证分析，实证结果如表 9-5 所示。

表 9-5　国家重大科技专项政策选择分析

专项名称	技术水平度量	技术不确定性度量	技术路线是否明确	政策选择机制象限
核心电子器件、高端通用芯片及基础软件产品专项	0.19	2.47	否	I
极大规模集成电路制造装备与成套工艺专项	0.19	2.53	是	IV
新一代宽带无线移动通信网专项	0.19	0.79	是	IV
高档数控机床与基础制造装备专项	0.46	2.35	是	IV
大型油气田及煤层气开发专项	—	—	—	—
大型先进压水堆及高温气冷堆核电站专项	0.71	0.82	是	IV
水体污染控制与治理专项	0.64	0.77	是	IV
转基因生物新品种培育专项	—	—	—	—
重大新药创制专项	0.12	1.33	否	I

续表

专项名称	技术水平度量	技术不确定性度量	技术路线是否明确	政策选择机制象限
艾滋病和病毒性肝炎等重大传染病防治专项	—	—	—	—
大型飞机专项	0.32	2.76	是	Ⅳ
高分辨率对地观测系统专项	0.64	2.34	是	Ⅳ
载人航天与探月工程专项	0.64	2.55	是	Ⅳ

注：关于对科技专项技术不确定性的度量，在数据处理时，要适当考虑到技术路线的明确与否，若技术不确定性高，但技术路线十分明确，我们将其定义为技术不确定性较低。其中，技术路线是否明确是根据国家重大科技专项中是否有具体的研发目标描述来确定。—表示由于数据问题未对该专项进行分析。

资料来源：《中国经济普查年鉴》（2008）、联合国贸易与发展会议数据库中2008年数据以及中华人民共和国科学技术部网站。

表9-5中，位于第Ⅳ象限的专项较多，回归至图9-1可知，需采用非市场激励政策，以使其符合国家重大专项的宗旨，说明该专项的确立能够促进该领域的健康发展。值得一提的是，重大新药创制专项和核心电子器件、高端通用芯片及基础软件产品专项均位于第Ⅰ象限，回归至图9-1及混合机制的讨论可知，需采用市场激励，弱化非市场激励，上文分析中大量的案例显示，对于位于Ⅰ象限的行业，若过多地采用非市场激励，势必会阻碍该领域的创新，不能激发企业的积极性，减弱其自力更生的能力。因此，这两个专项的确立很可能在一定程度上阻碍该领域的健康发展。

七、结论与进一步讨论

《中共中央关于全面深化改革若干重大问题的决定》提出："加快转变经济发展方式，加快建设创新型国家，推动经济更有效率、更加公平、更可持续发展。"可以说，创新型国家的构建是实现经济可持续增长的重要条件，而构建创新型国家关键是激发企业的创新动力。这其中的核心问题是，"处理好政府和市场的关系，使市场在资源配置中起决定性作用和更好发挥政府作用"。本章的研究表明：在激励企业创新方面，政府和市场的关系并不是非此即彼，而是互有所长，各有可以发挥作用的产业领域；作为一个发展大国，中国特别需要建立协调两种激励手段的国家创新政策体系，从而通过企业的不断创新推动中国经济的转型升级。本章的研究还表明：技术不确定性高且我国技术水平也相对较高的行业可以采取市场机制激励企业创新，这些行业包括软件、医药等行业；技术不确定性低且我国技术水平也相对较低的行业可以采取非市场机制激励企业创新，这些行业包括航天、航空等行业；技术不确定性高但我国技术水平相对较低的行业主要采取"补供方"的混合机制激励企业创新，这些行业包括医药制造业、化学原料等行业；技术不确定性低但我国技术水平相对较高的行业主要采取"补需方"的混合机制激励企业创新，这些行业包括钢铁、纺织等行业。

为什么国与国之间的创新能力存在着巨大的差距？其背后的真正动因是什么呢？表9-6主要考察了各国劳动力的接受高等教育的人数比重。由表9-6可以看到，以美国为首的创新型国家，在2000年这一比重均已经达到了25%以上，其中美国、日本已经达到了35%，约为同一时期中国的三倍。2007年，美国的这一比重已经达到了61.1%，几乎翻了一番，这为美国的创新提供了源源不断的强劲动力；其他国家的这一比重也有所增长，基本达到了35%以上。以上数据表明，这些创新型国家的人力资本雄厚，尤其是美国接受高等教育人数比重至2007年已经达到劳动力人口的一半以上。20世纪后期，熟练的人力资本成为发达国家在创新过程中争相抢占的资源，甚至变得比实物资本更为重要。Mowery等（1989）针对从事R&D活动的美国公司进行了研究，结果显示，随着R&D项目规模的不断扩大以及R&D公司数目的不断增长，美国对科学家以及高级工程师的需求也随之明显增加，且全部增加数中接受高等教育的增加比重最大。在上述方面，中国与美国相差较远，甚至与其他创新型国家也存在着巨大的差距。2000年，中国接受高等教育的人数比重比这些国家的一半还要低，至2010年这一比重也未得到明显提高。人力资本的积累是一个长期过程，由此决定了中国的创新道路在短期内不可能实现质的飞跃，需要一个积累过程。如果我们承认人是创新中最重要的因素，创新的差距实际是劳动力素质的差距，那么对此问题会有更加清醒的认识。中国社会科学院工业经济研究所的一份研究表明，中国2013年的劳动力素质大体相当于美国1940年左右的水平，中国目前的劳动力素质在企业创新方面仅可能是"有所为，有所不为"；特别是非市场化手段支持的产业创新必须要有所聚焦，聚集于我们所说的处于第四象限的产业。

表9-6 各国劳动力中接受高等教育人数比重　　单位:%

国家	中国		美国		英国		以色列		日本		韩国		印度尼西亚	
年份	2000	2010	2000	2007	2000	2008	2000	2008	2000	2008	2000	2007	2000	2008
比重	12.7	15.6	34.8	61.1	26.0	32.2	40.9	45.1	35.0	41.4	24.0	35.0	4.6	7.1

注：中国2010年的比重由笔者根据中国第六次全国人口普查数据计算得到。

资料来源：《国际统计年鉴》（2012）。

根据本章的研究，我们提出以下政策建议：

第一，对于技术不确定性低又关系国家安全的产业，可以采取新型举国体制通过大型项目促进企业创新能力的提高。举国体制适用于应对国家重大战略行动和竞争事务，其主要特点在于凭借强大的政治优势以及高效的组织方式集中优势资源协同攻关。西方国家在某些特定问题和时期也频繁地运用举国体制，以美国的"阿波罗"登月计划为例，共有 400 多万人参加，同时动用了 2 万家企业、120 所大学，仅不到 10 年却耗资高达 240 亿美元。综观国际知名的创新人才培养基地，它们均是以大学和科研院所作为支撑，将企业作为主体逐渐发展形成。例如，知名的波士顿 128 号公路高新技术园区以麻省理工学院等一流院所为依托，举世闻名的"硅谷"也是依靠斯坦福大学的支撑。美国、英国等发达国家的经验表明，创新型人才的开发是一种系统的、规模的社会整体行为，这就需要举国体制充分发挥其在制度和政治上的优势，将教育与产业相结合，强化企业在技术创新中的主体地位，建立产学研协同创新机制，同时推进应用型技术研发机构市场化、企业化改革，改革人才遴选和管理体制，优化学科布局，形成具有可持续发展的人才培养系统。在计划经济时期，我国的举国体制大多依靠行政手段来实现资源的集中，而改革开放以来，市场的作用愈显突出，新型的举国体制既要完善政府对共性技术以及战略性、基础性、前沿性科学研究的支持机制，又要健全技术创新市场导向机制，实现市场激励与非市场激励的有机融合，建立健全鼓励原始创新、集成创新、引进消化吸收再创新的体制机制，共同推进我国的大发展大繁荣。

第二，敢于发挥社会主义制度的优越性，利用不同所有制企业在创新领域的比较优势，提升企业的创新能力。国外大量经验表明，当行业技术水平相对较低时，企业过早地面对市场竞争只会使其过早地夭折，而在这一时期，公有制企业具有不可比拟的优势，即使是世界公认的创新型国家，其在发展的早期阶段也会频繁地借助于国有企业。竞争的最终目的是提高生产率，然而将正处于婴幼期的产业置于竞争当中，无异于拔苗助长，政府的支持是创新产业厚积薄发的基础。虽然对幼稚产业的保护也存在失败的案例，但是这些案例留下的经验是如何更好地运用非市场激励，适当地引入市场以实现互动，而非完全采用市场化手段。此外，技术路线及目标的明确程度也决定着创新政策的选择。以"蛟龙号"为例，其技术路线目标极为明确，即发展中国深海运载技术，提供重要高技术装备辅助中国大洋国际海底资源调查和科学研究，同时研发适合中国深海勘探、海底作业的共性技术，启动"蛟龙号"载人深潜器的自主集成研制、自行设计工作。技术路线目标明确，意味着人力与资本集中长期的投入，市场对于长期且集中的投入往往是失灵的，这就需要政府采用非市场激励，发挥国有企业的比较优势，制定中长期的计划以实现技术的创新与突破。对于我国技术水平低而路线明确的产业，如"两弹一星"、航天、蛟龙号等，其位于政策决策模型第Ⅳ象限，必须加大政府扶持力度，强化国有企业创新地位。对于技术水平高、技术不确定性低、发展路线方向明确的产业，其位于政策决策模型第Ⅲ象限，国有企业仍具有比较优势，强化非市场激励可推进国际竞争力的进一步提升。

第三，把握政府与市场的互动，构建可持续的政策框架，充分发挥市场机制推进战略性新兴产业发展的关键作用。国家战略性新兴产业是经济增长的主要动力源泉，决定着国家未来的竞争优势。而我国的战略性新兴产业往往在国际上竞争力不足，多处于政策选择模型的第Ⅰ象限，把握好混合机制的运用，强化市场激励，弱化政府激励，强调政府的服务功能，是推进战略性新兴产业可持续发展的关键。战略性新兴产业多为技术密集型，多样性和探索性的创新投资是产业成长的必然要求（Geroski，2003）。以往我国对战略性新兴产业的科技政策表现为集中资源培育科技精英，然而新兴产业成长的多样性、探索性特点要求政府功能应逐渐向服务型转变，以产业导向为基础，推进各类创新主体的多形式研发合作。

第四，建立规范、公平、高效的创新竞争秩序是激发中小企业创新活力的关键。产业创新领域独特的技术经济特征，使得中小企业也成为产业竞争力的重要载体。然而，我国的中小企业创新能力尤显不足，它们对科技成果需求迫切，但由于受自身经济、科研水平的约束，对创新成果的吸收能力不足。中小企业转变增长方式实现创新驱动，迫切需要公共政策支持。一方面，政府应进一步改善科技型中小企业融资条件，完善风险投资机制，激发中小企业创新活力；另一方面，应发展技术市场，健全技术转移机制，创新商业模式，促进科技成果资本化、产业化，为企业创新提供优质环境。此外，我国目前对中小型企业的创新投入政策没有具体的针对性，政府无法精确把控创新支持资金的流向，创新券政策能够改善这一状况，提高政府创新政策的效率，而且我国目前已经具备了实行创新券政策的良好条件（郭丽峰、郭铁成，2012）。

第十章　考虑环境成本与不同所有制的全要素生产率比较

刘　鹏　李　钢

本章摘要：本章运用数据包络分析（DEA）方法测算了 2008~2010 年中国钢铁企业的全要素生产率变动情况，并分析了影响环境全要素生产率变动的因素。研究表明，钢铁企业的全要素生产率是不断提高的，这一效率的提高主要依靠技术进步来实现，但技术效率还有较大的提升空间。在非环境约束下，不同所有制企业效率均有不同程度的提高，但国有企业效率值低于民营企业；在考虑环境约束后，国有企业效率提升较大，而民营企业效率优势开始减弱，外资和合资企业效率则出现下降。进一步分析发现，环境管制强度与环境全要素生产率显著正相关，可以初步判定"波特假说"在钢铁企业内部是成立的；要素禀赋结构与环境全要素生产率显著负相关，说明资本越密集的企业对环境造成的压力越大。

关键字：数据包络分析；钢铁企业；环境约束；全要素生产率

一、研究工具与方法

传统的全要素生产率的核算方法并没有考虑环境约束，难以反映全要素生产率的真实含义。在全国环境问题日益凸显、政府对环境问题日益重视、钢铁行业去产能进行得如火如荼的大背景下，将环境约束纳入全要素生产率的分析框架非常有必要。本章沿用董敏杰等（2012）的提法，将考虑环境约束的全要素生产率称为环境全要素生产率。[①]

对于全要素生产率的测算，传统的方法包括参数化计量模型法、成本收益法

[①]　董敏杰，李钢，梁泳梅. 中国工业环境全要素生产率的来源分解——基于要素投入与污染治理的分析［J］. 数量经济技术经济研究，2012（2）：3-20.

等，但对于多投入、多产出的环境问题而言，这些方法并不合适。成本收益法在不同投入要素与产出的权重选择上存在主观性问题，参数化的计量模型受制于先验的方程形式与分布假设。数据包络分析（Data Envelopment Analysis，DEA）方法则较好地避免了这些问题，可以方便地将污染物引入分析框架，因此近年来DEA被广泛用来分析环境资源问题。

通常情况下，DEA多用来测算某一时期决策单元的静态效率，若将不同时期的效率指标进行组合计算，可以得到动态的全要素生产率指标。随着效率测算方法的改进，全要素生产率测算方法也得到了相应的改进。DEA中用来测度全要素生产率的指标为曼奎斯特生产率指数（Malmquist Productivity Index，MPI），因其具有不需要指定投入与产出的生产函数形态、不需要对参数进行估计、允许无效行为存在、能对全要素生产率进行分解且可用于评价多投入与多产出决策单元的生产运营效率等优点，得到了学界越来越多的关注和使用。鉴于此，本章也使用 Malmquist 指数法，试图将中国钢铁企业的全要素生产率的变动分解为综合技术效率变动与技术进步的乘积。其中，又进一步将综合技术效率变动分解为纯技术效率变动与规模效率变动的乘积。

Malmquist 指数最早由瑞典经济学家 Malmquist 在 1953 年提出，Malmquist 首先提出缩放因子概念，然后利用缩放因子之比构造消费数量指数，即最初的 Malmquist 指数。Caves 等（1982）将这种思想引入生产分析中，通过距离函数之比构造生产率指数，并将其正式命名为 Malmquist 生产率指数。然而，Caves 等并没有提供测量距离函数的方法，因此 Malmquist 生产率指数只是一种理论上的指数，没有太多的实际应用，也在很长一段时间内没能引起学术界的重视。直到 Charnes、Cooper 和 Rhodes 三人在 1978 年共同提出 DEA，通过线性规划的方法来测度技术效率之后，距离函数概念才得到了迅速的发展和广泛的应用，并使其成为生产分析中一种可操作的方法。基于 DEA，Färe 等（1989，1994）将 Malmquist 生产率指数从理论指数变成了实证指数。

二、模型的选取

基于 Färe 等定义的 Malmquist 生产率指数模型形式，根据我国钢铁企业的实际情况，本章选用投入角度的规模报酬可变条件的 MPI 模型。从管理角度考虑，如果把减少投入作为对无效率单位提高效率的主要途径，应选择投入导向模型；如果把增加产出作为提高效率的主要途径，则应选择产出导向模型。考虑到本章研究的对象是钢铁企业的运营效率，而现阶段我国钢铁行业出现了较为严重的产能过剩情况，去产能的任务十分艰巨。在这样的大背景下，理应通过减少投入作为对无效率单位提高效率的主要途径，因此选用投入导向模型更具有现实意义。投入导向模型表示的含义为：在维持产出量不变的前提下，尽可能减少投入量来提高决策单元的效率。它的数学表达式如下：

$$M_i(y_{t+1},\ x_{t+1},\ y_t,\ x_t)=\left[\frac{D_i^t(x_{t+1},\ y_{t+1})}{D_i^t(x_t,\ y_t)}\times\frac{D_i^{t+1}(x_{t+1},\ y_{t+1})}{D_i^{t+1}(x_t,\ y_t)}\right]^{1/2} \tag{10-1}$$

其中，$M_i(y_{t+1},\ x_{t+1},\ y_t,\ x_t)$ 代表和生产点 $(x_t,\ y_t)$ 相比较的生产点 $(x_{t+1},\ y_{t+1})$ 的生产力，比 1 大的值代表从 t 到 t+1 时期的正的全要素生产率增长；下标"i"表示投入角度的 MPI 模型，D_i^t 表示投入导向模型下以 t 期技术为参照的距离函数。式（10-1）可按照综合技术效率变动和技术进步分解为：

$$M_i(y_{t+1},\ x_{t+1},\ y_t,\ x_t)=\underset{\text{Effch}_i}{\frac{D_i^t(x_{t+1},\ y_{t+1})}{D_i^t(x_t,\ y_t)}}\times\underset{\text{Tech}_i}{\left[\frac{D_i^t(x_{t+1},\ y_{t+1})}{D_i^t(x_t,\ y_t)}\times\frac{D_i^t(x_t,\ y_t)}{D_i^{t+1}(x_t,\ y_t)}\right]^{1/2}} \tag{10-2}$$

$$=\underset{\text{Sech}_i}{\frac{S_i^t(x_t,\ y_t)}{S_i^t(x_{t+1},\ y_{t+1})}}\times\underset{\text{Pech}_i}{\frac{D_i^t(x_{t+1},\ y_{t+1}/\text{VRS})}{D_i^t(x_t,\ y_t/\text{VRS})}}\times\underset{\text{Tech}_i}{\left[\frac{D_i^t(x_{t+1},\ y_{t+1})}{D_i^t(x_t,\ y_t)}\times\frac{D_i^t(x_t,\ y_t)}{D_i^{t+1}(x_t,\ y_t)}\right]^{1/2}} \tag{10-3}$$

式（10-2）右边的第一部分为综合技术效率变动 Effch_i，即 t 到 t+1 时期生产运营效率的变化；右边的第二部分为技术进步变动 Tech_i，即 t 到 t+1 时期技术的变化，也就是前文所提到的综合技术效率变动和技术进步。综合技术效率变动反映的是非有效企业的运营效率与生产前沿企业的距离，此效率的变动表示企业管理方法的优劣与管理层决策的正确与否；技术进步的变动反映了整个行业的技术进步或后退，代表了整个生产前沿面的移动。它们的值可以大于 1、等于 1 或小于 1，分别表示效率没有提升、效率不变和效率下降。其中，综合技术效率变动又分解为规模效率变动（Sechi）和纯技术效率变动（Pechi），即 $\text{Effch}_i=\text{Sech}_i\times\text{Pech}_i$，如式（10-3）所示。其中 S_i^t 表示投入导向下以 t 期技术为参照的规模效率函数据；y_t/VRS 表示规模报酬可变下 t 期的产出（VRS 可删掉，不影响公式的完整性）。

三、实证分析

在研究思路上，本章分为两步：第一步将不考虑环境约束，单纯用 MPI 模型来测算传统意义上的钢铁企业全要素生产率（TFP）的变化；第二步将环境约束纳入模型中，按原方法重新求得一个环境全要素生产率（TFP_e）。通过前后两次测算结果的对比，探究环境约束对钢铁企业的生产运营效率有怎样的影响，以及影响程度如何。虽然 DEA 计算的是一组决策单元的相对效率，同一企业在两个模型中的效率值并不具备可比性，但是可以通过企业的排名反映其在样本中的相对效率。

（一）样本与数据来源

在运用 DEA 模型时，至少要满足两个基本条件：一是 DEA 评价的是决策单元之间的相对效率，因此各个决策单元之间必须具有同质性；二是决策单元的数量 n 应满足 n≥max ｛m×s, 3（m+s）｝，其中 m 为投入变量个数，s 为产出变量个数，否则会影响评价结果的有效性。基于以上原则并考虑到数据的可得性，本章所使用的数据来自《"十一五"时期冶金大中型财务指标手册》、2008~2010年《中国钢铁工业年鉴》《中国钢铁工业环境保护统计》《中国统计年鉴》以及部分上市钢铁企业年报。对于个别企业的部分缺失数据，本章用线性插值法或相关数据进行了替代。为了遵循决策单元需符合同质性原则，又剔除了一些短流程生产企业，最终筛选出符合要求的 61 家钢铁联合生产企业作为研究对象。

所选样本研究期间，部分钢铁企业联合重组，有些集团公司跨地域或跨区域兼并了一些子公司，但环境保护管理、污染治理工作地域性较强，环保统计遵循属地原则，因此一些钢铁集团公司的数字并未合并汇总，仍沿用多年来原有厂区的地域原则分别进行统计。例如，宝钢集团按宝钢股份和新疆八一分别统计；水城钢铁和长治钢铁虽然都属于首钢集团的子公司，但是遵循属地原则，均视为独立的决策单元。

（二）投入、产出变量的选取

通常的投入产出模型中会把劳动（L）和资本（K）视为必不可少的两大投入要素。在实际的研究中，劳动投入要素的表现形式有劳动者人数、工作时间或者劳动者的工资水平等，资本投入要素又可分为固定资本和流动资本。在 DEA 模型中，投入变量应包括所有对产出有影响的因素，产出变量应反映所有生产所能达到的有用结果。而在选择投入产出变量时，应尽可能将可以完全替代的因素或可以完全互补的因素归入同类，目的是减少不同因素之间替代或互补关系的存在。

在总结已有文献关于评价钢铁企业效率时采用的投入、产出变量的基础上（见表 10-1），结合研究的具体问题及实际情况，本章将钢铁企业的年末职工人数、固定资产折旧、物料（能源）投入[①]、外排废水总量、二氧化硫排放量及烟

---

① 本章参考刘秉镰等（2010）的提法。

（粉）尘排放量作为投入变量；将钢材产量作为产出变量（见表 10-2）。其中，在不考虑环境约束的模型中，投入变量只包含年末职工人数、固定资产折旧和用料成本三项，而在测算环境全要素生产率（TFP$_e$）的模型中，投入变量包含全部的 6 项指标。对于变量指标选取的原因，将在下文中予以说明。

表 10-1　投入、产出变量选取总结

研究者	产出变量	投入变量
Jefferson	总产值	资本、人力
Kalirajan 和 Cao	工业增加值	运营资本、改造投资、职工人数、基建投资、固定资本
Wu	企业产值	净固定资产、员工总数
Zhang 和 Zhang	工业增加值	职工人数、固定资产净值
Ma 等	生铁、粗钢、钢材产值	职工人数、固定资产净值、能源消耗
赵国杰和郝清民	钢产量、销售收入、利润总额	资本、职工人数、金属物料
Movshuk	工业增加值	职工人数、固定资产
徐二明和高怀	年营业利润	技术开发投入、管理活动投入、营销投入
焦国华等	工业增加值、利税总额	资本总额、工资总额、能源消耗
Zhang 和 Wang	生产总值	喷吹煤粉量、连铸比、更新改造投资
韩晶	主营业务收入	年末总资产、劳动人数
刘秉镰等	粗钢、生铁和成品钢材产量	职工人数和资产总额
张庆芝等	工业增加值	固定资产净值、职工人数、综合总能耗、总耗新水
He 等	工业增加值	水、能源、劳动、资金、三废排放

资料来源：张庆芝，何枫，雷家骕. 循环经济下我国钢铁企业技术效率与技术创新研究［J］. 研究与发展管理，2014（6）：1-8.

表 10-2　本章投入、产出变量名称及定义

类型	变量名称	定义
投入变量	年末职工人数； 固定资产折旧； 物料（能源）投入； 外排废水总量； 二氧化硫排放量； 烟（粉）尘排放量	钢铁企业年末职工人数； 钢铁企业当年计提的固定资产折旧总额； 等于营业总成本-工资总额-固定资产折旧； 钢铁企业当年外排废水总量（企业总计）； 钢铁企业当年二氧化硫排放量（企业总计）； 钢铁企业当年烟尘和粉尘排放量之和（企业总计）
产出变量	钢材产量	钢铁企业当年钢材生产量

资料来源：笔者整理计算所得。

1. 选用固定资产折旧和物料（能源）投入的原因

本章对投入变量选取的原则是优先考虑使用企业当期的实际消耗量。通过查阅文献可知，绝大部分研究钢铁企业生产运营效率的文章都将固定资产存量作为一项投入变量，但笔者认为，使用存量这一概念并不能准确反映企业在某一时期内对固定资产的实际消耗情况，而 DEA 模型中的投入量要求必须是决策单元当期实际消耗的量。固定资产存量只是反映了企业有多大的生产能力，但并不代表其一定参与了当期的生产活动，且很多企业并没有达到最优的生产规模，甚至存在开工不足的情况。这跟劳动的投入情况本质上是一个道理，与职工人数相比，职工的工作时间更能反映生产活动中对劳动的实际使用情况，但由于无法获得各企业职工的工作时间，本章只能用职工人数作为劳动的投入。因此，相较于固定资产存量这一概念，笔者认为固定资产折旧更贴近于实际的消耗使用量。在恰好可以获得这项数据的同时，本章以 2008 年为基期，按照固定资产投资指数进行调整后，将得到的数据作为投入变量。

另外，钢铁企业生产的另一大投入是对能源的消耗，但由于无法获得能源投入的实物数据，本章用会计关系式来间接计算出物料（能源）投入的数据，以货币单位来表示（即固定资产折旧＝营业总成本－工资总额－固定资产折旧）；并以 2008 年为基期，用生产者燃料动力类购进价格指数进行调整，分别得到 2009 年和 2010 年的不变价物料（能源）投入成本。

2. 将污染的物排量作为投入变量的原因

在目前中国环境容量（本质上是大自然的自我净化能力）不足的情况下，排放了一定量的污染物就相当于占用了一定的环境自净能力。在经济学中，只有有限的资源才能成为经济学意义上的资源，而进入生产领域的资源就是投入。由于人类工业化的推进，原来无限的（至少相对于人类的经济活动）资源变为经济学意义上的有限资源，因此我们把对环境容量（自净能力）的占用视为一种消耗（投入），对其占用的多少用污染物的排放量来表示，即本章将企业污染物的排放量作为 DEA 模型中的投入变量来进行处理。需要特别说明的是，钢铁企业所产生的废气并不都是有害的，而是其中主要的污染物（如二氧化硫、烟（粉）尘）才会对环境和人体产生不利影响，因此本章用废气中的主要污染物（即二氧化硫和烟（粉）尘）排放量来代替废气的排放总量具有更好的现实意义。

从所造成的影响来看，污染物可分为存量污染与流量污染，其中存量污染物经一段时间积累后，仍将在未来对环境产生影响，典型的存量污染物是固体污染物（因为这些废物在处理场所不断积累）。与此相对应，存量污染治理工作不仅要控制当期新增污染物的排放，而且要削减以往的存量污染物，如对往年堆积的固体污染物进行清理等。尽管存量污染削减活动也可以通过市场化手段由企业来完成，但是目前主要是由政府承担的，对多数企业并无明显影响，且钢铁企业的固体污染物排放量数据缺失严重，因此本章也并不打算涉及这部分内容。而针对企业的"新增污染物"直接影响到企业的生产运营效率，与本章研究主题较为吻合。

3. 钢材产量作为产出变量的原因

产业经济学中讲的产业升级，本质上是产业结构的高级化，即从低附加值向高附加值升级，从高能耗高污染向低能耗低污染升级，从粗放型向集约型升级，并最终向着更有利于经济、社会发展方向转变。Humphrey 和 Schmitz（2002）区分了产业升级的四种类型，即工艺升级、产品升级、功能升级和跨产业升级。具体来讲，工艺升级为引入新工艺、新技术、新流程，促进生产效率提高；产品升级为改进老产品，推出新产品，使产品复杂化、单位价值提高；功能升级为向上下游延伸价值链，如从加工环节向设计、营销、品牌等环节延伸，提高产品附加值；跨行业升级为利用在原产业的某种优势进入新产业。其中，前三种形式属于产业内的升级，第四种形式是产业间的升级，也可以看作是产业的"转型"。在本章研究中，笔者想测算的是钢铁企业生产效率的变化，即在产出产品类型不变的情况下，其工艺升级的快慢程度。

进一步来看，产品升级会直接反映在价格上，而价格的变化又会体现在工业总产值（或工业增加值）上，但产品升级并不能很好地体现生产效率的提高。例如，一吨特种钢的价格要远高于一吨普通板材或线材的价格，但其投入的生产要素未必比生产普通钢材的少，若用工业总产值（或工业增加值）作为产出变量来衡量企业生产运营效率，则会人为导致生产特种钢的企业效率值偏高。然而，从本质上讲这两类企业是非同质的，不能放在一起用 DEA 进行效率的比较。因此，针对要研究的工艺升级问题，应剔除不同质的企业，用钢材产量作为产出变量进行测量与比较更具有合理性。

（三）数据处理和描述性统计

对于所选样本的数据，笔者尽可能使用同一出版来源中的数据，目的是保证统计口径一致。在少部分企业的个别指标数据无法从统一口径中获得的情况下，本章使用其统计年报数据或相关数据进行代替。而对于数据缺失严重的企业，本章直接将其剔除掉，不再作为研究对象。经过笔者的整理和计算，并将涉及用货币单位表示的数据进行不变价调整后，得到了表 10-3 中的投入、产出变量数据的描述性统计。

表10-3 投入、产出变量数据的描述性统计

变量名称	平均值	标准差	最小值	最大值
年末职工人数（人）	28174.00	31825.03	2486.00	143844.00
不变价固定资产折旧（万元）	165723.11	234150.75	3178.36	1447547.94
不变价用料成本（万元）	3438896.58	3560674.43	37817.16	17687018.96
外排废水总量（万立方米）	1119.84	1756.85	10.15	12874.50
二氧化硫排放量（吨）	12128.18	21885.75	577.00	266773.47
烟（粉）尘排放量（吨）	7138.93	8592.17	75.61	55173.00
钢材产量（万吨）	596.18	540.83	12.22	3601.09

注：不变价的计算以2008年为基期。

资料来源：《"十一五"时期冶金大中型财务指标手册》、2008~2010年的《中国钢铁工业年鉴》《中国钢铁工业环境保护统计》《中国统计年鉴》以及部分上市钢铁企业年报。

（四）计算结果及分析

本章利用 DEAP 2.1 软件，基于 MPI 模型对 2008~2010 年 61 家钢铁企业的全要素生产率的变化进行测算，这其中又分为两次测算：第一次先测算不考虑环境约束条件下的全要素生产考虑（TFP）的变化，第二次再测算包含环境约束的环境全要素生产率（TFP_e）的变化。

1. 总体结果

从总体结果来看，如表 10-4 所示，2008~2010 年我国钢铁企业平均全要素生产率（TFP）有所上升，MPI 均值为 1.053，提高了 5.3 个百分点。其中，2008~2009 年平均全要素生产率提升较为明显，MPI 值达到 1.111，提高了 11.1 个百分点；2009~2010 年略有下降，MPI 值为 0.999，下降了 0.1 个百分点。从分解结果来看，三年内平均全要素生产率的提升主要来源于技术的进步，$Tech_i$ 值为 1.071，平均提高了 7.1 个百分点，而综合技术效率有下降的趋势，$Effch_i$ 值为 0.983，降低了 1.7 个百分点，进一步来看，综合技术效率的下降又源于规模效率的下降，因为在此期间纯技术效率变化均值为 1，即没有发生变化。2008~2009 年平均全要素生产率的提高主要是因为技术进步的带动作用显著，其提高了 20.2%，而综合技术效率下降了 7.6%；2009~2010 年平均全要素生产率下降的原因可以归结为技术有所退步，$Tech_i$ 值降到 0.955，下降了 4.5%。综合来看，在不考虑环境约束时的全要素生产率的提高主要来源于技术进步，而规模效率却拖了后腿，不但没有提高反而出现后退，这一方面说明我国钢铁企业的集中度还不够，另一方面说明决策者在企业的管理上存在一定的问题。

表 10-4　钢铁企业平均非环境全要素生产率及各项效率变动

评价区间	综合技术效率变化	技术进步	纯技术效率变化	规模效率变化	MPI
2008~2009 年	0.924	1.202	0.971	0.952	1.111
2009~2010 年	1.046	0.955	1.029	1.017	0.999
均值	0.983	1.071	1.000	0.984	1.053

资料来源：根据 MPI 模型计算所得。

如表 10-5 所示，从环境全要素生产率（TFP_e）的计算结果来看，2008~2010 年平均 TFP_e 也得到了提高，其 MPI 均值为 1.069，且提高幅度大于非环境的全要素生产率，高出 1.6 个百分点。虽然前后两个效率的绝对值不具有可比性，但是其相对值的变化能反映效率变化的程度。其中，2008~2009 年 MPI 值达到 1.130，TFP_e 提高了 13 个百分点；2009~2010 年 TFP_e 并没有像非环境全要素生产率一样出现下降，而是提高了 1.2 个百分点。分解后来看，2008~2010 年，综合技术效率和技术进步均值分别提高了 3.8 个和 3.0 个百分点，而纯技术效率和规模效率均值分别提高了 2.9 个和 0.9 个百分点。同样地，根据计算结果，2008~2009 年，在 TFP_e 提高的 13 个百分点中，技术进步提高了 20.8 个百分点；而综合技术效率下降了 6.5 个百分点，其间纯技术效率和规模效率均出现了不同程度的下降。2008~2010 年，综合技术效率提升较为明显，从 0.935 变为 1.152，提高了 23.2%；纯技术效率和规模效率分别提高了 9.5% 和 12.6%；技术进步出现后退，2009~2010 年技术进步（$Tech_i$ 值）为 0.878，下降了 27.3%。

表 10-5　钢铁企业平均环境全要素生产率及各项效率变动

评价区间	综合技术效率变化	技术进步	纯技术效率变化	规模效率变化	MPI
2008~2009 年	0.935	1.208	0.984	0.950	1.130
2009~2010 年	1.152	0.878	1.077	1.070	1.012
均值	1.038	1.030	1.029	1.009	1.069

资料来源：根据 MPI 模型计算所得。

对比两次测算的结果，发现将环境约束纳入评价模型后，全要素生产率的提高幅度非但没有减小，反而有所提升；而且从分解的结果来看，这种提高主要是由技术进步带来的。可以初步判断，在我国环境管制强度不断加强、企业污染物排放限制越来越多的情况下，钢铁企业的生产运营效率并未受到太大影响，反而出现了所谓的"创新补偿"，即通过技术的进步弥补了环境管制的不利影响，从而提高了企业的效率。这从微观基础上对"波特假说"进行了又一次的论证。

2. 分企业结果

分企业来看，如表 10-6 所示，在 61 家企业中，非环境的 MPI 值大于 1 的有 45 家，小于 1 的有 16 家，最大值为 1.554，最小值为 0.584。也就是说，全要素生产率得到提高的有 45 家企业，下降的有 16 家；排名前五位的企业为天铁、略钢、柳钢、敬业和淮钢，排在倒数后五位的为贵钢、广钢、首钢、营板和西林。如表 10-7 所示，考虑环境约束时，MPI 值大于 1 的有 47 家，小于 1 的有 14 家，最大值为 1.585，最小值为 0.728。此时，排名前五位的企业为天铁、略钢、杭钢、柳钢和敬业，排在倒数后五位的为贵钢、江阴华西、酒钢、西林和营板。通过对比发现，环境全要素生产率得到提高的企业比非环境全要素生产率得到提高的多出两家，而且排名第一的企业天铁在前者上的增幅（58.5%）比在后者上的增幅（55.4%）大；排名倒数第一的企业贵钢在前者上的降幅（27.2%）又小于在后者上的降幅（41.6%）。此外，在两次结果中，效率值前五名和后五名的企业相对比较固定，主要的差别来自于效率值变动的幅度。

表 10-6 各钢铁企业非环境全要素生产率及各项效率变动

钢企简称	综合技术效率变化	技术进步	纯技术效率变化	规模效率变化	MPI
首钢	0.701	1.096	0.920	0.762	0.768
水钢	1.007	1.061	0.984	1.023	1.069
贵钢	0.712	0.820	1.000	0.712	0.584
长钢	0.927	1.075	0.917	1.011	0.997
天钢	1.114	1.025	1.188	0.938	1.142
天管	0.883	1.108	0.925	0.954	0.978
天铁	1.579	0.984	1.739	0.908	1.554
唐钢	0.921	1.102	0.939	0.980	1.015
宣钢	0.905	1.133	0.980	0.924	1.025
承钢	1.036	1.103	1.033	1.003	1.142
邯钢	1.024	1.090	1.116	0.918	1.117
舞钢	0.978	1.119	0.983	0.995	1.094
石钢	1.005	1.076	1.023	0.982	1.082
新兴铸管	0.926	1.016	0.935	0.990	0.941
邢钢	0.947	1.102	0.966	0.980	1.043
建龙钢铁	0.978	1.090	0.861	1.136	1.066

续表

钢企简称	综合技术效率变化	技术进步	纯技术效率变化	规模效率变化	MPI
新抚钢	1.059	1.078	1.057	1.003	1.142
国丰	1.095	1.111	1.015	1.078	1.216
敬业	1.178	1.072	1.116	1.056	1.263
太钢	0.892	1.118	0.801	1.113	0.997
新临钢	1.000	1.046	1.000	1.000	1.046
包钢	0.909	1.040	0.929	0.979	0.945
鞍钢	0.963	1.042	1.063	0.906	1.003
攀钢	1.034	1.022	1.019	1.014	1.057
本钢	0.989	1.024	0.987	1.002	1.013
抚顺特钢	1.053	1.058	0.995	1.059	1.114
凌钢	0.955	1.092	0.958	0.997	1.043
营板	0.820	1.098	1.000	0.820	0.900
西林	0.854	1.056	0.853	1.001	0.902
宝钢股份	0.991	1.102	0.996	0.995	1.092
新疆八一	0.950	1.088	0.966	0.984	1.033
南京	1.016	1.103	1.015	1.001	1.120
沙钢	0.913	1.097	1.000	0.913	1.003
淮钢	1.115	1.102	1.143	0.976	1.229
永钢	1.044	1.003	0.994	1.050	1.046
苏钢	0.869	1.088	1.043	0.833	0.946
江阴华西	1.000	0.988	1.000	1.000	0.988
杭钢	1.224	0.948	1.202	1.019	1.160
马钢	0.953	1.098	1.000	0.953	1.046
新余	1.064	1.085	1.115	0.954	1.155
萍钢	0.892	1.096	0.871	1.024	0.977
方大特钢	1.092	1.086	1.103	0.990	1.186
三钢	1.064	1.102	1.064	1.000	1.173
济钢	0.983	1.089	1.000	0.983	1.071
莱钢	1.023	1.091	1.077	0.950	1.116
青钢	0.871	1.106	0.873	0.998	0.963
安钢	1.034	1.121	1.000	1.034	1.159
济源	1.062	1.068	1.062	1.000	1.134

钢企简称	综合技术效率变化	技术进步	纯技术效率变化	规模效率变化	MPI
武钢	0.829	1.093	1.000	0.829	0.907
昆钢	0.995	1.091	0.986	1.010	1.086
鄂钢	1.035	1.104	1.029	1.005	1.142
湘钢	0.966	1.094	0.916	1.054	1.056
涟钢	0.952	1.097	0.950	1.002	1.044
衡管	0.961	1.088	0.938	1.024	1.045
韶钢	1.076	1.096	1.067	1.009	1.179
广钢	0.771	0.983	0.781	0.987	0.758
柳钢	1.158	1.125	1.025	1.130	1.303
重钢	0.928	1.081	0.898	1.034	1.003
略钢	1.283	1.205	1.000	1.283	1.546
龙门	1.116	0.967	1.122	0.995	1.079
酒钢	0.824	1.099	0.849	0.970	0.905
均值	0.983	1.071	1.000	0.984	1.053

资料来源：根据 MPI 模型计算所得。

表 10-7　各钢铁企业环境全要素生产率及各项效率变动

钢企简称	综合技术效率变化	技术进步	纯技术效率变化	规模效率变化	MPI
首钢	1.000	1.043	1.000	1.000	1.043
水钢	1.028	1.057	1.010	1.017	1.086
贵钢	0.935	0.778	1.000	0.935	0.728
长钢	0.998	1.027	0.990	1.007	1.025
天钢	1.163	1.069	1.074	1.083	1.243
天管	1.000	0.922	1.000	1.000	0.922
天铁	1.575	1.006	1.713	0.919	1.585
唐钢	1.155	1.017	1.000	1.155	1.175
宣钢	0.979	1.053	1.000	0.979	1.031
承钢	1.079	1.064	1.068	1.011	1.149
邯钢	1.067	1.057	1.151	0.927	1.128
舞钢	1.059	1.033	1.076	0.984	1.094
石钢	1.021	1.052	0.981	1.041	1.075

续表

钢企简称	综合技术效率变化	技术进步	纯技术效率变化	规模效率变化	MPI
新兴铸管	1.235	0.892	1.242	0.994	1.102
邢钢	0.977	1.070	0.986	0.991	1.046
建龙钢铁	1.055	1.030	1.004	1.051	1.086
新抚钢	1.049	1.100	1.049	1.000	1.154
国丰	1.000	0.926	1.000	1.000	0.926
敬业	1.181	1.057	1.166	1.013	1.248
太钢	1.146	0.948	1.000	1.146	1.087
新临钢	1.000	1.037	1.000	1.000	1.037
包钢	0.898	1.056	0.929	0.966	0.948
鞍钢	0.948	1.060	1.000	0.948	1.005
攀钢	0.998	1.065	1.091	0.915	1.063
本钢	0.922	1.078	0.954	0.967	0.994
抚顺特钢	1.098	1.023	1.000	1.098	1.124
凌钢	0.990	1.067	0.987	1.003	1.056
营板	0.820	1.096	1.000	0.820	0.899
西林	0.858	1.040	0.889	0.965	0.892
宝钢股份	0.989	1.087	0.996	0.993	1.075
新疆八一	0.997	1.041	1.000	0.997	1.038
南京	1.037	1.105	1.040	0.997	1.146
沙钢	1.000	1.008	1.000	1.000	1.008
淮钢	1.090	0.997	1.086	1.004	1.088
永钢	1.060	1.003	1.000	1.060	1.062
苏钢	0.880	1.057	1.000	0.880	0.930
江阴华西	1.000	0.754	1.000	1.000	0.754
杭钢	1.459	0.975	1.389	1.050	1.423
马钢	0.991	1.056	1.000	0.991	1.046
新余	1.114	1.043	1.143	0.975	1.162
萍钢	0.937	1.064	0.922	1.016	0.998
方大特钢	1.126	1.067	1.134	0.993	1.201
三钢	1.115	1.048	1.110	1.005	1.169
济钢	1.010	1.067	1.000	1.010	1.077
莱钢	1.062	1.070	1.000	1.062	1.136

钢企简称	综合技术效率变化	技术进步	纯技术效率变化	规模效率变化	MPI
青钢	0.926	1.039	0.927	0.999	0.962
安钢	1.113	1.045	1.000	1.113	1.163
济源	1.064	1.055	1.062	1.002	1.123
武钢	1.000	0.988	1.000	1.000	0.988
昆钢	1.009	1.022	1.000	1.009	1.031
鄂钢	1.035	1.098	1.029	1.006	1.136
湘钢	1.003	1.055	0.959	1.045	1.059
涟钢	0.981	1.080	0.986	0.995	1.060
衡管	0.985	1.054	0.884	1.114	1.038
韶钢	1.135	1.046	1.113	1.019	1.187
广钢	1.000	1.042	1.000	1.000	1.042
柳钢	1.157	1.121	1.025	1.129	1.297
重钢	1.010	0.997	0.982	1.028	1.007
略钢	1.283	1.210	1.000	1.283	1.553
龙门	1.059	0.930	1.047	1.011	0.984
酒钢	0.866	1.029	0.931	0.931	0.891
均值	1.038	1.030	1.029	1.009	1.069

资料来源：根据 MPI 模型计算所得。

　　根据以上的分析结果，无论是平均环境全要素生产率还是非环境全要素生产率，总体上都是大于 1 的，这说明在评价期间中国钢铁企业的平均全要素生产率是趋于提高的，且这一效率的提高主要是依靠技术的进步来实现的，而综合技术效率还有较大的提升空间。

　　3. 不同所有制形式钢铁企业的效率分析

　　按照企业的所有制性质来看，61 家样本企业中，国有企业 48 家（中央国有 8 家，地方国有 40 家），占总数的 79%；非国有企业 13 家（民营企业 10 家，外商独资和台港澳合资共 3 家），占总数的 21%。根据表 10-8，在非环境约束下，国有企业 MPI 的平均值为 1.062，低于民营企业的 1.081，高于外资和合资企业的 1.038。导致国有企业效率值低于民营企业的主要原因是其综合技术效率阻碍了全要素生产率的进一步提升，其值只有 0.989，而这也是阻碍外资和合资企业全要素生产率提高的主要原因，其值仅为 0.984。在三类企业中，综合技术效率唯一大于 1 的是民营企业，达到 1.007，相当于提高了 0.7

个百分点。进一步来看，规模效率后退又是导致综合技术效率不高的主要原因；国有、民营、外资和合资企业的动态规模效率分别为 0.985、0.998 和 0.987。此外，三类企业的技术进步率均有所提高，国有和民营企业均为 1.074，外资和合资企业为 1.055。

表 10-8　不同所有制形式的钢铁企业非环境约束下的效率汇总

企业性质	综合技术效率	技术进步率	纯技术效率	动态规模效率	MPI
国有企业	0.989	1.074	1.006	0.985	1.062
民营企业	1.007	1.074	1.010	0.998	1.081
外资和合资企业	0.984	1.055	0.996	0.987	1.038

资料来源：笔者计算整理所得。

而在考虑环境约束的情况下，国有、民营及外资和合资钢铁企业的 MPI 值分别为 1.085、1.085 和 0.958（见表 10-9）。相比于非环境约束下的国有企业效率低于民营企业效率的情况，此时的国有企业效率并不比民营企业的差，两者均达到 1.085。张庆芝等（2013）也提到，在考虑节能减排因素时，民营企业的效率优势是减弱的。由于受到数据可得性的局限，本章的评价期间只是 2008~2010 年，这可能导致前后两个模型计算结果的差异并不显著。若在扩大评价区间、增加样本数量的情况下，笔者认为国有企业的环境效率会得到更大幅度的提升，甚至会超过民营企业的环境效率。从投入角度的 MPI 模型看，国有企业环境效率的提高实质上是因为其减少了污染物对环境容量（环境自净能力）的使用，即在保持产量不变的前提下使污染物的排放量尽可能减少，这说明国有钢铁企业正走在一条减排增效的绿色生产之路上。相反，外资和合资企业的环境效率值则出现了下降，仅为 0.958，下降了 4.2 个百分点。

表 10-9　不同所有制形式的钢铁企业环境约束下的效率汇总

企业性质	综合技术效率	技术进步率	纯技术效率	动态规模效率	MPI
国有企业	1.050	1.033	1.038	1.014	1.085
民营企业	1.031	1.052	1.034	0.996	1.085
外资和合资企业	0.999	0.959	0.989	1.011	0.958

资料来源：笔者计算整理所得。

平均而言，在非环境约束下，民营企业相比于国有企业具备一定的效率优势，对资源的配置效率更高一些，在市场环境下更具有竞争力。然而，在考虑环境约束的情况下，民营企业不再具备效率上的优势，并且我们推测在环境管制强度进一步提升、不考虑研究样本及数据的局限性之后，现实中的国有企业环境效率将会超过民营企业。之所以这样推测，是因为国有企业是企业社会责任的主要承担者，其在一定程度上并不是以盈利为首要目的，而是在提供公共物品、矫正外部性方面发挥着重要作用。企业污染物的排放对社会产生的负外部性并不能很好地通过市场机制自动解决，非国有企业也没有太多的动力去控制和治理污染，因此国有企业在处理环境外部性问题上具有先天的优势，其环境全要素生产率理应更高。

4. 不同规模的钢铁企业效率分析

学者们普遍认为钢铁行业的规模经济效应比较明显，国际上的经验是将钢铁企业产出的最佳规模经济设定为 800 万～1000 万吨，最低规模经济为 300 万～500 万吨。根据我国钢铁企业的实际情况，为方便分析不同规模的钢铁企业效率，本章按照 2008～2010 年样本企业的平均钢材产量将 61 家钢铁企业分为四组：1000 万吨以上、600 万～1000 万吨、200 万～600 万吨、200 万吨以下。年均钢材产量在 1000 万吨以上的钢铁企业共有 8 家，产量最大的是武钢，达到 3060.97 万吨。其中，非环境 MPI 值大于 1 的有 6 家，占比为 75%，其效率均值为 0.994（见表 10-10）；环境 MPI 值大于 1 的有 7 家，占比为 87.5%，其效率均值为 1.060（见表 10-11）。年均钢材产量在 600 万～1000 万吨的钢铁企业共有 13 家。其中，非环境 MPI 值大于 1 的有 10 家，占比为 76.9%，其效率均值为 1.084；环境 MPI 值大于 1 的共有 9 家，占比为 69.2%，其效率均值为 1.066。年均钢材产量在 200 万～600 万吨的钢铁企业共有 32 家。其中，非环境 MPI 值大于 1 的有 24 家，占比为 75%，其效率均值为 1.081；环境 MPI 值大于 1 的有 26 家，占比为 81.3%，其效率均值为 1.096。年均产量在 200 万吨以下的钢铁企业共有 8 家，产量最小的是贵钢，仅有 20.12 万吨。其中，非环境 MPI 值大于 1 的有 5 家，占比为 62.5%，其效率均值为 1.033；环境 MPI 值大于 1 的企业同样有 5 家，效率均值为 1.048。

表 10-10　不同规模钢铁企业非环境约束下的效率汇总

企业规模	综合技术效率	技术进步率	纯技术效率	动态规模效率	MPI
200 万吨以下	0.963	1.060	1.000	0.964	1.033
200 万～600 万吨	1.016	1.067	1.022	0.997	1.081
600 万～1000 万吨	0.998	1.085	0.977	1.025	1.084
1000 万吨以上	0.912	1.090	0.999	0.911	0.994

资料来源：笔者计算整理所得。

表 10-11　不同规模钢铁企业环境约束下的效率汇总

企业规模	综合技术效率	技术进步率	纯技术效率	动态规模效率	MPI
200 万吨以下	1.003	1.038	0.983	1.021	1.048
200 万~600 万吨	1.069	1.027	1.064	1.006	1.096
600 万~1000 万吨	1.027	1.037	1.018	1.011	1.066
1000 万吨以上	1.018	1.041	1.000	1.019	1.060

资料来源：笔者计算整理所得。

对比发现，在非环境约束下，规模小的企业效率不一定低，规模大的企业效率未必一定高，企业规模与企业效率之间并不存在明显的关系。如表 10-10 所示，非环境约束下年均钢材产量 1000 万吨以上企业的 MPI 值为 0.994，而 200 万吨以下企业的 MPI 值却达到 1.033。从分解结果看，造成这一结果的主要原因是 1000 万吨以上企业的综合技术效率较低，仅有 0.912，是四组企业中最低的。四组规模企业中，技术进步率均大于 1，说明生产技术前沿的推进促进了钢铁企业全要素生产率的提升。在环境约束下，企业规模与企业效率之间同样不存在显著的规律性特征，但值得一提的是，四组规模的企业 MPI 值均大于 1，说明其环境全要素生产率分别得到了不同程度的提高（见表 10-11）。关于企业规模和企业效率之间是否存在明确的关系，以及存在何种关系，需要做更深一步的研究来论证，此处暂不做说明。

四、环境全要素生产率的影响分析

在钢铁企业效率的研究中，对影响效率因素的分析具有重要的理论意义和现实指导意义。而运用 DEA 测度的效率值是一种相对效率，能够对样本中的个体进行效率大小的排名，但并不能找到影响效率的外部因素，为此需要进行第二阶段的分析找出效率的影响因素。由于 MPI 值（被解释变量）有一个最低界限 0，数据被截断，此时若用 OLS 对模型进行直接回归，参数的估计将是有偏且不一致的。因此，从 MPI 值的截断数据特征出发，应当采用 Tobit 模型，并且第一阶段所使用的投入产出变量不能直接包含在第二阶段的因素分析中。其中，效率值 Y 是被解释变量，X 为解释变量，Tobit 模型的解释变量 X 取实际观测值，而被解释变量 Y 只能以受限制的方式被观测；当 $Y_i > 0$ 时，无限制观测值均取实际观测值；当 $Y_i \leq 0$ 时，受限观测值均截取为 0。

本章研究的重点是环境约束下的钢铁企业效率变化情况，因此在运用 Tobit 模型进行回归时，只对影响环境全要素生产率的因素进行分析，即只将环境约束下的 MPI 值作为模型中的被解释变量。

（一）变量选取和模型构建

需要特别强调的是，由于上一部分求得的 MPI 值是全要素生产率相对于前一年的变化率，大于 1 说明全要素生产率有提高，小于 1 说明下降，等于 1 说明不变，因此需要对被解释变量做相应处理，使其能反映出前后两个时期指标的变化率。本章采用的方法是，将各自年份被解释变量的数值除以前一年的对应数值，得到相对于前一年的变化率。

1. 企业规模的变化（Scale）

由于前文中对于企业规模和企业效率关系的分析没有得出明确的结论，因此在第二阶段的 Tobit 回归中，笔者将其视为可能影响环境全要素生产率的因素，进行进一步的探讨。何枫等（2015）的研究结果显示，企业规模的大小是影响钢铁企业绿色技术效率的一个重要因素，且两者呈显著正相关。由于在 DEA 模型中已经将钢材产量作为产出变量，其不能再出现在 Tobit 模型中，本章用企业资产总额表示企业规模，并用固定资产投资价格指数对年末总资产进行不变价处理。最后用后一年的值除以前一年的值作为对应评价时期内的解释变量。

2. 要素禀赋结构的变化（Klr）

它用企业年均固定资产净额与企业职工人数的比率表示，其中同样用固定资产投资价格指数对固定资产净额进行不变价处理，同样要用后一年的值除以前一年的值作为对应评价时期内的解释变量。在自然资源一定的前提下，资本劳动比越高的企业，往往越会提前实现由劳动密集型向资本密集型产业的转型。而资本密集型企业对能源的使用和污染的排放会更加严重，因此不利于环境全要素生产率的提高。涂正革（2008）、王兵等（2010）先后证实了地区环境技术效率与衡量禀赋结构的资本劳动比率负相关。

3. 环境管制强度的变化（Env）

文献中关于环境管制强度的测度方法有很多种，如污染物排放密度、排污费收入、治理污染投资占企业总资产或总产值的比重等。其中，李钢等（2016）将实际支付于环境治理的成本与环境总成本的比值定义为环境管制执法强度，李钢和刘鹏（2015）又将政府颁布的有关环境管制法律法规的多少及严格程度定义为环境管制标准强度。在微观经济学中，企业运营的目的是实现自身收益的最大化。在市场条件下，可将企业视为理性个体，理性个体在面对环境管制时，会做出利弊权衡。当存在"有法不依"或"执法不严"时，企业很难自觉遵守管制标准；只有当面对"有法必依"和"执法必严"时，企业为了避免违法成本，才会自觉采取环保措施。从理论上讲，企业最后一单位的环保投入所带来的处罚的减少会等于减少这一单位投入带来的处罚的增加。因此，对环保的实际投入可以理解为对环境管制强度的反映。本章结合研究对象的实际和数据的可得性，用企业环保投资的完成情况占主营业务收入的比率来表示环境管制强度。同理，则环境管制强度的变化用相邻两年的比值来表示。

4. 所有制形式（Own）

此项指标以虚拟变量形式处理，国有企业取值为1，非国有企业（包括民营和外资及合资）取值为0。国有企业归国家和全民所有，往往要承担更多的社会职责和义务，因此对资源使用和污染物的排放要求更加严格。同时，国有企业资金技术实力更加雄厚，有能力进行环保改造和绿色生产；民营企业比较注重短期经济效益，对环境保护问题重视程度不够。本章推测国有企业与环境全要素生产率之间存在正相关关系。

根据以上分析，建立的模型如下：

$$MPI_{jt} = \alpha_0 + \alpha_1 Scale_{jt} + \alpha_2 Klr_{jt} + \alpha_3 Env_{jt} + \alpha_4 Own_{jt} + \mu_{jt} \tag{10-4}$$

其中，j 表示样本中企业，t 表示年份，MPI 为环境约束下的全要素生产率的变动，α 为待估计参数，μ 为误差项。

（二）实证结果及分析

用 Eviews 6.0 对模型（10-4）进行回归，结果如表 10-12 所示。

表 10-12　计量回归结果

解释变量	系数估计值	标准误	Z 值	P 值
常数项	1.024542	0.193098	5.305822	0.0000
Scale	0.070910	0.164685	0.430578	0.6668
Klr	-0.082564*	0.053430	-1.745254	0.0623
Env	0.021779**	0.008936	2.437175	0.0148
Own	0.062729	0.063908	0.981540	0.3263

注：*、**分别表示在10%、5%水平上显著。

资料来源：笔者根据 Eviews 软件计算结果整理所得。

1. 企业规模与环境全要素生产率之间无显著的相关关系

虽然变量前系数为正，但是无法通过假设检验，这与前文对 DEA 结果的分析相一致，即在本章所选的样本及时间范围内，没有明显的迹象说明企业规模与企业效率之间存在必然的联系,何枫等的研究结论也没有再次得到验证。笔者认为可能的原因有两个:一是规模经济只能在一定限度内发挥作用,一旦超过最优规模经济的临界点,则会导致企业管理运行成本迅速提高,而中小企业相对灵活、对市场反应快的特点反而成为了优势。二是所选样本数据有限和研究期间的偶然性导致了回归结果不显著。对于企业规模对环境全要素生产率是否存在某种影响,还需要在以后的研究中做进一步论证。

2. 要素禀赋结构与环境全要素生产率之间呈显著的负相关关系

这一结果验证了前文的推测,对于评价期间的样本企业来说,单位劳动占有的资本量越大,对能源的消耗和污染物的排放量越大。也就是说,相比于劳动密集型企业,资本密集型企业对环境造成的压力更大,而资本的密集程度很大程度上反映了工业化水平。正如金碚(2009)所言,工业行为是不可避免污染的,工业化对环境改造具有双重意义。一方面,工业化提高了生活水平,也包括提高了环境质量;另一方面,工业化产生的污染甚至会严重破坏生存环境。从全局范围看,随着我国工业化程度的提高,如果不采取有效的引导方式,环境全要素生产率将会有下降的趋势。因此,我们要牢牢把握住供给侧结构性改革的方向,进一步加快产业转型升级的步伐,提高产成品的附加值,增加有效供给,降低工业化进程中对环境的影响。

3. 环境管制强度与环境全要素生产率显著正相关

随着环境管制强度的提升、环保投资力度的加大,环境全要素生产率是提高的,而且这一提高主要是执法强度提升的结果。在无法得到代表技术进步数据的前提下,本章认为环境管制强度的提升能够诱发企业实现技术创新,提高企业生产率,促进产业的升级。其中,技术创新带来的收益会部分或全部抵消掉甚至超过环境管制带来的成本,形成"创新补偿",实现"双赢",这在一定程度上支持了"波特假说"。此外,环境管制强度的提升还会促使企业转变经营方式和管理理念,降低企业管理成本,对实现产品升级和产业间升级有一定的帮助。

4. 企业所有制形式与环境全要素生产率正相关但不显著

由于在虚拟变量的设置上,本章将国有企业设为1,非国有企业设为0,因此回归结果表明国有企业性质对环境全要素生产率没有影响。虽然在前文的DEA结果分析中提到,在环境约束模型下,国有企业的全要素生产率不比民营企业的差,甚至会高于民营企业,但是这并不能说明国有企业性质对环境全要素生产率有影响。没有得到预期结果的原因可能是:一方面,所选样本数据具有局限性,没有完全将实际的情况反映出来。若扩大评价区间、增加样本数量,笔者推测国有企业对环境全要素生产率的正面影响将会凸显出来。另一方面,在评价期间我国对于钢铁行业的环境管制强度还相对较弱,环保执法力度不够,还不足以激励企业（尤其是国有企业）采取积极的环保措施，其处在一种"得过且过"的尴尬境地，国有企业所承担的社会责任没有充分体现出来。

五、结论

第一，评价期间，无论是在环境约束下还是非环境约束下，中国钢铁企业MPI指数总体上大于1，这表明中国钢铁企业的全要素生产率正处于上升期。从分解结果看，这一效率的提高主要是依靠技术进步来实现的，而技术效率还有较大的提升空间。今后需要管理者多在企业发展战略和生产经营管理上下功夫，争取进一步优化企业的资源配置，降低企业的运营成本，提高生产经营效率。

第二，DEA计算结果表明，相同评价时期内，环境全要素生产率的提高幅度大于非环境约束时的全要素生产率。当以企业污染物的排放作为一种投入时，虽然消耗的资源增多了，但是对这种投入限制的加强反而刺激企业做出了积极的应对，促进了全要素生产率的提高，尤其是技术进步率的提高。同时，在对环境全要素生产率影响因素进行分析时发现，环境管制强度与环境全要素生产率显著正相关，本章认为环境管制强度的提升诱发企业实现了技术创新和工艺升级，对产业升级具有促进作用。其中，技术创新带来的收益会部分或全部抵消掉甚至超过环境管制带来的成本，实现波特假说中所谓的"创新补偿"。因此，可以初步判定"波特假说"在我国钢铁企业内部是成立的。此外，管制强度的提升还会促使企业转变经营方式和管理理念，降低企业管理成本，对实现产品升级和产业间升级有一定的帮助。

第三，要素禀赋结构与环境全要素生产率之间具有负相关关系。对于评价期间的样本企业来说，单位劳动占有的资本量越大，对能源的消耗和污染物的排放量越大，即资本密集型企业相比于劳动密集型企业而言对环境造成的压力更大。

第十一章　国有经济发展对我国省际经济差距收敛的影响

李　钢　王罗汉

本章摘要：区域间的协调发展是促进中国经济健康可持续发展的重要方面。本章实证分析了不同所有制对省际经济差距收敛的影响。利用加权变异系数法，研究得出第二产业对省际经济差距的影响最大的结论，如 2010 年其影响占到 80% 左右，影响力远高于不足 20% 的第三产业。在此基础上，本章利用经济重心方法对国有经济与非国有经济对于中国经济区域差距所起的作用进行了研究，研究结果表明，国有经济正在推动中国工业经济重心向西部移动，为缩小中国东西部经济差距起到了较大的作用。从整体上看，地区间经济差距已呈现收敛态势。从所有制结构分解看，尽管国有经济在不同地区间也存有差距，但是没有非国有经济明显，非国有经济是造成地区经济差距的主要因素。2011 年，不同省份间工业经济差距的 85% 可以用非国有经济的差异进行解释。本章还把人均分省份的不同所有制工业增加值数据进行了变异系数的统计分析，发现与上述研究结论也是基本吻合的。本章使用多种研究方法集中指明，国有经济对于促进省际经济发展差距缩小起到了积极的作用。

关键词：国有经济；地区间收入差距；所有制

一、引言

改革开放以来，中国经济开始步入持续高速增长的轨道。然而，随着国民经济的高速增长，地区间经济发展的不平衡也越发明显，特别是居民收入在不同地区间的差距日渐扩大，这不仅加剧了地区间收入分配的不平等，而且从长远来看也将影响我国整体经济的运行效率，进而影响宏观经济的平稳运行。事实上，地区间经济差异的变化与不同时期地区产业结构的发展与演进有关。Mankiw 等（1992）认为，只有在控制了影响收敛的因素后才能观测到经济增长的收敛现象。蔡昉等（2001）、沈坤荣和马俊（2002）、洪华喜和崔焕金（2003）均认为中国经济增长存在条件收敛情况。而林毅夫等（1998）、王绍光和胡鞍钢（1999）、贾俊雪和郭庆旺（2007）等却认为，改革开放以来，我国地区经济差距没有表现出普遍的趋同。区域差距不仅继续存在，而且呈现不断扩大的趋势。尽管已有大量的研究关注中国不同地区居民的收入差距问题，但是将该问题与不同所有制企业相联系的文献并不多见。林毅夫和刘明兴（2003）对中国经济增长的收敛与收入分配的关系进行了研究，结果表明，国有经济对各省份经济增长速度的影响为负。而董先安（2004）的实证认为，国有企业对于地区经济增速的影响在改革开放以前为正，在改革开放以后则为负。关于国有经济对城乡差距的影响，陆铭和陈钊（2005）认为，中国经济的非国有化拉大了城乡差距。他们的解释是，非国有化加大了劳动力市场的竞争压力，并提高了城市劳动力市场的工资水平，因此对城乡收入差距的扩大产生了作用。林毅夫和刘明兴（2003）亦有类似的发现。

　　事实上，发展国有经济主要在于解决市场失灵，包括缩小贫富差距、维护社会公平等问题。为此，传统上国有企业为更好地实现政府所赋予的诸多公共目标，如城镇劳动力的全面就业、扶持欠发达地区的发展等，在经营上往往以牺牲经济效率为代价。针对国有经济影响地区经济差距这一问题，不同学者或是选择了不同的研究方法和分析框架，或是采用了不同的样本数据，进而运用了不同的模型设定形式，因此得出了不同的甚至是截然相反的结论。然而，目前国内大多研究只从定性的角度分析，定量的研究还较为缺乏，且已有的研究尚未得到比较明确的结论。

　　本章以下的结构安排如下：第二部分是三大产业对区域经济差异的影响计算与分析；第三部分对按照不同所有制划分的工业经济重心进行了测算，对其变化趋势进行了研判；第四部分是按所有制划分的两类企业对省际工业经济发展的影响；第五部分是将三大产业（含两类企业）的人均 GDP 数据进行离散度分析；第六部分是结论与评述。

二、三大产业对区域经济差异的影响计算与分析

（一）研究方法及数据来源

在国际上，一般采用人均 GDP 或人均收入指标来研究不同地区间收入的差

异情况。本章从三大产业的角度，结合各产业人均 GDP 数据，通过加权变异系数，来分析各产业对地区间收入差距的影响。加权变异系数又叫威廉逊系数，最先由美国经济学家 Williamson（1965）用来衡量区域间经济发展的差异。事实上，地区差异的变动与产业结构的演进有着更密切的关系。马瑟（Mathur，1983）、艾基塔和卢克曼（Akita and ALukman，1995）就曾经利用加权变异系数（威廉逊系数）对产业部门进行分解，来考察印度和印度尼西亚地区间人均 CNP 差异的部门构成，其公式分解方法如下：

$$CV_\omega^2 = \sum_{j=1}^{m} Z_j^2 CV_{\omega j}^2 + \sum_{j \neq k} Z_j Z_k COV_\omega (j, k) \tag{11-1}$$

$$CV_{\omega j} = \frac{\sqrt{\sum_{i=1}^{n} (Y_{ji} - \overline{Y}_j) \dfrac{P_i}{P}}}{\overline{Y}_j} \tag{11-2}$$

$$COV_\omega (j, k) = \frac{1}{\overline{Y}_j} \frac{1}{\overline{Y}_k} \sum_{i=1}^{n} \left[Y_{ji} - \overline{Y}_j (Y_{ki} - \overline{Y}_k) \frac{P_i}{P} \right] \tag{11-3}$$

其中，Z_j 为部门 j 的收入在全国总收入中所占的比重；$CV_{\omega j}$ 为部门 j 的加权变异系数；$COV_{\omega(j,k)}$ 为部门 j 和部门 k 之间的加权协方差变异系数；Y_k、Y_j 分别为全国部门 j 和部门 k 各自的人均收入；Y_{ji}、Y_{ki} 分别为第 i 个地区部门 j 和部门 k 各自的人均收入；m 为产业部门的数量；P_i 为 i 地区的人口，P 为全国人口。如果将产业细分为第一产业（主要是农林牧副渔，本章统称为农业）、第二产业（主要是建筑业和制造业）和第三产业（除去第一、第二产业的其他产业），那么式（11-1）变为：

$$CV_\omega^2 = Z_1^2 CV_{\omega 1}^2 + Z_2^2 CV_{\omega 2}^2 + Z_3^2 CV_{\omega 3}^2 + 2Z_1 Z_2 COV_\omega (1, 2) + 2Z_1 Z_3 COV_\omega (1, 2) +$$
$$2Z_2 Z_3 COV_\omega (1, 2) \tag{11-4}$$

根据式（11-4）可以进一步估计出各产业发展对地区总体差异的影响，以及各产业部门的交互影响对地区差异的影响。第一、第二、第三产业对 $CV_{\omega 2}$ 的影响值依次为 $Z_{12} CV_{\omega 12}/CV_{\omega 2}$、$Z_{22} CV_{\omega 22}/CV_{\omega 2}$ 和 $Z_{32} CV_{\omega 32}/CV_{\omega 2}$，各产业的交互影响依次类推。显然，各产业对总体差异的影响由两方面来决定：一是 $CV_{\omega j}$ 值的大小，二是 Z_j 值的大小。中国目前数据的情况是，1978 年以前只有国民收入的总数据而没有 GDP 数据，1992 年以后才有 GDP 数据，但又没有了国民收入总数据。因此，本章选取了 1982 年、1992 年、1998 年、2004 年、2008 年和 2011 年 6 个年份的人均 GDP 数据来大致反映中国改革开放以来国内地区收入差异的变动趋势。利用式（11-1）分别计算了这 6 个年份各地区的人均国民收入差异变化、三大产业人均收入的差异变化以及三大产业差异对总体差异的影响。

（二）三大产业对区域差距的影响

从图11-1看，农业对于地区间人均国民收入的影响很小，CV_w值远高于农业的人均收入加权系数，中国地区间农业人均收入（CV_{w1}）的差距变化除了1982~1992年有较大提高外，整体上看浮动是比较小的。而农业对 CV_w 的影响（PCV_{w1}）就更微乎其微了，说明第一产业（农业）的发展差异对地区人均收入差异的影响并不明显，并且第一产业在其中所起的作用还在进一步减弱。从表11-1数据看，各年份农业收入的加权变异系数（CV_{w1}）都在1%以下，农业占GDP的比重从1982年的大约33%下降到了2011年的10%左右。因此，本章得出结论：第一产业在地区间的收入差异对全国总体经济差距的形成并不起主要作用。

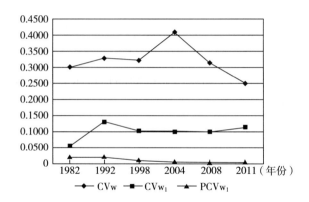

图11-1 第一产业三大指标变化趋势

表11-1 中国三大产业地区间人均收入差异

年份	地区间人均农业收入的加权变异系数	农业在GDP中所占的比重（%）	地区间人均第二产业收入的加权变异系数	第二产业在GDP中所占的比重（%）	地区间人均第三产业收入的加权变异系数	第三产业在GDP中所占的比重（%）
1982	0.0064	33.38	0.2074	44.77	0.0296	21.85
1992	0.0063	21.78	0.1027	43.45	0.0616	34.76
1998	0.0032	17.56	0.1032	46.21	0.0685	36.23
2004	0.0018	13.39	0.1352	46.23	0.0999	40.38
2008	0.0012	10.73	0.1069	47.45	0.0884	41.82
2011	0.0011	10.04	0.0829	46.61	0.0767	43.35

从图 11-2 看，中国地区间第二产业人均收入加权变异系数（CV_{w2}）的变动有如下特点：一是除了在全国的总体差异（CV_w）上升的 1982~1992 年 CV_{w2} 呈下降的趋势以外，其他年份的 CV_{w2} 与全国的总体差异基本呈同步变化趋势。二是地区间第二产业人均收入加权变异系数（CV_{w2}）和它对总体的收入差距影响系数（PCV_{w2}）（除了 1998~2008 年 PCV_{w2} 有小幅偏低以外）基本都在全国人均国民收入的加权变异系数之上。另外，从第二产业占 GDP 的比重看，尽管数值在逐年下降，但是直到 2011 年仍高于第三产业 3.26 个百分点（见表 11-1）。地区间第二产业人均收入的加权变异系数归一之后占总影响的比重直到 2011 年仍基本维持在 80%（见表 11-2）。在图 11-3 中，各地区第三产业人均收入的加权变异系数（CV_{w3}）总体上呈明显的下降趋势。然而，它是在发展中下降，即它在 GDP 中的比重逐年上升，但是还略低于第二产业（见表 11-1）。而中国第三产业的发展差异对全国总体差异的影响（PCV_{w3}）仍远低于工业，总体影响度不到 20%，最高年份 2004 年也不过 22% 左右的水平（见表 11-2）。从图 11-3 也可以看出，第三产业在地区间的发展差异（CV_{w3}）也与 CV_{w2} 基本一致，高于全国收入总差距（CV_w），说明它也对地区间收入差距的产生有一定的影响。然而，只到 2011 年，它对全国收入差距的影响度（PCV_{w3}）依然不高。可见，从全国范围来看，第二产业仍是影响中国地区间收入总体差异的主要因素。

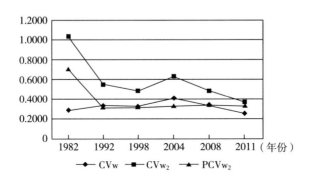

图 11-2　第二产业三大指标变化趋势

表 11-2　中国各省份人均 GDP 差异变化及三大产业差异对总体差异的影响

	1982 年	1992 年	1998 年	2004 年	2008 年	2011 年
全国人均 GDP 加权变异系数	0.2982	0.3273	0.3239	0.4075	0.3149	0.2493
第一产业变异系数	0.0571	0.1318	0.1041	0.1029	0.1014	0.1115
第二产业变异系数	1.0349	0.5440	0.4831	0.6328	0.4747	0.3817
第三产业变异系数	0.6200	0.5100	0.5220	0.6128	0.5051	0.4083

续表

	1982 年	1992 年	1998 年	2004 年	2008 年	2011 年
第一产业系数占影响的比重	0.0213	0.0191	0.0099	0.0045	0.0037	0.0045
第二产业系数占影响的比重	0.6954	0.3139	0.3185	0.3318	0.3394	0.3326
第三产业系数占影响的比重	0.0296	0.0616	0.0685	0.0999	0.0884	0.0767
归一后第一产业系数占总影响的比重（%）	2.86	4.85	2.50	1.04	0.86	1.09
归一后第二产业系数占总影响的比重（%）	93.18	79.54	80.24	76.06	78.66	80.36
归一后第三产业系数占总影响的比重（%）	3.96	15.61	17.26	22.90	20.48	18.55

注：①全国各省份人均国民收入的加权变异系数为式（11-1）中的 CV_ω^2；②各省份第一、第二、第三产业的人均收入加权变异系数分别是式（11-2）中的 CV_{w1}、CV_{w2}、CV_{w3}；③各产业系数占影响的比重的计算分别为 $PCV_1 = Z_1^2 CV_{\omega1}^2 / CV_\omega^2$，$PCV_2 = Z_2^2 CV_{\omega2}^2 / CV_\omega^2$，$PCV_3 = Z_3^2 CV_{\omega3}^2 / CV_\omega^2$，由于在 CV_ω 中还有各产业间的相互作用形成的差异部分，因此三者相加不为 1；④将各产业所占影响之和设为 1，再测算各产业在影响中占的百分比。

资料来源：本部分一共考察了 31 个省份（不包括港澳台地区），因此数据来源于相关年份的《中国统计年鉴》和各省份对应年份的统计年鉴。

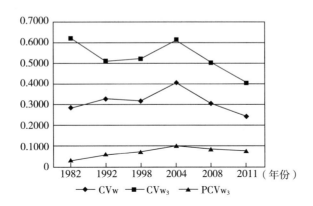

图 11-3　第三产业三大指标变化趋势

三、不同所有制企业的发展对经济重心移动的影响

（一）经济重心与工业重心的计算及数据来源

"重心"的概念来源于牛顿力学，是指在区域空间上存在一个前后左右各个方向上的力量对比保持相对均衡的点。"经济重心"类比物理学中的概念，就是

指区域经济空间里的某一点，在该点各个方向上的经济力量能够维持均衡。然而，计算经济重心一般更多的是借助地理坐标来表达空间上的距离。周民良（2000）曾对我国经济重心做了具体计算，他认为经济重心的变化与各地的地理位置和经济发展状况密切相关。而樊杰和 W. 陶普曼（1996）也较早地研究了1978 年以来我国农村工业重心的变动情况。

本章还是选取 1982 年、1992 年、1998 年、2004 年、2008 年和 2011 年总共6 个年份的各省份工业总产值数据。数据全部来源于《中国工业经济年鉴》和各省统计年鉴，以及第一次全国经济普查年鉴和第二次全国经济普查年鉴。国有及国有控股企业的数据在 20 世纪 90 年代及以前叫全民所有制企业，在此予以说明。

本章所用的 2004 年和 2008 年数据分别为第一次和第二次全国经济普查数据，其他年份的数据来自各省份统计年鉴。在 6 个时间点所得数据统计口径基本一致，进而可以进行比较和分析。值得提出的是，本章只对第二产业中的工业部分做了较为系统的统计和计算，没有涉及建筑业。另外，企业的经济效益指标和财务指标本也应该作为考核的对象，但是由于各省份统计年鉴差别较大，许多指标没有统一的标准，比如有的省份在上一年度统计了某项指标，但是在下一年又不再统计或者换用其他指标代替，因此本章暂时采用工业总产值这个较为常用而重要的指标。虽然这样存在一定的缺陷，但是依然可以在一定程度上反映我国在改革开放几十年的工业重心的变化情况。

虽然 2000 年以后的数据统计口径基本没有太大变化，但是 20 世纪 80 年代和 90 年代的数据统计名称和项目却不甚规范。为了研究的方便，本章做了一些适当处理，在此先将数据中的问题及本章的处理方法加以说明。

第一，海南省于 1988 年建省，之前隶属于广东省，因而 1982 年数据中无海南省数据，其数据包括在广东省内。由于海南与广东经济规模相差较大，难以合并处理，有关海南省的数据是参照各种学术文章和海南的年鉴等资料推算得到的。

第二，重庆市虽于 1997 年才被设立为直辖市，但重庆的相关年鉴较为完整，因而数据也较为翔实。

第三，有的省份统计年鉴缺少国有及国有控股企业的各类数据，而是分成规模以上非国有企业和国有企业两类指标，为保证国有属性，本章一律采用国有企业形式加以处理。

第四，20 世纪 90 年代国有及国有控股企业的第二产业总产值数据来源于独立核算的国有企业，20 世纪 80 年代的有关数据来源于当时独立核算的全民所有制企业。

第五，在查找各省份统计年鉴中发现，一些省份只笼统地统计了国有及规模以上非国有企业的数据，考虑到一般意义上的国有控股企业也多为规模以上的企业，而规模以上的大企业中也有民营企业或者外资企业成分，这就使数据的真实性存在一定疑问。由于种种条件限制，本章暂且以国有及规模以上非国有的数据作为某省份在这一年的指标。

（二）工业经济重心及不同所有制工业经济重心的变化

本章分别对部分省份的全部工业、规模以上国有及国有控股企业以及其他所有制企业的重心（工业总产值指标）变化过程进行研究，大致判断出 1982~2011年三类经济重心变化的移动方位。各省份工业重心计算公式为：

$$\overline{X}_t = \sum_{i=1}^{n} P_{it} \times X_{it} \tag{11-5}$$

$$\overline{Y}_t = \sum_{i=1}^{n} P_{it} \tag{11-6}$$

其中，t 表示时间，t = 1982、1992、1998、2004、2008、2011；i 表示地区，即全国各省、自治区、直辖市（不包括香港、澳门和台湾地区）；$\overline{X}_t$ 为 t 时期工业重心点的经度；$\overline{Y}_t$ 为 t 时期工业重心点的纬度；P_{it} 为 i 地区 t 时期的工业总产值占全国工业总产值的比重；X_{it} 和 Y_{it} 分别为地区 t 时期省会、首府、政府所在地的经度和纬度。根据式（11-5）和式（11-6）进行计算，最后得到的重心变化如表 11-3 至表 11-5 所示。

表 11-3　全部工业企业重心经纬度变化

年份	X	Y
1982	118.0718	34.8689
1992	117.3649	33.70192
1998	115.9917	32.57739
2004	116.2699	32.51494
2008	116.0302	32.76582
2011	115.7551	32.88725

表 11-4　规模以上国有及国有控股企业重心经纬度变化

年份	X	Y
1982	116.4447	34.60343
1992	117.3298	34.61029

年份	X	Y
1998	115. 3372	33. 82861
2004	115. 441	34. 15648
2008	116. 03022	34. 29116
2011	114. 5824	34. 33339

表 11-5　其他所有制企业的经济重心经纬度变化

年份	X	Y
1982	116. 6497	33. 46068
1992	116. 485	32. 60258
1998	116. 6365	31. 34425
2004	116. 6527	31. 75696
2008	116. 4575	32. 21783
2011	116. 1709	32. 37

从 1982 年到 2011 年，全部工业企业的重心在 X 轴即经度上数字呈现变小的变化趋势，在 Y 轴即维度上数字变化有反复。国有及国有控股企业的重心在 X 轴即经度上基本呈现的也是变小的趋势，而在 Y 轴即维度上变化不大。其他所有制企业的重心在 X 轴上基本无变化，而在 Y 轴上呈现变小的趋势。

第一，国有工业经济对全国工业经济重心的走势起着主导性和方向性作用。从图 11-5 可以看到，国有及国有控股企业大多数在北方或者偏东北方向，这与东北地区是我国老工业基地的因素是分不开的。特别是 1982~1992 年这 10 年，国有工业经济的重心在向东移，进而造成中国整体工业重心往东变化的走势。由于其他所有制企业的重心往南移动，因此形成了十分鲜明的国有工业经济重心向东、其他所有制工业经济重心向西南倾斜的局面。本章认为，这应该与当时中国刚刚开始改革开放有关，民营经济很活跃，私营和外资的大力发展，特别是珠三角地区的"腾飞"对当时全国经济重心的趋向产生了很大影响。另外，在地理上由于广东处在东北地区的西南方向，因此非国有经济在图中为西南走向，但全国的工业经济重心从总体上看是与国有经济重心相符合的向东移动。这足以可见，尽管当时其他所有制经济对全国经济的影响很大，但不容置疑的是，国有经济对全国经济走势还是起着主导作用的。

第二，1992~1998 年出现国有经济向西发展，而非国有经济重心一直向东南方向移动的局面。本章认为，这与1992年我国正式提出确立发展社会主义市场经济不无关系。改革开放以来，我国区域政策对区域差距的影响逐步显现出来，非国有经济发展十分迅猛。1990年，中央提出通过上海带动整个东部沿海地区经济发展的战略。相对于东北，上海在地理上处于西南，全国经济重心往西南移动是必然的趋势。然而，在图11-5中我们注意到，这个时候的国有工业经济重心远比其他经济要偏西。这说明早在1992年前后，国有工业企业就已经开始大力向中西部地区倾斜了。同时，这也说明从1992年开始，东北老工业基地在全国工业中的影响力和比重就已开始下降，而广大中西部地区在20世纪90年代初国有经济成分的比重已开始提升。1992年国有企业重心点大约在江苏徐州附近，而到了1998年就移到了河南周口，西进的力度很大。此时，全国的工业经济重心也开始往西南移动。

第三，1998年以后国有工业经济重心再次向北发展，而非国有工业经济重心也不再一路南下而是开始往北移动。到2004年以后，国有工业经济重心再次大力向西发展的时候，非国有工业经济重心没有再出现与国有工业经济重心相背离的趋势，而是也逐步开始向西北方向发展。国有工业经济重心在前进的方向上对非国有工业经济重心的发展方向产生了影响。这也可以说明，此时的珠三角地区不论是在非国有工业经济中还是在全部工业经济中所占的比重都出现了变化。因此，本章推断，大约在2000年前后，中西部地区在国有经济的带动下使得当地非国有经济也得到了较大的发展，而不是在非国有经济带动下使得国有经济在中西部得到了发展。

本章注意到，改革开放以来，人口重心一直向南移动，这与经济特区的建设有关。人口大量南迁，给南部特别是珠三角的人口和经济发展带来了很大的变化。我国经济重心向南移动的趋势到2000年左右得到减弱，其后开始出现向西移动的变化。本章认为，这应该与工业的发展趋势及其对整体经济的影响力增强有关。改革开放以来，珠三角是经济的引领坐标，其主要发展的为劳动密集型企业，需要较多的劳动力和为其服务的相关产业，因此，第三产业在珠三角、长三角地区渐次兴起，经济重心自然往南移动。而工业有一个向东再向西的发展变化过程，说明工业在2000年之前曾出现过较大变革，这应该是企业市场化改革不断深化的结果。从1998年前后一直到2011年左右工业经济重心继续往西北方向移动的同时，全国经济重心也于2000~2010年向西北移动，这十年来没有再出现由于人口重心的继续南移而使经济重心也向南移动的趋势，说明从2000年前后开始，工业对全国经济的影响不是减弱而是增强了。

四、不同所有制企业对省际工业经济发展的影响

（一）按所有制分的工业总产值及所占份额比较

本章主要选取了 2004 年、2008 年和 2011 年的数据进行分析比较，因为 2004 年和 2008 年我国分别进行了第一次、第二次全国经济普查，数据比较翔实，同时结合 2011 年工业经济统计数据，大体上能反映出党的十六大以来我国工业企业的发展情况。数据表明，我国国有及国有控股企业在全部工业总产值中的比重呈现持续下降态势，而非国有企业发展迅猛（见表 11-6）。2008 年与 2004 年相比，国有企业增长了 104.74%，而非国有企业增长了 163.11%。2011 年，国有企业实现工业总产值为 221036.25 亿元，而非国有企业实现了 777596.23 亿元，与 2008 年相比，国有企业只增长了 53.73%，而非国有企业增长了 94.32%。国有企业在全部工业总产值中所占比重也由 2004 年的 31.59% 下降为 2011 年的 22.13%，即国有经济在经济总量上由 2004 年的 30% 左右下降到了 20% 左右。

表 11-6 按所有制分的工业总产值及所占份额比较

	2004 年		2008 年		2011 年	
	国有	非国有	国有	非国有	国有	非国有
各部分工业总产值（亿元）	70228.99	152086.94	143786.66	400158	221036.25	777596.23
全国工业总产值（亿元）	222315.93		543944.66		998632.48	
所占份额（%）	31.59	68.41	26.43	73.57	22.13	77.87

资料来源：根据历年《中国工业经济统计年鉴》和历年《中国经济普查年鉴》中的有关资料整理计算得到。

（二）两类企业在地区间总体工业经济差距收敛中的作用

经济重心向西移动，说明中西部地区的经济在崛起，而工业企业按所有制关系细化为国有与非国有两类企业之后，从统计数据上看，似乎地区间工业经济差距的缩小是由于非国有经济规模的扩大和国有经济规模的减少带来的。本章对工业按加权变异系数的方法重新进行分解，则式（11-1）就变为：

$$CV_\omega^2 = z_1^2 CV_{\omega 1}^2 + z_2^2 CV_{\omega 2}^2 + 2z_1 z_2 COV_\omega (1, 2) \tag{11-7}$$

式（11-7）可以反映出国有和非国有两类企业的发展对地区经济总体差异的影响，以及两者的相互作用对地区收入的影响。国有企业、非国有企业和两者的相互作用对总体的影响依次为 $Z_1^2CV_{\omega1}^2/CV_\omega^2$、$Z_2^2CV_{\omega2}^2/CV_\omega^2$ 和 $2Z_1Z_2COV_{\omega(1,2)}/CV_\omega^2$，如表 11-7 所示。

表 11-7 中国各省份人均工业总产值差异变化及国有、非国有企业对总体差异的影响

	2004 年	2008 年	2011 年
全国人均工业总产值的加权变异系数	0.30	0.19	0.18
国有及国有控股企业人均工业总产值的加权变异系数	0.48	0.38	0.52
非国有企业人均工业总产值的加权变异系数	0.27	0.22	0.35
国有经济部分占加权变异系数的比重（PCV$_1$）	0.26	0.26	0.39
非国有经济部分占加权变异系数的比重（PCV$_2$）	0.37	0.67	2.15
两类企业相互作用部分占加权变异系数的比重（PCV$_{(1,2)}$）	0.36	0.06	−1.53
归一后国有经济占比（%）	41	28	15
归一后非国有经济占比（%）	59	72	85
国有经济对区域差异扩大的影响强度	1.30	1.06	0.69
非国有经济对区域差异扩大的影响强度	0.86	0.98	1.09

注：①全国各省份人均工业总产值的加权变异系数为式（11-6）中的 CV_ω^2；②各省份国有及国有控股和非国有企业的人均工业总产值的加权变异系数分别是式（11-6）中的 $CV_{\omega12}$ 和 $CV_{\omega22}$；③两类企业及其相互作用部分占加权变异系数的比重分别是 $PCV_1=Z_1^2CV_{\omega1}^2/CV_\omega^2$，$PCV_2=Z_{22}CV_{\omega22}^2/CV_\omega^2$ 和 $PCV_{(1,2)}=2Z_1Z_2COV_{(1,2)}/CV_\omega^2$；④将国有经济部分与非国有经济部分的加权比重之和设为 1，再测算它们各自在其中所占的百分比；⑤国有经济对区域差异的影响强度等于国有及国有企业归一后对总体工业经济差异的影响与国有企业的工业总产值在全部工业总产值的份额的比值；非国有经济对区域差异的影响强度等于非国有企业归一后对总体工业差异的影响与非国有部分的工业总产值在全部工业总产值中的份额的比例。

资料来源：本章一共考察了 29 个省份，其中不包括港澳台和西藏、海南（数据缺失），因此数据来源于相关年份的《中国工业经济统计年鉴》和各省份统计年鉴。

从全国地区间人均工业总产值的加权变异系数（即 CV_ω）来看，由 2004 年的 0.3 左右下降到了 2008 年的 0.19 左右，而后 2011 年也基本维持在了 0.18 左右的水平，这说明我国地区间在人均工业产值上的差距已呈现明显缩小趋势。结合本章第二部分已经得出的我国省际人均国民收入差异，基本是由第二产业（即工业和建筑业）的发展差异而引起的结论，本章进一步认识到：地区间的经济差距已开始呈现收敛趋势。特别是，2004 年到 2008 年收敛的幅度较为明显，而在 2008 年以后相对缓慢。

（三）国有经济对地区间工业经济差距的影响

从表 11-6 可知，国有经济在整体规模中所占的比重由 2004 年的 30% 左右下降到 2011 年的 22% 左右，而同时国有与非国有的相互影响造成的差异（$PCV_{(1,2)}$）占总体差异的比重也由 0.36 下降到 -1.5 左右（负值意味着差距在缩小）。这说明两类企业彼此间的相互作用对地区产值上的差异正起到收敛作用，即同一地区两类企业在人均工业产值上的差距正在缩小。如果进一步将国有与非国有企业对总体差异的加权比重归一，则国有经济的占比由 2004 年的 41% 下降到了 2011 年的 15%，其影响强度则由 1.30 减少到 0.69（见表 11-7）。

（四）非国有经济对地区间工业经济差距的影响

根据工业增加值率=工业增加值（近似工业 GDP）/工业总产值，假定相同年份各省份的工业增加值率相同，那么工业总产值的差异扩大必然造成地区间工业增加值上的差异扩大，即工业 GDP 上差距的扩大也就造成工业经济收入上差距的扩大。由于第二产业是造成全国总体经济收入差异的决定性因素，而工业又是第二产业的主要部分，因此区域间工业产值上的差异扩大也必然造成区域间总体经济收入上差异的扩大。另外，从数据上看，非国有经济在规模上占比逐年提升，而同时它在人均工业总产值上对总体工业差距的影响也在不断上升，2011年对区域差异的影响比重达到了 2.15，其影响强度达到 1.09（见图 11-4、图 11-5）。这表明非国有经济在地区间收入差距的扩大是造成全国地区间收入差距扩大的主要原因。

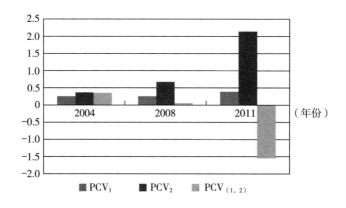

图 11-4　两类企业对地区总体工业产值差异的影响

从以上结论可推断，只有同一地区的国有与非国有经济在工业收入上的差距实现缩小，才能实现区域间工业经济收入差距上的缩小。只有区域间工业经济差距的趋势收敛了，区域间总体经济差距才能最终真正实现有效的收敛。

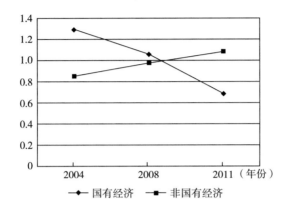

图 11-5　两类所有制经济对区域人均工业产值差异的影响

五、对三大产业的人均 GDP 数据进行离散度考察

为了对各省份资料中样本变异程度的离散趋势有一个更好的把握，从而进一步检验之前数据的正确性，本章再利用变异系数这一统计指标来做进一步的检验。这里的变异系数仅仅是统计量，即一个相对值，它没有单位，仅类似与级差、标准差、方差的统计指标。它与本章之前做的加权变异系数有着本质的区别。

一般来说，变异系数的变量值平均水平越高，其离散程度的测度值也就越大，反之则越小。当进行两个或多个变异程度的比较时，如果度量单位与平均数相同，就可以直接利用标准差来比较。然而，如果度量单位与平均数不同，比较其变异程度就不能采用标准差，需要采用标准差与平均数的比值（相对值）来比较。标准差与平均数的比值就称为变异系数。因此，变异系数可以消除单位和平均数不同对两个或多个变异程度比较的影响。变异系数的计算公式为：变异系数 =（标准偏差÷平均值）×100%。变异系数可以大于 100%；变异系数大于 100% 属于强变异，介于 10% 和 100% 之间的属于中等变异，小于 10% 的属于弱变异。

本章主要考察了三大产业人均GDP的变异系数。在第二产业中，单列出工业，进而再单列出国有和非国有两大部分。需要特别加以说明的是：一是由于受数据限制，国有与非国有企业的人均GDP用其各自的工业增加值进行了代替。二是考虑到部分省份统计的工业增加值数据存在缺失，本章采取假设当年各省份国有和非国有工业企业的增加值率（工业增加值率=工业增加值/工业总产值）与当年全国的工业增加值率相同的方式进行了估算。

如表11-8所示，第一产业的人均GDP变异系数总的来看变化不大，这意味着第一产业在地区间人均收入差距中的作用不明显。经济差距的产生主要由第二、第三产业所引起，这与之前的分析结论也相吻合，即地区经济差异的变化主要是由于第二、第三产业的差异带来的，特别是第二产业（见图11-6）。

表 11-8　按两类所有制划分的三大产业人均 GDP 变异系数　　　单位：%

	2004 年	2008 年	2011 年
第一产业	31.88	36.10	36.91
第二产业	70.72	57.24	42.98
工业	98.86	75.33	58.24
国有工业企业	92.63	74.18	64.07
非国有工业企业	118.38	93.77	76.50
第三产业	95.80	89.25	75.06

在第二产业中，非国有企业2004年的变异系数值最大，高于100%，属于强变异，说明离散程度很大，即标准偏差大于均值，这也进一步说明地区间人均GDP差别较大是造成地区间人均GDP差异的主要因素。本章也注意到，非国有企业对地区间人均GDP差距变化的影响也呈现逐步减弱的趋势。然而，要实现非国有企业在地区间经济差距上的收敛，任务还十分艰巨。国有企业下降幅度虽然低于非国有企业，但是变异系数值小于非国有企业。首先，在同一年份，国有企业的人均GDP在地区间的差距没有非国有企业大；其次，从年份的变化趋势看，国有企业在2004~2008年下降了大约18%，之后到2011年又下降了10%左右，而非国有企业在2004~2008年下降了大约24%，至2011年又下降了17%左右。这说明两类企业在地区间的发展差距有趋缓的趋势，国有企业率先下降到70%以下（见图11-6）。最后，国有企业的变异系数与工业整体的变异系数值的变动趋势十分接近，这说明工业在推动地区经济差距收敛中步调基本与国有经济的收敛节奏一致，是地区间经济差距收敛的主要因素。

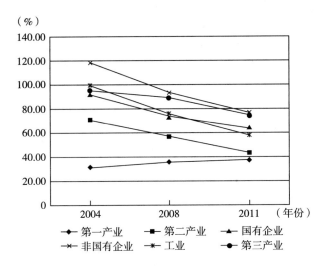

图 11-6　按两类所有制划分的三大产业人均 GDP 变异系数

　　特别地，2011 年第二产业人均 GDP 变异系数比同期国有和非国有企业的都小，这说明在地区间，企业整体经济差异比单从所有制角度比较的经济差距要小。本章认为，国有与非国有企业在整体空间上的布局比过去更趋均衡，过去国有企业集中的地区，目前非国有企业也有了相当大的市场，而过去非国有企业较多的地区，现在国有企业也有了一定规模。

　　因此，本章可以推断出，地区间经济差距还会随着第二、第三产业的发展而进一步缩小。但从第二、第三产业的带动力度上看，第三产业对带动地区经济差距缩小的力度明显不如第二产业。而具体到第二产业的工业部分，国有企业在不同地区的人均 GDP 的差距依然会小于非国有企业，欠发达地区与发达地区的非国有企业收入差距虽有缩小趋势，但依然存在较大的实际差距。

六、结论与评述

　　魏后凯等（1997）曾计算了 1952～1990 年主要年份的全国人均国民收入加权变异系数，得出自中华人民共和国成立以来，我国各省份之间的收入差异大体上呈现倒 "U" 形的结论，即 1978 年之前人均国民收入是不断扩大的，而后逐渐趋于缩小。本章在前人的基础上利用加权变异系数的方法，首先从三大产业的角度进行分解，结合较新的数据对地区间总体收入差距进行了定量分析和计算。研究发现，直到 2011 年，第二产业仍在地区间总体收入差距上起主要作用。其次本章对工业按所有制进行了分析，探索国有企业和非国有企业在地区间经济收入差距方面各自起到什么作用。再次从定性角度结合人口重心、经济重心和按国有和非国有划分的两类工业经济重心，对两类企业的发展轨迹进行了比较，发现国有企业在区域收入差异扩大上起收敛作用，而非国有企业起反作用。最后对三大产业的人均 GDP 数据进行了变异系数的统计分析，发现与之前的推断也基本吻合。综合本章的分析，可以得到如下结论：

第一，从我国目前三大产业的发展来看，造成地区间经济差距扩大的主要原因在第二、第三产业上。尽管第三产业近些年来发展迅猛，对地区收入差距的总影响比重从 1982 年的 3.96% 上升到 2011 年的 18.55%，但是第二产业依然是造成地区间经济差距的主要方面，其在 2011 年依然占到总影响比重的 80.36%。因此，做大做强第二产业特别是工业，依然是今后一段时期我国缩小地区间经济差距的首要任务。

第二，从经济重心图的走势上可以清楚地看到，我国经济重心在 2000 年前主要是南北方向上变化，与人口重心的变化走势相近，说明人口因素对其影响作用较大，而从 2000 年左右开始，经济重心向东西方向变化，与工业重心的变化趋势相似。工业对地区间经济收入的影响已经高于人口因素。而在影响工业重心的走向方面，国有经济在其中起到主导作用。因此，大力发展中西部地区的国有及国有控股企业是实现工业对地区经济收入差距缩小的关键。只有首先实现工业在省域间经济收入差距上的缩小，才能进一步真正实现全国经济收入在地区间的缩小。

第三，通过对两类所有制企业的对比分析发现，总体上省域间经济差距呈现收敛趋势。2004～2008 年收敛得较为明显，2008 年之后趋于缓和。两类企业在不同地区间均存在收入差距问题。然而，国有经济对区域差异扩大的影响强度从 2004 年的 1.30 下降到 2011 年的 0.69，而非国有经济从 2004 年的 0.86 上升到 1.09。这一结果说明，非国有经济对区域间经济收入差距收敛产生了负面作用。而两类企业的相互作用对全部收入差距的结果显示，影响程度从 2004 年的 0.36 下降为 2011 年的 -1.53，这就表明，正是国有经济的收敛作用强于非国有经济的扩大作用，使得整个工业对地区经济收入差异显示的是收敛作用。因此，本章认为，在工业领域内部，首先实现在同一地区国有企业与非国有企业在工业经济差异上的收敛，才能实现地区间工业经济差异的收敛，进而由工业的收敛带动作用实现地区间经济差距的收敛。

第四，通过对离散度分析发现，随着市场经济的进一步发展，省际间经济差距还会随着第二、第三产业的发展而进一步收敛，但从带动力上看，第三产业的作用力明显不如第二产业。具体到工业内部，国有企业与非国有企业在空间上的布局将更加趋于合理均衡，两类企业在人均收入上的差距也会进一步收窄。因此，发展混合所有制经济将是我国下一步市场经济发展的必然趋势。

由于在制造业方面各地区的数据不够翔实，因此无法进一步判断在制造业领域国有企业与非国有企业究竟谁在起主导作用。此外，第二产业中的建筑业本章也没有涉猎，而且造成地区间收入差距的也远不止三大产业因素。因此，还有其他社会因素值得进一步研究。

参考文献

[1] Acs Z J, Audretsch D B. Innovation Market Structure, and Firm Size [J]. Review of Economics and Statistics, 1987 (4): 567-574.

[2] Acs Z J, Varga A. Introduction to the Special Issue on Regional Innovation Systems [J]. International Regional Science Review, 2002, 25: (1): 3-7.

[3] Aghion P, Bloom N, Blundell R, et al. Competition and Innovator: An Inverted U Relationship [J]. Quarterly Journal of Economics, 2005 (2): 701-728.

[4] Akita T, Lukman R A. Interregional Inequalities in Indonesia: A Sectoral Decomposition Analysis for 1975-1992 [J]. Bulletin of Indonesia Economic Studies, 1995 (3): 61-81.

[5] AMP Steering Committee. Capturing Domestic Competitive Advantage in Advanced Manufacturing [C]. 2013 Public Policy Colloquium, 2013.

[6] Amsden A. Asia's Next Giant: South Korea and Late Industrialization [M]. New York, Oxford University Press, 1989.

[7] Arrow K. Economic Welfare and the Allocation of Resources for Invention [M] // Emile J. The Rate and Direction of Inventive Activity: Economic and Social Factors. Princeton: Princeton University Press, 1962.

[8] Balassa B. Trade Liberalization and "Revealed" Comparative Advantage [J]. The Manchester School, 1965 (33): 99-123.

[9] Breschi S, Malerba F. Sectoral Systems of Innovation: Technological Regimes, Schumpeterian Dynamics and Spatial Boundaries [C] //Edquist C. Systems of Innovation: Technologies, Institutions and Organizations. London, 1997.

[10] Cappelli P, Neumark D. 2001. Do "High-Performance" Work Practices Improve Establishment-Level Outcomes? [J]. Industrial and Labor Relations Review, 2001 (6): 148-182.

[11] Caves D W, Christensen L R, and Diewert W E. The Economic Theory of

Index Numbers and the Measurement of Input, Output, and Productivity [J]. Econometrica, 1982 (50): 1393-1414.

[12] Chang H, Bad S. The Guilty Secrets of Rich Nations and the Threat to Global Prosperity [M]. London: Random House, 2008.

[13] Chang H. The East Asian Development Experience: The Miracle, The Crisis and the Future [M]. London: Zed Books, 2006.

[14] Fare R, Shawna G, Mary N, et al. Productivity Growth, Technical Progress, and Efficiency Change in Industrialized Countries [J]. The American Economic Review, 1994 (84): 66-83.

[15] Fare, R., Grosskopf, S., Lindgren B., and Ross P. Productivity Developments in Swedish Hospitals: A Malmquist Output Index Approach [C] // A. Charnes, W. W. Cooper, A. Y. Lewin and L. M. Seiford, eds., Data Envelopment Analysis: Theory, Methodology and Applications, Boston: Kluwer Academic Publishers, 1994a.

[16] Farrell M J. The Measurement of Productive Efficiency [J]. Journal of the Royal Statistical Society: Series A (General), 1957 (3): 253-290.

[17] Fleisher B, Li H Z, Zhao M Q. Human Capital, Economic Growth and Regional Inequality in China [J]. Journal of Development Economics, 2010 (2): 215-231.

[18] Fu F C, Vijverberg C P C, Chen Y S. Productivity and Efficiency of State-Owned Enterprises in China [J]. Journal of Productivity Analysis, 2008 (6): 249-259.

[19] Geroski P. The Evolution of New Markets Cambridge [M]. New York: Oxford University Press, 2003.

[20] Griliches Z. Issues in Assessing the Contribution of Research and Development to Productivity Growth [J]. Bell Journal of Economics, 1979, 10 (1): 92-116.

[21] Hirschman A. The Strategy of Economic Development [M]. Boulder: Westview Press, 1958.

[22] Holz C A. The Unbalanced Growth Hypothesis and the Role of the State: The Case of China's State-owned Enterprises [J]. Journal of Development Economics, 2011 (2): 220-238.

[23] Humphrey J, Schmitz H. How does Insertion in Global Value Chains Affect Upgrading Industrial Clusters? [J]. Regional Studies, 2002 (9): 1017-1027.

［24］ Krugman P. The Fall and Rise of Development Economics: In Rodwin and Schön (eds.), Rethinking the Development Experience: Essays Provoked by the Work of Albert O ［M］. Washington: Brookings Institution Press, 1994.

［25］ Kuznets S. Modern Economic Growth: Findings and Reflections ［J］. American Economic Review, 1973 (2): 247-258.

［26］ Lee C Y. Industry R&D Intensity Distributions: Regularities and Underlying Determinants ［J］. Journal of Evolutionary Economics, 2002 (12): 307-342.

［27］ Lin C, Lin P, Song F. Property Rights Protection and Corporate R&D: Evidence from China ［J］. Journal of Development Economics, 2010 (93): 49-62.

［28］ Lucas R E J. On the Mechanics of Economic Development ［J］. Journal of Monetary Economics, 1988 (22): 3-42.

［29］ Mankiw N G, Romer D, Weil D N. A Contribution to the Empirics of Economic Growth ［J］. Quarterly Journal of Economics, 1992 (2): 408-440.

［30］ Martin H, Christian O. Technology and Innovation in Japan: Policy and Management for the Twenty-first Century ［M］. London: Routledge, 1998.

［31］ Maslow A H. Higher Needs and Personality ［J］. Dialectica, 1951 (5): 257-265.

［32］ Mathur A. Regional Development and Income Disparities in India: A Sectoral Analysis ［J］. Economic Development and Cultural Change, 1983 (3): 475-505.

［33］ Moweyd Rosenbergn. Technology and the Pursuit of Economic Growth ［M］. New York: Cambrige University Press, 1989.

［34］ Nelson R. National System of Innovation: A Comparative Study ［M］. New York: Oxford University Press, 1993.

［35］ OECD. Strategic Industries in a Global Economy: Policy Issues For the 1990s ［R］. 1991.

［36］ Pregibon D. Goodness of Link Tests for Generalized Linear Models ［J］. Applied Statistics, 1980 (29): 15-24.

［37］ Ralston D A, Terpstra-Tong J, Terpstra R H, et al. Today's State-Owned Enterprises of China: Are They Dying Dinosaurs or Dynamic Dynamos? ［J］. Strategic Management Journal, 2006 (9): 825-843.

［38］ Romer P. Endogenous Technological Change ［J］. Journal of Political Economy, 1990 (5): 71-102.

［39］ Rosenstein-Rodan P. Problems of Industrialization of Eastern and South-

Eastern Europe ［J］. The Economic Journal, 1943 （210/211）: 202-211.

［40］Rothwell R. Zegveld W. Industrial Innovation and Public Policy: Preparing For the 1980s ［M］. Westport Conn: Greenwood Press, 1981.

［41］Saneh C, Susantha G. Technological independence: The Asian experience ［M］. Tokyo: The Uniated Nations University, 1994.

［42］Shirley M M, Walsh P. Public vs. Private Ownership: The Current State of the Ddbate ［J］. Tomorrow of Research Today, 2001 （1）: 1-67.

［43］Shorrocks A F. Inequality Decomposition by Population Subgroup ［J］. Econometrica, 1984 （52）: 1369-1385.

［44］Solow R. Economic History and Economics ［J］. American Economic Review, 1985, 75 （2）: 328-331.

［45］Song Z, Storesletten K, Zilibotti F. Growing Like China ［J］. American Economic Review, 2011 （2）: 196-233.

［46］Tassey G. Policy Issues for R&D Investment in a Knowledge-based Economy ［J］. Journal of Technology Transfer, 2004 （2）: 153-185.

［47］Wegloop P. Linking Firm Strategy and Government Action: Towards a Resource-based Perspective in Innovation and Technology Policy ［J］. Technology in Society, 1995 （4）: 413-428.

［48］White S. Competition, Capabilities and the Make, Buy or Ally Decisions of Chinese State-Owned Firms ［J］. The Academy of Management Journal, 2000 （1）: 324-341.

［49］Williamson J G, Regional Inequality and the Process of National Development: A Description of the Patterns ［J］. Economic Development and Cultural Change, 1965 （2）: 3-45

［50］Zhang A, Zhang Y, Zhao R. A Study of the R&D Efficiency and Productivity of Chinese Firms ［J］. Journal of Comparative Economics, 2003 （3）: 444-464.

［51］F. M. 谢勒. 技术创新——经济增长的原动力 ［M］. 北京: 新华出版社, 2001.

［52］安同良, 周绍东, 皮建才. R&D 补贴对中国企业自主创新的激励效应 ［J］. 经济研究, 2009 （10）: 87-98, 120.

［53］白雪峰. 中国石油产业集中度研究 ［D］. 哈尔滨理工大学, 2004.

［54］博行分享会. 招商局与巴菲特投资公司的比较 ［EB/OL］. ［2017-11-14］. https: //mp. weixin. qq. com/s/ux8GKvpYjO0VX4PpkqKUHQ.

［55］蔡昉, 王德文, 都阳. 劳动力市场扭曲对区域差距的影响 ［J］. 中国

社会科学，2001（2）：4-14.

　　［56］蔡建荣．浅谈我国东西部经济差距的原因及对策［J］．中国商论，2013（3Z）：156，159.

　　［57］常辉．西方主要资本主义国家国有经济的发展与变革研究［D］．山东大学，2010.

　　［58］陈长河．清末民初轮船招商局组织概况［J］．史学月刊，1984（1）：61-65.

　　［59］陈江生．西方国家国有企业的一般功能［J］．世界经济研究，1996（6）：60-63.

　　［60］陈林，罗莉娅，康妮．行政垄断与要素价格扭曲——基于中国工业全行业数据与内生性视角的实证检验［J］．中国工业经济，2016（1）：52-64.

　　［61］陈林，朱卫平．中国地区性行政垄断与区域经济绩效——基于工具变量法的实证研究［J］．经济社会体制比较，2012（7）：195-204.

　　［62］陈培军．对处于攻坚阶段的国有企业功能定位问题探析［J］．新疆经济管理，2001（1）：35-37.

　　［63］陈耀．对欠发达地区援助的国际经验．［J］．经济研究参考，2000（28）：37-38.

　　［64］陈志国，宋鹏飞．中国对外直接投资经济效应的研究综述及展望［J］．河北大学学报（哲学社会科学版），2015（1）：81-85.

　　［65］成刚．数据包络分析方法与 MaxDEA 软件［M］．北京：知识产权出版社，2014.

　　［66］程传兴．国有企业的功能与改革战略［J］．河南大学学报（社会科学版），1996（4）：1-5.

　　［67］褚敏，靳涛．为什么中国产业结构升级步履迟缓——基于地方政府行为与国有企业垄断双重影响的探究［J］．财贸经济，2013（3）：112-122.

　　［68］丁冰．评"国有企业低效率"论［J］．中华魂，2005（2）：21-22.

　　［69］丁启军，伊淑彪．中国行政垄断行业效率损失研究［J］．山西财经大学学报，2008（2）：42-47.

　　［70］董梅生．国有和民营企业技术效率及影响因素比较研究［J］．科技进步与对策，2012（29）：79-84.

　　［71］董敏杰，李钢，梁泳梅．中国工业环境全要素生产率的来源分解——基于要素投入与污染治理的分析［J］．数量经济技术经济研究，2012（2）：3-20.

　　［72］董敏杰．环境规制对中国产业国际竞争力的影响［D］．中国社会科

学院研究生院，2011.

[73] 董先安. 浅释中国地区收入差距：1952—2002 [J]. 经济研究，2004 (9)：48-58.

[74] 董耀鹏. 简论国有经济控制力的评价标准 [J]. 出版经济，2001 (8)：13-14.

[75] 杜传忠，李建标. 产业结构升级对经济持续快速增长的作用 [J]. 云南社会科学，2001 (4)：30-32.

[76] 段素林. 国有企业的功能定位与改革 [D]. 南昌大学，2007.

[77] 樊纲，王小鲁，马光荣. 中国市场化进程对经济增长的贡献 [J]. 经济研究，2011 (9)：4-16.

[78] 樊杰·W. 陶普曼. 中国农村工业化的经济分析及省际发展水平差异 [J]. 地理学报，1996 (5)：398-407.

[79] 方放，赵建华. 国有经济控制力研究 [J]. 合作经济与科技，2006 (8)：1.

[80] 辜胜阻. 发挥国企在创新发展中的骨干作用 [N]. 人民日报，2016-08-03 (007).

[81] 郭丽峰，郭铁成. 用户导向的政府创新投入政策——创新券 [J]. 科技创新与生产力，2012 (8)：10-13.

[82] 郭丽丽，李勇. 国有企业的产业拖累效应及其门槛特征 [J]. 经济与管理研究，2015 (1)：25-33.

[83] 郭瑞鹏. 推进军民融合深度发展的战略思考 [J]. 前线，2017 (3)：19-22.

[84] 国家统计局课题组. 对国有经济控制力的量化分析 [J]. 统计研究，2001 (1)：3-10.

[85] 韩晶. 中国钢铁业上市公司的生产力和生产效率——基于 DEA-TOBIT 两步法的实证研究 [J]. 北京师范大学学报（社会科学版），2008 (1)：119-126.

[86] 韩一杰，刘秀丽. 基于超效率 DEA 模型的中国各地区钢铁行业能源效率及节能减排潜力分析 [J]. 系统科学与数学，2011 (3)：287-298.

[87] 郝书辰，蒋震. 我国国有经济的市场结构分析和退出路径选择 [J]. 管理世界，2007 (8)：157-158.

[88] 郝舒辰，田金方，陶虎. 国有工业企业效率的行业检验 [J]. 中国工业经济，2012 (12)：57-69.

[89] 何枫，祝丽云，马栋栋，等. 中国钢铁企业绿色技术效率研究 [J].

中国工业经济，2015（7）：84-98.

［90］亨利·帕里斯．西欧国有企业管理［M］．大连：东北财经大学出版社，1991.

［91］洪功翔，董梅生．国有企业一定是低效率吗？——来自中国的实证研究与理论阐释［J］．教学与研究，2012（8）：40-48.

［92］洪华喜，崔焕金．中国经济增长的趋同特征及其成因分析［J］．经济问题探讨，2003（11）：6-9.

［93］胡鞍钢．"国进民退"现象的证伪［J］．国家行政学院学报，2012（1）：9-14.

［94］胡仲元．邮政改革莫蹈"洋覆辙"［J］．中国经济周刊，2005（12）：42-43.

［95］黄晶．从国有企业的性质和功能来重新认识我国的国有企业改革［J］．商业研究，2003（23）：33-35.

［96］黄茂兴，冯潮华．技术选择与产业结构升级［M］．北京：社会科学文献出版社，2007.

［97］黄群慧，余菁．新时期的新思路：国有企业分类改革与治理［J］．中国工业经济，2013（11）：5-17.

［98］黄险峰，李平．国有企业部门规模与经济增长［J］．产业经济评论，2008（7）：2-21.

［99］纪玉山．竞争性领域国有企业社会功能辨析［J］．当代经济研究，2004（7）：28-31.

［100］贾根良，李家瑞．国有企业的创新优势［J］．山东大学学报（哲学社会科学版），2018（4）：1-11.

［101］贾俊雪，郭庆旺．中国区域经济趋同与差异分析［J］．中国人民大学学报，2007（5）：61-68.

［102］江小涓等．中国经济的开放与增长1980~2005年［M］．北京：人民出版社，2007.

［103］姜铎．略论招商局历史上的三次发展［J］．社会科学，1993（3）：46-49.

［104］姜鲁鸣．全力破解制约深度融合的体制瓶颈［N］．解放军报，2017-02-10（007）.

［105］金碚，李钢，陈志．中国制造业国际竞争力现状分析及提升对策［J］．财贸经济，2007（3）：3-10.

［106］金碚．国有企业根本改革论［M］．北京：北京出版社，2002.

[107] 金碚. 何去何从——当代中国的国有企业问题 [M]. 北京：今日中国出版社，1997.

[108] 金碚，黄群慧. "新型国有企业"现象初步研究 [J]. 中国工业经济，2005（6）：5-14.

[109] 金碚，李钢，陈志. 加入 WTO 以来中国制造业国际竞争力的实证分析 [J]. 中国工业经济，2006（10）：5-14.

[110] 金碚. 产业国际竞争力研究 [J]. 经济研究，1996（11）：39-44.

[111] 金碚. 产业组织经济学 [M]. 北京：经济管理出版社，2004.

[112] 金碚. 中国工业国际竞争力：理论、方法与实证研究 [M]. 北京：经济管理出版社，1997.

[113] 金碚. 资源环境管制与工业竞争力关系的理论研究 [J]. 中国工业经济，2009（3）：5-17.

[114] 金立成. 招商局史料 [J]. 学术月刊，1962（8）：17-22.

[115] 李柏洲，朱晓霞. 区域创新系统（RIS）创新驱动力研究 [J]. 中国软科学，2007（8）：93-99.

[116] 李崇新. 关于国有经济控制力核算的探讨 [J]. 统计与信息论坛，2001（3）：4-6.

[117] 李福林. 新型国有企业定位与效率问题研究 [D]. 东北财经大学，2011.

[118] 李钢，廖建辉. 中国省域工业结构的聚类与时空演化 [J]. 经济管理，2011（8）：18-27.

[119] 李钢，刘鹏. 钢铁行业环境管制标准提升对企业行为与环境绩效的影响 [J]. 中国人口·资源与环境，2015，25（12）：8-14.

[120] 李钢，沈可挺，郭朝先. 中国劳动密集型产业竞争力提升出路何在——新《劳动合同法》实施后的调研 [J]. 中国工业经济，2009（9）：37-46.

[121] 李钢，王茜，程都. 市场经济条件下国有企业的功能定位——基于市场配置与政府调控融合的视角 [J]. 毛泽东邓小平理论研究，2016（9）：51-56.

[122] 李钢. 国有企业的效率研究 [J]. 经济管理，2007（2）：10-16.

[123] 李钢. 新二元经济结构下中国工业升级路线 [J]. 经济体制改革，2009（5）：22-27.

[124] 李建红. 不忘初心，开拓创新全力打造世界一流企业 [EB/OL]. [2017-11-01]. http：//ft. people. com. cn/fangtanDetail. do？pid=16273.

［125］李培林，张翼．国有企业社会成本分析［J］．中国社会科学，1999（5）：41-58.

［126］李润田，李永文．中国资源地理［M］．北京：科学出版社，2003.

［127］李士梅．我国国有经济控制力的界定［J］．工业技术经济，2002（1）：1-3.

［128］理查德·R. 纳尔逊．美国支持技术进步的制度［M］．北京：经济科学出版社，1992.

［129］林毅夫，蔡昉，李周．中国的奇迹：发展战略与经济改革［M］．上海：格致出版社，1999.

［130］林毅夫，蔡昉，李周．中国经济转型时期的地区差距分析［J］．经济研究，1998（6）：5-12.

［131］林毅夫，刘明兴，章奇．政策性负担与企业的预算软约束：来自中国的实证研究［J］．管理世界，2004（8）：81-89.

［132］林毅夫，刘明兴．中国的经济增长收敛于收入分配［J］．世界经济，2003（8）：3-14.

［133］刘秉镰，林坦，刘玉海．规模和所有权视角下的中国钢铁企业动态效率研究——基于 Malmquist 指数［J］．中国软科学，2010（1）：150-157.

［134］刘凤委，于旭辉，李琳．地方保护能提升公司绩效吗？——来自上市公司的经验证据［J］．中国工业经济，2007（4）：21-28.

［135］刘福林．北京工业国有经济控制力有多大［J］．北京统计，2003（1）：26-27.

［136］刘广京．刘广京论招商局［M］．北京：社会科学文献出版社，2012.

［137］刘解龙．国有经济控制力战略论纲［J］．长沙电力学院学报（社会科学版），2000（8）：36-41.

［138］刘金程．透析国企腐败与反腐败［N］．中国纪检监察报，2014-04-04（008）.

［139］刘鹏．我国国有企业的功能定位研究［D］．西安建筑科技大学，2008.

［140］刘强．中国经济增长的收敛性分析［J］．经济研究，2001（6）：70-77.

［141］刘仁春．公共企业：政府弥补市场失灵的一项政策工具［J］．广西师范大学学报（哲学社会科学版），2005（3）：16-19.

［142］刘瑞明，石磊．国有企业的双重效率损失与经济增长［J］．经济研

究，2010（1）：127-137.

［143］刘瑞明．国有企业的双重效率损失与经济增长［M］．上海：上海三联书店，2013.

［144］刘小玄．中国工业企业的所有制结构对效率差异的影响——1995 年全国工业企业普查数据的实证分析［J］．经济研究，2000（2）：17-25.

［145］隆国强．全球化背景下的产业升级新战略［J］．国际贸易，2007（7）：27-34.

［146］卢向虎，朱淑芳，张正河．中国农村人口城乡迁移规模的实证分析［J］．中国农村经济，2006，27（1）：35-41.

［147］芦荻．变革性经济增长［M］．北京：经济科学出版社，2001.

［148］陆铭，陈钊．因患寡，而患不均——中国的收入差距、投资、教育和增长的相互影响［J］．经济研究，2005（12）：4-15.

［149］吕铁，贺俊．技术经济范式协同转变与战略性新兴产业政策重构［J］．学术月刊，2013（7）：78-89.

［150］马海涛，郝晓婧．我国国有资本经营预算民生支出评价及优化［J］．河北大学学报（哲学社会科学版），2017（4）：94-102.

［151］马荣．中国国有企业效率研究——基于全要素生产率增长及分解因素的分析［J］．上海经济研究，2011（2）：20-29.

［152］迈克尔·波特．国家竞争优势［M］．北京：华夏出版社，2002.

［153］平新乔．论国有经济比重的内生决定［J］．经济研究，2000（7）：16-23.

［154］钱津．如何遏制房价过快上涨［J］．中国流通经济，2010（5）：27-30.

［155］沈坤荣，马俊．中国经济增长的"俱乐部收敛"特征及其成因研究［J］．经济研究，2002（1）：33-39.

［156］沈志渔，罗仲伟.21 世纪初国有企业发展和改革［M］．北京：经济管理出版社，2005.

［157］盛毅．用行业集中度确定国有经济控制力的数量界限［J］．经济体制改革，2010（6）：15-20.

［158］斯塔夫里阿诺斯．全球通史：1500 年以后的世界［M］．上海：上海社会科学出版社，1992.

［159］宋东林，于群．国有经济的战略性调整与国有经济控制力［J］．管理世界，2003（8）：142-143.

［160］宋涛，张邦辉．市场失灵和国家干预［J］．经济学家，1993（8）：

28-34.

[161] 孙伯良. 从"市场失灵"和"政策无效"看国有企业在市场经济运行中的地位 [J]. 世界经济文汇, 1997 (5): 57-60.

[162] 孙毓棠. 十九世纪后半叶中国近代工业的发生——"中国工业近代史资料第一辑（1840-1895 年）"序言 [J]. 经济研究, 1957 (1): 105-141.

[163] 唐晓云. 产业升级研究综述 [J]. 科技进步与对策, 2012 (4): 156-160.

[164] 唐杨, 李光金. "国退民进"中的国有企业发展研究 [J]. 学术论坛, 2012 (1): 124-128.

[165] 涂正革. 资源、环境与工业增长的协调性 [J]. 经济研究, 2008 (2): 93-105.

[166] 汪熙. 试论洋务运动官督商办企业的性质和作用 [J]. 历史研究, 1983 (6): 175-187.

[167] 王江, 周雅, 郑广超. 工业企业国有经济控制力研究 [J]. 北方经济, 2009 (5): 14-15.

[168] 王可强. 西欧国有企业经验对我国国有企业改革的启示 [D]. 吉林大学, 2004.

[169] 王罗汉, 李钢. 国有企业效率研究 [J]. 经济与管理研究, 2014 (6): 27-32.

[170] 王荣红. 国有经济的控制力及其实现 [J]. 经营与管理, 2006 (4): 8-9.

[171] 王绍光, 胡鞍钢. 中国: 不平衡发展的政治经济学 [M]. 北京: 中国计划出版社, 1999.

[172] 王晓红. 发达国家改造国有企业实践及外资并购规制的启示 [J]. 科学决策, 2005 (5): 43-46.

[173] 王岳平. 开放条件下的工业结构升级 [M]. 北京: 经济管理出版社, 2004.

[174] 魏伯乐, 奥兰·扬, 马塞厄斯·芬格. 私有化的局限 [M]. 王小卫, 周缨, 译. 上海: 上海三联书店, 2006.

[175] 魏后凯. 中国地区发展——经济增长、制度变迁与地区差异 [M]. 北京: 经济管理出版社, 1997.

[176] 文宗瑜. 中国国有企业 60 年的发展历程回顾 [J]. 管理智库, 2009 (10): 1.

[177] 巫继学, 晓立. 国有企业功能的泛化和矫正 [J]. 决策探索, 1998

（2）：24-28.

[178] 吴承明．近代中国工业化道路［J］．文史哲，1991（6）：65-70.

[179] 吴福象，周绍东．企业创新行为与产业集中度的相关性——基于中国工业企业的实证研究［J］．财经问题研究，2006（12）：29-34.

[180] 吴敬琏，张军扩，刘世锦，等．国有经济的战略性改组［M］．北京：中国发展出版社，1998.

[181] 吴敬琏．中国经济增长模式的抉择［M］．上海：远东出版社，2005.

[182] 吴敬琏．新"国进民退"——风险与改革攻坚战［M］//胡舒立．中国2013：关键问题．北京：线装书局，2013：126-132.

[183] 吴延兵．R&D存量、知识函数与生产效率［J］．经济学（季刊），2006（3）：1129-1156.

[184] 吴延兵．中国哪种所有制类型企业最具创新性？［J］．世界经济，2012（6）：3-29.

[185] 伍柏麟，席春迎．西方国有经济研究［M］．北京：高等教育出版社，1997.

[186] 武力．略论工业化过程中政府角色的适时转换［J］．中国经济史研究，1999（3）：75-82.

[187] 习近平．决胜全面建成小康社会　夺取新时代中国特色社会主义伟大胜利——在中国共产党第十九次全国代表大会上的报告［N］．人民日报，2017-10-28（01）．

[188] 向铁梅，黄静波．国民经济行业分类与国际标准产业分类中制造业大类分类的比较分析［J］．对外经贸实务，2008（11）：33-36.

[189] 肖定军．刍议国有企业的功能转换［J］．开放时代，1996（2）：79-80.

[190] 肖金成．西方国家的国有企业及对我国的启示［J］．学术交流，1997（1）：31-35.

[191] 谢敏．开放市场经济条件下中国国有经济控制力研究［D］．南开大学，2010.

[192] 忻文，尚列，邵琍玲，等．国有企业的"社区功能"与股份制改造［J］．经济研究，1994（4）：51-56.

[193] 休·史卓顿，莱昂内尔·奥查德．公共物品、公共企业和公共选择［M］．费昭辉，徐济旺，易定红，译．北京：经济科学出版社，2000.

[194] 徐传谌，刘凌波．我国国有企业特殊社会责任研究［J］．经济管理，

2010（10）：163-168.

［195］徐国祥，苏月中．上海国有经济控制力定量评估与发展对策研究［J］．财经研究，2003（8）：28-33.

［196］徐健，汪旭晖．中国区域零售业效率评价及其影响因素：基于DEA-Tobit两步法的分析［J］．社会科学辑刊，2009（5）：101-103.

［197］许光伟．中国国有企业历史特性分析［J］．经济评论，2008（1）：55-63.

［198］许涛，王亚亚．雁形出海畅游"一带一路"［J］．中国外汇，2017（8）：50-55.

［199］闫杰．关于国有经济控制力的思考［J］．兰州大学学报，1998（1）：22-28.

［200］杨华．国有企业功能、定位及改革浅论［J］．湖北大学学报（哲学社会科学版），2002（2）：33-39.

［201］杨皎洁．论西欧国有企业改革及其对我国的启示［J］．中国城市经济，2009（10）：71-75.

［202］杨宽宽，许剑毅，周学文，等．国有经济控制力的现状及趋势［J］．中国经贸导刊，2003（18）：21-23.

［203］杨天石．孙中山与民国初年的轮船招商局借款——兼论革命党人的财政困难与辛亥革命失败的原因［J］．中国社会科学，1997（4）：182-193.

［204］杨异同．世界主要资本主义国家工业化的条件、方法和特点［M］．上海：上海人民出版社，1955.

［205］姚东旻，李军林．国有企业多元功能与运行效率：1999-2016年［J］．改革，2016（3）：37-48.

［206］姚晋兰，毛定祥．基于DEA-Tobit两步法的股份制商业银行效率评价与分析［J］．上海大学学报（自然科学版），2009（4）：436-440.

［207］姚洋，章奇．中国工业企业技术效率分析［J］．经济研究，2001（10）：13-28.

［208］叶旭廷，连莲．产业结构安全视角下的央企并购影响分析［J］．河北大学学报（哲学社会科学版），2012（5）：8-14.

［209］应克复．国有企业的功能与机制特性及改革的思路［J］．江苏社会科学，1998（2）：11-15.

［210］于良春，余东华，张伟．转轨经济中的反行政垄断与促进竞争政策研究［M］．北京：经济科学出版社，2011.

［211］袁恩桢．论国有经济的控制力［J］．上海社会科学院学术季刊，

2000（2）：5-12.

［212］袁辉．国有企业功能的历史透视与新时期定位［J］．江苏行政学院学报，2014（2）：46-50.

［213］袁美娟．西方国家国有企业发展探究［J］．天津师范大学学报（社会科学版），1998（1）：25-30.

［214］袁志刚，邵挺．国有企业的历史地位、功能及其进一步改革［J］．学术月刊，2010（1）：55-65.

［215］原晓红．推动国资委和中央企业全面从严治党向纵深发展——2019年国资委机关暨中央企业党风廉政建设和反腐败工作会议侧记［J］．中国纪检监察，2019（3）：22-24.

［216］约瑟夫·熊彼特．经济分析史（第二卷）［M］．杨敬年，译．北京：商务印书馆，2001.

［217］约瑟夫·熊彼特．资本主义、社会主义与民主［M］．北京：商务印书馆，1999.

［218］曾学文，施发启，赵少钦，等．中国市场化指数的测度与评价：1978-2008［J］．中国延安干部学院学报，2010（4）：47-60.

［219］张晨，张宇．国有企业是低效率的吗［J］．经济学家，2011（2）：16-26.

［220］张晖明，潘莹．国有经济布局调整与国有经济控制力［J］．上海经济研究，1999（11）：2-8.

［221］张继良．论国有经济的控制力［J］．经济学动态，1999（5）：11-18.

［222］张庆芝，何枫，雷家骕．技术效率视角下我国钢铁企业节能减排与企业规模研究［J］．软科学，2013（8）：6-10.

［223］张庆芝，何枫，雷家骕．循环经济下我国钢铁企业技术效率与技术创新研究［J］．研究与发展管理，2014（6）：1-8.

［224］张夏准．富国的虚伪［M］．北京：社会科学文献出版社，2009.

［225］张昱．西方国家国有经济功能之演进及其对我国的借鉴意义［D］．吉林大学，2008.

［226］章祥荪，贵斌威．中国全要素生产率分析：Malmquist指数法评述与应用［J］．数量经济技术经济研究，2008（6）：111-122.

［227］招商．百年招商局奋力创建世界一流企业［J］．市场观察，2017（10）：49-51.

［228］赵春凌．国有企业改革简史［J］．国企，2013（3）：44-48.

［229］赵洪宝．透视抗战时期招商局的作用［J］．史学月刊，1994（3）：63-68.

［230］赵华荃．关于公有制主体地位的量化分析和评价［J］．当代经济研究，2012（3）：41-48.

［231］赵翔．银行分支机构效率测度及影响因素分析——基于超效率 DEA 与 Tobit 模型的实证研究［J］．经济科学，2010（1）：85-96.

［232］赵寅芬．洋务运动与我国早期民族资本主义［J］．浙江师范大学学报（社会科学版），1999（2）：24-27.

［233］郑志国．怎样量化分析公有制的主体地位［J］．当代经济研究，2012（10）：49-53.

［234］周民良．经济重心、区域差距与协调发展［J］．中国社会科学，2000（2）：42-53.

［235］周维富．论提高我国国有经济的控制力［J］．经济纵横，2004（10）：17-19.

［236］周学文．如何认识并测算国有经济和国有经济控制力［J］．中国统计，1999（8）：19-21.

［237］朱克朋，刘小玄．国有企业效率与退出选择——基于部分竞争性行业的经验研究［J］．经济评论，2012（3）：66-74.

［238］朱荫贵．朱荫贵论招商局［M］．北京：社会科学文献出版社，2012.

［239］朱玉．对外开放的第一块"试验田"——蛇口工业区的创建［J］．中共党史研究，2009（1）：29-34.

［240］宗寒．西方国家发展国有经济说明了什么［J］．江汉经济，1999（6）：5-10.

［241］宗寒．正确认识国有企业的作用和效率——与刘瑞明、石磊先生商榷［J］．当代经济研究，2011（2）：39-44.

后　记

2005 年 9 月底，我开始在中国社会科学院工业经济研究所（以下简称工经所）工作。国有企业改革一直以来都是工经所研究重点，工经所针对国有企业改革研究一直勇立潮头，甚至可以说是独领风骚四十年！

在进入工经所工作之前，我就与国有企业结下不解之缘。我父母所在工作单位是原化工部所属的企业，我在上大学之前都是在我父母单位的大院中度过的，那里有我的欢笑与回忆；我大学毕业后的第一家工作单位是中石化下属企业，之后我又在大唐电信与国家开发银行工作过。作为一名在国有企业大院长大又在国有企业长期工作过的学者，自然对国有企业有自己的情感寄托与独特理解，因而进入工经所之后自然也就开始了对国有企业的相关研究。

当时的研究环境与目前不同，社会上充斥着对国有企业妖魔化的言论，所能看到的针对国有企业的研究大部分是批评性的、负面的，认为国有企业效率低下，要民进国退。正是在这样时代背景下，我开始了针对国有企业的研究工作。2020 年由于一个偶然的原因，我系统梳理了自己关于国有企业研究的成果，突然发现自己竟然有了 10 余篇关于该主题的文章（见附录）。这些文章的研究主题可以说都是在不同程度上围绕国有企业效率展开的，2007 年在《经济管理》上发表的文章甚至就叫《国有企业效率研究》；这些文章很大程度上是回应时代之问，即国有企业是否有效率。一方面，有些国有企业被指责为效率低下，按当时流行的经济增加值（EVA）指标衡量甚至为负；另一方面，有些有较高利润的企业，又被认为"与民争利"，靠垄断获取利润。总之，当时国有企业亏损（或利润不高）被人骂，国有企业利润高也被人骂。因此，很多地方政府把提高当地民营经济比例作为政府的一项工作目标。国有企业何去何从？如何看待与评价国有企业？这是当时学者必须直面的时代之问。一直到党的十八大之后，全社会才逐步有了理直气壮做大做强国有企业的氛围，特别是近些年，有更多的学者开始对国有企业的发展进行更为客观的研究与评价，这当然是让人高兴的。

这本小书就是我们近二十年针对国有企业效率问题研究的集中汇报与展示，

一方面可以看成是国有企业效率问题研究的个人学术历程，另一方面也可以折射出国有企业发展的某一侧面。让我们自豪的是，从发表的第一篇文章以来，我们一直对国有企业的发展进行鼓励与呼吁，一直强调要全面、深入地分析国有企业的效率，不能简单地用财务数据来批评国有企业效率低下；一直强调国有企业有自己的比较优势，有自己所适宜的行业；一直强调国有企业在促进全社会的平等与绿色发展方面做出了自己的贡献。

首先，感谢我所在的工作单位中国社会科学院工业经济研究所，工经所的几任所长都对国有企业改革做出了开创性的理论贡献，对相关政策的制定都产生了重大的影响，正是工经所在国有企业改革方面的学术积淀，使我有机会站在巨人的肩膀上，一览众山小。

其次，感谢和我合作的各章作者，不畏浮云遮望眼，是你们卓越的工作，使我最初的一些"火花"成为优秀的学术文章，本书各章作者如下：

第一章	市场经济条件下国有企业的功能定位	李钢　王茜　程都
第二章	国有经济的行业分布与控制力提升	李钢　何然
第三章	基于产业集中度的国有经济控制力研究	翁琳郁　李钢　何然
第四章	基于文献计量的国有企业效率研究	王罗汉　李钢
第五章	基于财务指标的国有企业效率研究	李钢
第六章	国有企业分行业效率研究	王罗汉　李钢　侯海波
第七章	国有企业对产业升级关系的影响	陈明明　李钢
第八章	比较优势与不同所有制产业升级的路径	李钢
第九章	行业特性与不同所有制创新优势	李钢　马丽梅
第十章	考虑环境成本与不同所有制的全要素生产率比较	刘鹏　李钢
第十一章	国有经济发展对我国省际经济差距收敛的影响	李钢　王罗汉

最后，感谢经济管理出版社，在出版资源如此紧张的情况，出版社能不计经济效益，帮助此书出版，让我感动；责任编辑张莉琼认真负责的态度，让我感动；出版社高效、高质量的编辑流程，让我感动。

随着时代的变迁，当时的时代之问似乎已经解决，特别是三年大疫之后，不仅中国，全球风险偏好都在下降，国有企业的魅力在不断增加。但越是这个时候，越是需要对国有企业发展战略进行更加深入与精准的研究，从这个意义上讲，我们研究的画卷才徐徐展开！

李钢

2023 年 5 月 23 日

附录一 作者近年来与
国有企业相关的研究成果

［1］李景，李钢．员工就业偏好与不同所有制企业效率——基于《中国经济学人》调查问卷的分析［J］．经济研究参考，2020（3）：85-96. DOI：10. 16110/j. cnki. issn2095-3151. 2020. 03. 007.

［2］李钢．新中国70年经济体制变革的统一逻辑［J］．首都经济贸易大学学报，2020，22（1）：3-9. DOI：10. 13504/j. cnki. issn1008-2700. 2020. 01. 001.

［3］陈明明，李钢．经济学人对国有企业与产业升级关系的判断——基于《中国经济学人》调查问卷的分析［J］．河北大学学报（哲学社会科学版），2019，44（6）：110-119.

［4］王树森，李钢．国有企业在工业化进程中的作用和定位——以招商局为例［J］．经济研究参考，2019（16）：33-45. DOI：10. 16110/j. cnki. issn2095-3151. 2019. 16. 005.

［5］王罗汉，李钢，侯海波．国有企业效率的比较研究——基于工业分行业视角［J］．首都经济贸易大学学报，2017，19（5）：53-62. DOI：10. 13504/j. cnki. issn1008-2700. 2017. 05. 007.

［6］李钢，王茜，程都．市场经济条件下国有企业的功能定位——基于市场配置与政府调控融合的视角［J］．毛泽东邓小平理论研究，2016（9）：51-56+92.

［7］李钢，马丽梅．创新政策体系触及的边界：由市场与政府关系观察［J］．改革，2015（3）：27-37.

［8］李钢，王罗汉．国有经济的发展对我国省际经济差距收敛的影响［J］．经济管理，2015，37（1）：33-42. DOI：10. 19616/j. cnki. bmj. 2015. 01. 006.

［9］王罗汉，李钢．国有企业效率研究［J］．经济与管理研究，2014（6）：27-32. DOI：10. 13502/j. cnki. issn1000-7636. 2014. 06. 004.

［10］李钢，何然．国有经济的行业分布与控制力提升：由工业数据测度

［J］．改革，2014（1）：124-137.

[11] 李钢．新二元经济结构下中国工业升级路线［J］．经济体制改革，2009（5）：22-27.

[12] 李钢．国有企业效率研究［J］．经济管理，2007（2）：10-15. DOI：10. 19616/j. cnki. bmj. 2007. 02. 002.

附录二　主要编撰者简介

（根据章节作者先后顺序排列）

王　茜　经济学博士，副研究员，毕业于中国社会科学院研究生院。研究领域涉及马克思主义国际贸易理论、产业经济等，在《经济研究》《财贸经济》等核心学术期刊发表文章多篇，出版个人专著 1 部。

程　都　经济学博士，毕业于中国社会科学院研究生院，国家发展改革委产业经济与技术经济研究所副研究员，主要从事产业创新经济方面的研究。

翁琳郁　经济学硕士，毕业于中国社会科学院研究生院，上海财经大学浙江学院讲师。主要从事产业竞争和创新经济方面的研究。

王罗汉　经济学博士，中国科学技术发展战略研究院副研究员。主要从事"一带一路"科技创新合作、国际科技创新合作、产业及区域科技政策等领域的研究。发表论文 20 余篇，主持和参与国家级、省部级项目 40 余项，出版个人专著 1 部，参著 5 部，曾两次荣获中国科学技术发展战略研究院战略决策支撑奖。独立撰写或共同撰写的研究报告多次获国家领导人批示。

侯海波　经济学博士，中国财政科学研究院财政与国家治理研究中心助理研究员。主要从事财政体制和基本公共服务保障等方面的研究。

陈明明　经济学博士，青岛大学商学院副教授。主要从事技术创新领域研究。发表核心论文十余篇，主持和参与各类科研项目 5 项。

马丽梅　管理学博士，深圳大学中国经济特区研究中心特聘研究员，深圳市高层次人才，中国社会科学院产业经济学博士后。研究方向为碳中和与能源转型、特区经济。主持国家级课题 2 项，广东省教育厅课题 1 项、深圳市科创委课题 1 项，参与国家能源局、国家发展改革委、科技部等部级单位课题 10 余项。在《中国工业经济》《财贸经济》《中国人口·资源与环境》等期刊发表论文 40 余篇，单篇最高被引 715 次（截至 2022 年 7 月 1 日）。曾受国家发展改革委等机构邀请作为特聘专家赴古巴马列尔特区等地授课。

刘　鹏　经济学硕士，中国农业发展银行总行干部。主要从事产业升级与绿色发展、国有企业效率、人力资源管理等领域研究和工作，参与国家级、省部级课题 3 项，发表文章 5 篇，参著 1 部。